全国服务外包考试配套教材

软件外包质量管理

主　编　李炳森

中国水利水电出版社
www.waterpub.com.cn

内 容 提 要

软件外包是现代服务外包的核心内容。作为软件产品生命线的软件质量受到越来越多企业单位的重视,并将软件外包质量管理作为软件外包企业管理、软件外包项目管理的核心环节。

本书是了解、学习、应用软件外包质量管理的基础实用教程。本书共分 10 章,以软件质量为中心,从软件外包和质量管理的基础知识入手,并结合实际案例深入浅出地介绍了软件外包质量管理工作多个方面的内容。

本书内容详实、循序渐进、图文并茂、实用性强,使读者可在较短的时间内以最快的速度理解和掌握软件外包质量管理的基本概念和操作实务,每章末尾附有思考题,书的最后附有模拟试题与解答以供读者熟悉和巩固所学知识。

本书既是全国服务外包考试的配套教材,也可作为企事业等单位从事软件质量管理人员的工作参考或学习教材,亦可作为大中专院校相关专业师生自学、教学参考书以及社会各类培训班的即学即用教材,也适用于软考的继续教育。

本书配有免费电子教案,读者可以从中国水利水电出版社网站以及万水书苑下载,网址为:http://www.waterpub.com.cn/softdown/或 http://www.wsbookshow.com。

图书在版编目(CIP)数据

软件外包质量管理 / 李炳森主编. -- 北京 : 中国
水利水电出版社, 2014.11
 全国服务外包考试配套教材
 ISBN 978-7-5170-2605-1

 Ⅰ. ①软… Ⅱ. ①李… Ⅲ. ①软件-电子计算机工业
-对外承包-质量管理-教材 Ⅳ. ①F407.676.3

 中国版本图书馆CIP数据核字(2014)第236385号

策划编辑:石永峰/孙丹　　责任编辑:陈 洁　　加工编辑:谌艳艳　　封面设计:李 佳

书　　名	全国服务外包考试配套教材 软件外包质量管理
作　　者	主 编 李炳森
出版发行	中国水利水电出版社 (北京市海淀区玉渊潭南路 1 号 D 座　100038) 网址:www.waterpub.com.cn E-mail:mchannel@263.net(万水) 　　　　sales@waterpub.com.cn 电话:(010)68367658(发行部)、82562819(万水)
经　　售	北京科水图书销售中心(零售) 电话:(010)88383994、63202643、68545874 全国各地新华书店和相关出版物销售网点
排　　版	北京万水电子信息有限公司
印　　刷	北京蓝空印刷厂
规　　格	184mm×260mm　16 开本　16 印张　411 千字
版　　次	2014 年 11 月第 1 版　2014 年 11 月第 1 次印刷
印　　数	0001—2000 册
定　　价	34.00 元

编 委 会

出版说明

　　服务外包产业的高速发展依赖于合理的高中低搭配的金字塔形人才结构，其中包括兼具高端架构技能和商业运营能力的高端人才，也包括从事设计与项目管理的中级人才，更包括大量从事基础工作的熟练人员。在我国，不仅高端人才匮乏，中端人才也明显不足，均缺乏进入企业后立即发挥作用的能力。目前，我国的服务外包从业人员中以高校毕业生为主，普遍存在着重理论、轻实践、技能差、知识结构单一等问题。我国服务外包专业人才的培养由大学本科和高等职业教育共同承担，一般采取授课的方式并限于基础理论知识，很少进行实际操作和训练，也很少涉及最新的计算机技术、行业的国际标准。但这种课程内容主要对有志于从事相关领域研究的学生有帮助，而服务外包产业需要的是能做项目的实用型人才而不是从事相关领域探索的研究型人才。在印度，学院教育是具有培训性质的职业教育，更加注重所授知识的实用性而不是学术性，学员无需花费大量时间学习许多相关领域的基础理论，而是将企业急需的应用知识与技能作为主要课程内容，并且课程设置也会依据市场需求的变化而不断改变。我国高校服务外包人才的教育体制存在着调整速度落后于服务外包产业发展速度的问题。主要表现为教材、知识更新过慢，跟不上服务外包业日新月异的发展步伐。中高端服务外包人才的培养不能单纯依赖于教育机构，而是需要在工作实践中使其逐渐成长与提高，这就需要有专业的职业教育机构和成熟的职业教育机制为服务外包人才的培养提供稳固的平台。

　　近几年来，在服务外包课程体系建设方面，有的院校在各相关专业增加了服务外包方向，从教学计划上引导学生加强服务外包课程的学习，并且加大学分比重或列入选修学分进行考评，做好外包知识与 IT 知识相结合的教育培训，以向快速发展的服务外包业务提供高素质的人才。

　　校企合作培养人才是服务外包实务教学的主要方向也是服务外包人才培养的必由之路。通过校企合作、工学结合的方式开展服务外包实务教学，培养有实际操作能力而又有国际视野的技术人才与管理人才。除了书本教育外，要重视和加强学生的实践能力，给予学生在此领域更多实习的机会，并进行必要的学分考评。高校、企业间加强互动，重视应用培训，学校课程的设置围绕服务外包企业的需求，聘请服务外包业界有实战经验的企业老师讲授其擅长的领域。兼顾专业技能与通用能力，注重实际操作能力、沟通能力、协调能力以及创新思维能力等综合素质的培养和积累，使毕业生一出学校就已经具备了较全面的实际工作能力。校企合作的最终目的是探索出一种培养应用型人才的模式体系，实现教学环节的理论联系实际，有目的、有计划地逐步开展实验、实训、实习，积累实践经验，并通过实践激发学生的学习兴趣、求知欲和探索精神，使学生能够实现顺利就业。

　　鉴于目前的实际应用情况，需要院校与企业合作编写服务外包教材，加强案例内容，同时聘请有经验的服务外包专业人员到学校为学生和老师做专题报告，或承担课程中部分内容的讲授。

中国国际贸易学会服务外包实务教学工作委员会、全国服务外包岗位专业考试中心与彦哲信息化管理研究院、中国外包世界（香港）有限公司联合开发了基于相关岗位的考试大纲、指导教材、师资培训体系。组织了来自国内外外包企业的 CEO、CIO、CTO 和项目经理作为这个体系的技术支持和教学支持。编制了"十二五"服务外包教学指导纲要，组织编写了高等院校"十二五"服务外包系列教材，目前已经出版的教材有 5 套，还有 20 余套教材已经列入出版计划。其中，IT 外包方向管理类岗位的配套教材如下表所示。

序号	认证岗位	类型	规划教材名称	标识符
1	外包项目管理师	项目管理	IT 外包项目管理	PM
2	软件外包质量管理师	企业管理	软件外包质量管理	SQM
3	软件外包测试经理	系统管理	实用软件测试	Testing
4	IT 运维经理、IT 运维工程师	系统管理	IT 运维服务与管理	Service
5	商务智能咨询师	管理信息化	大数据与商务智能	BI
6	数据库管理员	系统管理	Oracle DBA 教程	DBA
7	现代企业资产管理咨询师	管理信息化	企业资产管理信息化	EAM
8	人力资源管理信息化咨询师	管理信息化	人力资源管理信息化	eHR
9	企业资源规划财务咨询师	管理信息化	企业资源规划系统财务管理指南	ERP
10	供应链管理咨询师	管理信息化	企业供应链管理信息化	SCM
11	客户关系管理咨询师	管理信息化	企业客户关系管理信息化	CRM

彦哲研究院作为全国服务外包岗位专业考试中心、IT 外包方向的技术支持机构和承建单位，是企业与院校之间的沟通纽带与合作桥梁。其工作任务是协助进行 IT 外包认证岗位规划与考培点建设，起草考试大纲与教学大纲，参与试题编写与案例试题阅卷，为院校提供服务外包实务教学咨询服务，为考生提供服务外包企业典型项目的实训讲师和实习机会以及就业机会，带动企业与院校进行实质交流，推进校企合作与工学结合的发展。

彦哲信息化管理研究院组建于 2006 年 5 月 18 日，其前身为管理与信息化联盟，由多位资深的信息化管理专家自愿发起，是信息化管理先进理论与最佳实践有机结合的推进者，是跨地区、跨行业的专业服务组织。其宗旨是加强全国信息化管理领域的交流与合作，秉承"共赢思维、渐进战略、环球视野"的建院方针，以"译码先进理论，推进最佳实践"为己任，积极推进国家信息化建设和管理工作的发展。理论与实践领域包括但不限于以下内容：IT 企业质量管理体系建设（QMS）、IT 项目管理（PM）、软件质量管理（SQM）、服务外包管理（Outsourcing）、企业资源规划（ERP）、企业资产管理（EAM）、人力资源管理信息化（eHR）、客户关系管理（CRM）、供应链管理（SCM）、商务智能（BI）、国际质量标准（ISO9001）、软件能力成熟度模型集成（CMMI）等。彦哲研究院总部设在北京，现有研究员 500 余名，分布在全国 40 余个城市的多个行业。8 年来，彦哲研究员为多家知名企业和院校进行了内部培训和咨询工作，成功举办了多次公开课程和公益性讲座，并组织编写和出版了彦哲研究院信息化管理系列图书，协助全国服务外包岗位专业考试中心组织开展全国服务外包岗位专业 IT 外包方向的考试工作，输送服务外包人才 200 余名。现在，彦哲研究院每年举办的中国信息化管理峰会又成为我国信息化管理人员期待的一次盛会。

最后，我们衷心地希望彦哲研究院信息化管理系列教材能够成为从事信息化管理、服务外包相关岗位人员的良师益友。

彦哲研究院信息化管理系列教材编委会

彦哲研究院秘书处

E-mail: service@yima.org.cn

前　　言

质量是产品的生命线。当然，软件也不例外。当今，外包已经成为一种重要的管理工具。软件外包应运而生，软件外包质量管理随之受到越来越多的企事业单位的重视。

在未来的数十年，是我国向高端服务业快速挺进的时刻，一定会有更多的公司进入位于外贸最前沿的软件外包领域。这对于所有从事外包事业的人来说是一个难得的机遇，要想跻身于软件外包行业，就需要接受挑战，使自己成为一个具备基本知识技能和专业质量管理能力的软件外包管理人才。

本书从软件外包和质量管理的基础知识入手，介绍了相关的质量标准、项目质量管理、软件质量保证、软件配置管理、软件质量度量、软件外包评审和软件外包全面质量管理等多个方面的内容，并结合实际案例深入浅出地介绍了如何做好软件外包的质量管理工作。涉及了软件外包质量管理的基本概念、工作要点和具体手段，提出一个可操作性强、易于掌握的解决办法，能够帮助读者清晰地了解整个过程，理解在各阶段如何做好软件外包质量管理工作。

本书围绕着实际的软件外包项目展开，理论联系实际，给出了具有很强实践性的质量管理具体建议。本书语言浅显、文字生动，还蕴含了许多商务、项目管理方面的知识，即使非技术背景的读者也能够轻松读懂绝大部分内容，从中受益。

在学术上，本书的主要线索是编者在质量管理基本知识的基础上，结合长期从事质量管理工作的实际经验，总结出来的一个针对软件外包质量管理的实用方法。

本书条理清晰、理论扎实、实践性强，可以帮助质量管理人员快速投入到工作中，有效提高项目质量和效率。

与国内外已有的软件外包类、质量管理类图书相比，本书有以下特点：

（1）本书是编者多年从事软件外包质量管理的经验总结，内容来源于实践，更具实用性。

（2）理论联系实际，围绕真实的软件外包项目展开。

（3）读者只要完整地阅读了本书，就切实了解和掌握了整个软件外包项目质量管理的全貌。

（4）提供完整的软件外包质量管理操作实务，读者可直接应用于实践。

一、章节内容与编写情况介绍

软件质量是软件产品的生命线，软件质量管理是软件企业管理、软件项目管理的核心环节。本书力求通过循序渐进、图文并茂的方式使读者以最快的速度理解和掌握基本概念和应用方法。全书共 10 章，各章的内容安排如下：

第 1 章　介绍软件外包的基本概念和国内外发展的基本情况。

第 2 章　从标准与标准化以及质量标准体系的基本知识入手，介绍我国软件工程标准、ISO9000族标准、CMMI 等。

第 3 章　介绍质量与软件质量的定义、软件质量特性和软件质量模型，并介绍质量管理的基本概念、发展简史和主要的质量管理大师。

第4章 介绍质量管理体系的基础知识和八项质量管理原则。

第5章 介绍项目质量管理知识体系以及质量计划编制、质量保证、质量控制。

第6章 介绍软件质量保证的概念及其主要任务、软件质量保证体系以及 SQA 活动通用框架和组织活动。

第7章 介绍什么是软件配置管理以及它的主要任务，并介绍了如何做好版本控制、变更控制、配置状态报告和配置审计。

第8章 介绍软件质量的度量和评价，包括软件产品的质量度量和软件过程的质量度量两个方面。

第9章 介绍软件外包评审的原因、角色、职能、内容、方法和技术，以及如何准备、召开评审会议，如何跟踪和分析评审结果以及如何实施成功的评审。

第10章 介绍软件外包项目的全面质量管理以及如何在软件开发中实施，还给出了具体案例进行了详细分析。

本书内容可使读者在较短的时间内以最快的速度理解和掌握软件外包质量管理的基本概念和操作实务，每章末尾附有思考题，书的末尾还附有模拟试题与解答以供读者熟悉和巩固所学知识。本书强调知识重点并给予读者练习的机会，最好能够详细阅读并亲身实践。

本书主要由李炳森编写，并与彦哲研究院信息化管理系列教材编委会的委员们对全书进行了统筹、规划、审校、修改和协调，委员们对全书的编写也提出了许多宝贵的意见或建议，李照侠、梁静、庄惠玲、刘倩为本书提供了很多有价值的素材。

二、技术支持

本书由彦哲信息化管理研究院（简称彦哲研究院）组织编写。彦哲信息化管理研究院是彦哲科技（上海）有限公司的专家顾问委员会，组建于 2006 年 5 月 18 日，其前身为管理与信息化联盟，由多位资深的信息化管理专家自愿发起，是信息化管理先进理论与最佳实践有机结合的推进者，是跨地区、跨行业的专业服务组织。其宗旨是加强全国信息化管理领域的交流与合作，秉承"共赢思维、渐进战略、环球视野"的建院方针，以"译码先进理论，推进最佳实践"为己任，积极推进国家信息化建设和管理工作的发展。理论与实践领域包括但不限于以下内容：IT 企业质量管理体系建设（QMS）、IT 项目管理（PM）、软件质量管理（SQM）、服务外包管理（Outsourcing）、企业资源规划（ERP）、企业资产管理（EAM）、人力资源管理信息化（eHR）、客户关系管理（CRM）、商务智能（BI）、国际质量标准（ISO9001）、软件能力成熟度模型集成（CMMI）等。

彦哲研究院总部设在北京，现有研究员 500 余名，分布在全国 40 多个城市的多个行业。8 年来，彦哲研究院为多家知名企业、大中专院校、科研机构进行了内部培训和咨询工作，成功举办了多次公开课程和公益性讲座，并组织编写和出版了彦哲研究院信息化管理系列图书，协助组织开展全国服务外包岗位专业考试 IT 外包方向的工作，输送服务外包人才 200 余名。现在，彦哲研究院每年举办的中国信息化管理峰会又成为我国信息化管理人员期待的一次盛会。

有关本书的意见反馈和咨询，读者可登录由彦哲研究院主办的信息化管理专家网（http://www.yima.org.cn）与编者进行交流。

三、致谢

在本书的编写过程中，参考了许多相关的资料和书籍，在此恕不一一列举（详见参考文献），编者在此对这些参考文献的作者表示诚挚的感谢。

在本书的出版过程中，来自北京大学、武汉纺织大学、中国国际贸易学会服务外包实务教学工作委员会、全国服务外包岗位专业考试中心、中国外包世界（香港）有限公司、彦哲科技（上海）有限公司、启秀科技（北京）有限公司等单位的领导和老师们提出了许多宝贵的意见和建议，得到了商务部、教育部、工业和信息化部和中国国际贸易学会领导们的悉心指导，也得到了中国水利水电出版社给予的支持和帮助，在此向所有关心和支持本书出版的人士表示感谢。

由于受水平所限，错误和疏漏之处在所难免，恳请各位专家和读者朋友们不吝赐教。对此，编者将深为感激。

编 者

2014 年 4 月

目 录

第1章　软件外包综述

1.1　软件外包的基本概念

"外包"（Outsourcing）这个概念是由加里·哈梅尔（Gary Hamel）和 C.K.普拉哈尔德（C.K.Praharad）于 1990 年发表在《哈佛商业评论》的题为《企业的核心竞争力》的文章中首次提出的。外包就是把生产经营活动中的环节交给其他企业来做，企业本身则专注于最核心竞争力的那部分业务，规模经济对许多产品的生产不再是有利条件，产品的质量、柔性、敏捷性以及满足顾客不同需求的能力才更有价值。简单说，外包的核心理念是"做你做得最好的，其余的让别人去做"。

现在，外包已经成为一种潮流，也是未来企业发展的方向。近年来，随着信息时代的到来，外包更得到了迅猛的发展。上世纪 90 年代中后期，跨国公司将现代服务产品的生产过程分解成更小单位，通过互联网在全球重新配置，继制造业之后，全球出现了以现代服务业、高端制造业和研发环节转移为特征的世界经济新一轮产业转移趋势，服务外包应运而生。

1.1.1　服务外包的内涵

1. 外包的分类

按地域可分为域内外包和离岸外包；按发包方式，可分为项目外包和职能外包；按业务领域可分为制造外包和服务外包。其中制造外包也称为"蓝领外包"，如我国近年来承接国外转移的制造业；服务外包也称为"白领外包"。

2. 关于服务外包

相对于制造外包，服务外包（Service Outsourcing）对大多数人来说是一个较为陌生的概念，却日渐成为全球新一轮产业转移大潮中重要的推动因素。在我国已成为世界工厂的同时，加快服务外包的发展对我国产业升级、经济腾飞起着至关重要的作用。

值得注意的是，服务外包并非完全发生于服务行业，制造业和其他行业所需要的服务流程更倾向于对外发包。

3. 服务外包的概念

服务外包一般是指企业为了将有限资源专注于其核心竞争力，以信息技术为依托，利用外部专业服务商的知识劳动力，完成原来由企业内部完成的工作，以达到降低成本、提高效率、优化企业核心竞争力的一种服务模式。简单地说，服务外包是指企业将服务流程以商业形式发包给第三方服务供应商的经济活动。

查尔斯·盖伊和詹姆斯·艾辛格在《企业外包模式》一书中将服务外包定义为：仔细选择、雇佣专业的外部服务供应商，促进企业组织再定义、再聚焦，并在必要时，根据服务供应商的专业积累，创新扩大服务层面。

如果管理有方，就深层的策略面而言，组织可从与服务供应商的合作中获益，并促使企业更专注于其所擅长和具备竞争优势的业务。

4. 发包方与接包方

服务外包牵涉两个市场主体,即发包方和接包方。发包方可以是企业,也可以是政府和社团组织等。接包方则大多是专业从事服务外包的企业。

目前大多数发达国家的企业更多地把自己的非核心业务或成本劣势发包给发展中国家的企业,这就产生了离岸外包(或称国际外包)。

一般服务外包是以合同为基础的形式进行。发包方与接包方通过洽谈,双方签订外包合同,接包方按照合同规定提供相应服务,完成合同。

5. 服务外包的分类

目前,国际上主要将服务外包按业务领域分为三大类,即信息技术外包(Information Technology Outsourcing, ITO)、业务流程外包(Business Processing Outsourcing, BPO)和知识流程外包(Knowledge Processing Outsourcing, KPO)。ITO 强调技术领域的外包,主要包括 IT 软件开发、硬件维护、基础技术平台整合等。BPO 强调业务流程管理,重点解决业务流程和运营效益问题,如业务流程分拆后的数据信息采集、集成、分析委托外包服务,人力资源管理服务、供应链管理服务等。KPO 更注重高端研发活动外包,主要涉及远程医疗服务、医药研发等。相对于传统的 ITO 来讲,BPO 是今后服务外包发展的主要方向。

(1)信息技术外包。

外包经历了由制造业向服务业转移的过程。在制造外包之后,信息技术外包逐步萌芽。自从柯达公司于 1989 年将其信息技术的主要业务外包给 IBM 以来,信息技术外包产业得到了蓬勃发展。

1990 年,电子数据系统公司(EDS)创始人罗斯·佩罗先生与潜在客户会谈时也提出了信息技术外包的概念:"你熟知家具的设计、生产和销售,我擅长信息技术管理。双方可签订一个最短 2 至 10 年的协议,我卖给你所需的信息技术,你按月为我提供的服务付费"。

根据计算机服务协会(CSA)1993 年的定义,ITO 是委托第三方根据包括服务协议在内的合同,长期管理、负责提供 IT 服务。企业整合利用其外部最优秀的 IT 专业化资源,降低成本、提高效率、充分发挥自身核心竞争力,并增强企业对外部环境的应变能力。

也就是说,信息技术外包是指企业以长期合同的方式委托信息技术服务商向企业提供部分或全部的信息功能。常见的信息技术外包涉及信息技术设备的引进和维护、通信网络的管理、数据中心的运作、信息系统的开发和维护、备份和灾难恢复、信息技术培训等。

通常企业信息技术外包包括三个连续的过程:

1)外包的决策过程:即考虑是否外包,外包什么?是选择性外包还是整体性外包?

2)外包商的选择过程:即考虑是选择国内的外包商还是选择国外的外包商,是选择一个外包商还是选择多个外包商?选择外包商的依据是什么?

3)外包商的管理过程:是签订一个长期的外包协议还是签订一个短期的外包协议?外包过程中的风险如何防范?如何对外包商进行监控?原先承担这些外包业务的企业内部人员如何处理?企业各部门如何与外包商协调工作界面及接口?如何对外包商进行评价和适当的激励?

外包部分或全部 IT 职能的做法的优势有以下几点:

1)提高运营效率。与其让一位(或几位)员工专门负责某项工作,不如请一个服务外包商来负责。这能将员工解放出来,使其有时间完成与核心业务更为直接相关的任务,从而有助于提高他们的工作效率和企业的收入。

2）改进客户满意度。通过提高效率，也有助于改进客户满意度。

3）降低成本。服务外包商可以使用自己的硬件来为企业提供服务。因此，就能将资金运用在市场营销、雇佣更多员工等方面，而不是购买硬件。

4）更方便进行预算。服务外包商一般每月收取固定费用，使预算更方便、更明确，能够受益于高新技术。服务外包能使企业获得和使用最新技术，但不必在企业内部拥有掌握这些技术的员工。

5）提高灵活性。外包出去后能根据需要，快速增减网络资源。

6）提高业务连续性。外包服务通常能根据客户需求的变化，来启用和禁用功能，能够获得更出色的威胁防御能力，并能更快速地从意外事件中恢复。

这样，一方面，对于外包信息技术的企业来说有以下好处：

1）资源在商业战略和企业部门中被重新分配，非 IT 业务的投资得到加强，有利于强化企业核心竞争力，提高对市场做出有效反应的能力。

2）有利于信息技术人才不足的企业获取最好最新的技术，与技术退化有关的难题得到解决。

3）由于是信息技术厂商提供专业化服务，信息技术服务的效率会得到较大提高，服务的成本也会得到一定的节约。

另一方面，对提供外包业务的信息技术企业来说有以下好处：

1）形成外包业务产业，有利于促进信息技术厂商形成分行业的解决方案，有利于专业信息技术厂商的成长。

2）由于规模化经营，能够持续降低信息技术服务的成本，提高服务效率。

3）外包业务的集中，有利于知识和软件在不同企业间的重用，有利于信息技术人员的快速成长。

当然，我们应当认识到，信息技术外包也面临着众多风险，例如，失控、质量无法保证、预算超支的风险等，所以必须对外包的风险进行分析，假如这些风险大到令人难以承受的程度或无法加以管理，则应避免进行外包。如风险不太大或能够加以管理，则应考虑外包。

（2）业务流程外包。

随着早期服务外包经验的积累和知识的谱及，业务流程外包不断发展、成长并成为潮流。

业务流程外包是指一个或多个 IT 密集型业务流程委托给一家外部提供商，让其管理和控制选定的流程。以上这些业务是基于已详细定义好和可测量的方法来执行的。

国际著名研究咨询机构 Gartner 将 BPO 分成四种模式，即供应链管理，业务运作，商业行政管理，销售、营销和客户服务。

（3）知识流程外包。

知识流程外包是围绕对业务诀窍的需求而建立起来的业务，是指把通过广泛利用全球数据库以及监管机构等信息资源获取的信息，经过即时、综合的分析研究，最终将报告呈现给客户，作为决策的借鉴。KPO 的流程可以简单归纳为：获取数据——进行研究、加工——销售给咨询公司、研究公司或终端客户。

1.1.2　软件外包的内涵

1. 软件外包的发展史

自从计算机在 20 世纪 50 年代进入商业应用领域以来，各种形式的信息技术外包（包括软件外包）就一直存在。

1963 年，Frtio-Lya 和 Bluecross 公司将自己的数据处理服务外包给了 EDS。从那时起，软件编码、大型计算机操作、分时服务以及软件产品开发等外包活动日渐增多。

20 世纪 90 年代初，柯达和 IBM、DEC 等公司签订了价值 2.5 亿美元的 IT 外包合同（包括软件外包）。这一史无前例的外包合约在业界引起了强烈的反响，许多大公司纷纷效仿，IT 外包（包括软件外包）在全球，特别是在欧美得到了广泛的采纳。与此同时，各大系统解决方案提供商也针对这种需求争相提供外包服务，如 EDS、HP、IBM、Unisys 等，其中 IBM 在 1998 年底就已经拥有 139 个全球外包服务中心。

根据全球技术研究和咨询公司 Gartner 的报告，2012 年全球 IT 外包支出已达到 2,517 亿美元。

2. 软件外包与 IT 外包辨析

一般来说，软件外包是信息技术外包的主要形式。

软件技术是 IT 技术的组成部分，但由于 IT 技术的应用非常广泛，分工也非常复杂，从业公司的性质多样，软件业和 IT 业的分界很难分清。有人认为，广义的软件业涵盖了 IT 产业中除硬件制造以外的所有活动。从这个意义上来说，广义的软件外包就等同于 IT 外包。

实际上，目前全球业界尚未明确界定 IT 外包与软件外包的联系和区别。

3. 软件外包的定义

软件外包（Software Outsourcing）是指企业为了专注核心竞争力业务和降低软件项目成本，将软件项目中的全部或部分工作发包给提供外包服务的企业完成的软件需求活动。也就是说，软件外包就是某些软件公司将它们的一些非核心的软件项目通过外包的形式交给人力资源成本相对较低的公司开发，以达到降低软件开发成本的目的。

软件外包已经成为发达国家的软件公司降低成本的一种重要手段。众所周知，软件开发的成本中 75%左右是人力资源成本，所以，降低人力资源成本将有效地降低软件开发的成本。软件外包的大幅度增长为人力资源成本相对较低的印度和中国带来了新的发展机会。

软件外包是社会分工不断细化和软件技术发展相结合的产物。软件外包主要包括企业应用软件设计与开发、系统集成、测试与维护以及应用系统的数据服务等。

4. 发包方、接包方与分包方

发包方：有开发需求并将软件项目外包的一方。

接包方：承接软件开发任务方。

分包方：作为发包和接包的中介存在，可直接将获得的包转给接包方或者将一个"大包"分解成若干"小包"后再转给接包方。

5. 软件外包的分类

软件外包按业务内容分可分为三种：人力资源外包、软件开发和集成外包、业务过程外包。人力资源外包就是软件外包商利用自己的软件技术人员，根据最终用户的实际需要，为客户提供现场或者离岸的软件开发服务。软件开发和集成外包是为国外大型 IT 厂商提供本土化项目的后续实施和维护，为跨国公司研发中心的边缘开发业务提供外包服务，为全球专业软件出版商提供软件制作和版权交易服务。业务过程外包是通过将客户的部分或全部管理及运营流程转移到服务商，从而提高企业的流程自动化的能力。服务形式有呼叫中心、数据处理、后台办公操作、统计服务以及软件的支持服务等。

软件外包按项目难易可以分为三个层次：第一层，低端的外包加工。承包商不参与需求分析与系统设计，仅负责整个系统某些子模块的编程，或将设计结果转换为可执行的程序代码。

第二层，中端的外包加工。承包商不参与需求分析，参与系统设计活动，包括概要设计和详细设计。第三层，高端的外包加工。承包方参与客户整个软件开发的全过程，包括需求分析、系统设计、软件编码过程，其重要的特点是参与客户的需求分析过程，包括问题分析和需求分析。

　　软件外包按接包方相对于发包方的地理位置可分为在岸外包、近岸外包和离岸外包。在岸外包（On Shore outsourcing）：承包商和客户位于同一个国家或地区，便于现场服务，是传统的软件外包服务模式。近岸外包（Near Shore outsourcing）：承包商和客户地理位置较近，往往是邻近国家。例如，美国很多公司把工作外包给加拿大或墨西哥。近岸国家很可能会讲同样的语言、在文化方面比较类似，更易沟通。地理位置相近，旅程费用低，并且通常提供了某种程度的成本优势。离岸外包（Off Shore outsourcing）：承包商和客户地理位置较远，主要目的是利用发展中国家廉价的人力成本优势。如印度、爱尔兰、中国都是目前离岸外包的热点国家。本土软件外包是传统的软件外包服务模式，但是在当今全球经济一体化的冲击下，离岸软件外包规模不断扩大，已经成为一种重要的发展趋势。因此，此处的软件服务外包主要指离岸软件外包，即国际软件外包。

　　6. 软件外包的一般流程

　　软件外包活动和其他外包活动一样具有自身完整的业务流程，发包方每次启动新的外包活动都需要经过这样一个完整的过程。

　　（1）目标设计。预先设定外包目的、范围和形式。

　　（2）分析与调整。分析企业在管理、组织、系统上的能力，对企业在能力上的不适应进行调整，此外，还要进行财务分析和风险分析。

　　（3）选择供应服务商。发出计划征询书、招标、选择合适的服务商。

　　（4）谈判及合同设计。讨论风险防范、管理和控制机制设计、战略性设计、服务指标、定价，然后将讨论结果反映到合同的设计中。

　　（5）实施。信息技术活动由内部转向外部服务商。

　　（6）运作。管理与服务商的关系，谈判和实施在外包关系中需要保持或改变的内容。

　　（7）收尾。在合同的末期与新（旧）服务商商讨，继续外包或者更换服务商，或者将外包的活动重新收回内部完成。

　　7. 外包目标的设计

　　企业的外包目标设计影响着整个外包活动的流程，在每一个阶段中的外包活动都离不开外包目标的指导。企业软件外包目标设计是否合理决定着外包活动的效率和效益，甚至决定着外包的成败。

　　外包目标的设计从来就不是独立运作的过程，企业的外包目标在整个外包流程中都面临着不断地调整与修改，但是这种调整与修改并非是没有成本的。企业在目标上的变化不仅改变了后续阶段中的组织行为，还会改变以往发生阶段的实际效果，可谓牵一发而动全身。

1.1.3　软件外包的理论解释

　　近几年来，国内外对于外包理论的探讨多层次全方位地展开，学者们试图通过运用传统的经济学理论或是新的研究来揭示服务外包的深层原因，归结起来主要是从以下几个角度进行分析和探讨：从国际分工的角度，如大卫·李嘉图的比较优势理论、赫克歇尔—俄林的资源禀赋理论；从规模经济的角度，如克鲁格曼的新贸易理论认为产业内分工贸易的利益来自规模经济；从交易成本的角度，如科斯的交易费用理论、Vining 等人用资产专用性的概念对外包进行分析、威廉姆斯以及坎德兰逊和张五常等人关于市场与科层之间关系的理论；从企业管理的角度，如企业核心能力的理论、供应链及价值链理论。各种理论的关注点不同，展开研究的方向也不同。软件外包作为外包的一种形式，它产生的理论基础自然是与外包理论基础相同的。

从经济学视角出发的交易费用理论和规模经济理论，它们的假设条件是专业化的组织可以通过规模效益提供更有效的产品和服务，这两种理论更能够解释外包管理和合同的特性。它们更多的是从成本效益的角度考虑外包问题，而忽视了其他重要的结构和战略因素对组织的影响，尤其忽略了正在进行的一些优先合作关系对外包决策的影响，没有对组织间重复进行的交易情况进行考虑。

核心竞争力理论和供应链管理理论和价值链管理理论分析框架是对交易费用理论分析框架的有益补充。

1. 经济学理论基础

外包的理论核心符合经济学原理。经济学是研究如何有效利用稀缺资源最大限度地满足人们的消费需求的理论。经常学理论基础包括以下两个方面。

（1）交易费用理论。

经济活动的交易过程总是有成本的。任何一种交易行为方式的出现，都可以在节约交易成本这个意义上进行探讨。跨国公司的业务外包是一种新兴的交易方式，所以可以运用交易成本理论进行分析。

企业存在是因为市场运行成本的存在。罗纳德·科斯（Rnoald Coaes）在他 1937 年的论著《企业的性质》中指出，企业的本质特征是对价格机制的取代。首先，市场的运行要花费成本，通过成立一个组织，允许某一权力（企业主）指导资源的配置，可以节省某些成本。因为企业主能够以比他所取代的市场交易更低的价格获得生产要素，所以他能以较低的成本行使自己的职能，如果他做不到这一点，他就应该回到公开市场上去。其次，政府或拥有管制权力的其他机构常常对市场交易和在企业内部进行的相同交易区别对待。主要通过这两方面的分析，科斯得出了关于企业为什么存在的结论：企业的出现是由于市场运行成本的存在。

交易费用增大。此后，威廉姆斯在其两部专著《市场与等级结构》（1975）和《资本主义的经济组织》（1985）中全面系统地论述了交易费用，分析了交易费用产生和增大的原因，证明了成本费用增大是市场经济的属性，从而确立了交易成本的地位，也从理论上进一步说明了市场协调机制失灵的可能性以及企业存在的根源。

交易费用与外包。从交易费用经济学考虑外包的理论依据可以看出，随着规模的扩大，企业的效率会下降，即组织更多的交易，成本增量将上升。市场交易一旦变得经济，则以一种使再组织一项交易的成本在每个企业中都相等的方式把生产分开是有利的。

同时，考虑到现实社会的多变性，通过价格机制进行交易的成本将相差很大，在企业内组织这些交易的成本同样如此。因此，除了收益递减问题以外，在企业内组织这些交易的成本有可能超过公开市场上进行这些交易的成本或与其他企业进行这项交易的成本，这时外包战略就成为企业避免这些隐藏成本的首选方案。

（2）规模经济理论。

依据克鲁格曼提出的新贸易理论，产业内分工贸易的主要源泉是规模经济。

经济学中规模经济是指由一个厂家生产多种产品而对生产要素的共同使用所产生的成本节约，即企业在一定规模内增加产量，生产效率能相应地提高，其产品的平均成本可以不断降低，呈现出规模收益递增的现象。对于多个企业而言，是指一家厂商提供具有共同投入品的各种产品要比各个厂商分别提供要节约成本。

有效规模与外包。假设不同生产工序所存在的规模经济不相同，即它们所对应的有效规模数量存在显著的差别，那么个别关键生产工序的有效规模就可能约束整个生产系统规模经济的发挥，使其他有效规模较大的工序不能充分获取规模经济利益。外包可以把对应不同有效规模的工序分离出来，安排到不同的空间场合进行生产，从而达到节省平均成本和提升资源配置效率的目标。

工序与规模经济分析。不同工序规模经济存在差异。如果能够进行工序分工，把有的工序外包出去，这部分成本就成了潜在的成本节省的利益来源。

外包扩大企业边界。企业通过业务外包，在物理上缩小了企业的规模，但通过与合作伙伴建立合作关系，又在逻辑上扩大了企业的边界，在整个价值系统上实现规模经济。一般来说，企业将研究开发、生产和营销等环节外包给其他能产生规模经济效益的公司，可以降低成本，从而实现技术上的规模经济。

外包效益。实行外包可以促进专业化分工，降低单位生产成本。企业通过资源外包可以促进分工的深化，外包企业与承包商可以在更大范围内实行专业化协作，在专业化操作过程中"经验效益"更为显著，从而有助于降低单位生产成本，并且发包方与接包方内部资产的专用性得到进一步加强，更有可能采用技术先进的专用设备或大型设备，从而使企业的生产效率不断提高。也就是说，通过外包，可以使单个企业在局部获取专业化的优势，在整体上得到最大的规模优势，即实现专业经济与一体化经济的统一，同时可提高资源综合利用效率，增加规模产出，降低单位生产成本。企业通过外包，使资源运筹的外延从企业内部扩大到外部，从而可在发包企业和接包企业共同组成的系统内有效地组织和利用经营资源。

企业内部的各类资源得到充分有效利用，可进一步节约某些固定资产的投资和各种生产储备费用，最大幅度的降低单位生产成本，从总体上提高企业的规模产出效率。

2. 管理学理论基础

（1）企业核心竞争力理论。

进入 20 世纪 90 年代以来，关于企业竞争力的研究开始逐渐转移到企业核心竞争能力领域，因为从长远考察，企业竞争优势来源于以比竞争对手更低的成本、更快的速度去发展自身的能力。由于任何企业所拥有的资源都是有限的，它不可能在所有的业务领域都获得竞争优势，因而必须将有限的资源集中在核心业务上，而把非核心业务外包出去。

1990 年 Prahalad 和 Hamel 在《哈佛商业评论》上发表的"企业的核心竞争力"一文，标志着核心能力理论的正式提出。其后，西方企业理论界围绕"企业的核心能力"展开了诸多理论研究。从大量的研究成果来看，所谓核心能力，或者说企业的核心竞争力是指企业开发独特产品、发展独特技术和发展独特营销手段的能力。它一般以企业的核心技术能力为基础，通过企业战略决策、生产制造、市场营销、内部组织协调管理的交互作用而获得使企业保持持续竞争优势的能力，是企业在其发展过程中建立与发展起来的一种资产与知识的互补体系。

外包可以使企业将资源集中使用。从本质上来说，外包是一种内部驱动的资源优化配置过程，通过将与企业竞争优势无关的业务外包出去，可以使企业将资源集中于核心能力的培养。由于一个企业的资源总是有限的，让有限的资源发挥最大的功用是每个经营者最关心的问题。通过把投资和精力集中在企业做得最好的活动上，可以使企业的内部资源盈利率达到最大化，并且形成领先一步的核心能力，为那些在企业所在利益领域里寻求扩张的竞争者设置一道不可逾越的障碍，从而扩大和保护企业的市场份额。

戴尔和耐克外包案例。戴尔能称雄 PC 产业是凭借着它的三个戴尔金律：压缩库存、倾听顾客意见和直接销售。戴尔公司把大部分的生产和客户服务部分外包，这样它就可以专注于利用它的配送渠道来创造价值。耐克专注于鞋的设计和市场营销方面，它把几乎所有的生产部分都进行了外包。

通过外包那些企业自身缺少资源或能力的部分，企业可以专注于能创造价值的、提高核心竞争力的业务。通过外包，还可以充分利用外部承包商的投资、革新和研究等专业能力，降低风险、缩短流通时间，减少投资额，并对顾客需求做出更快速的反应，从而进一步增强企业的核心能力。

（2）供应链管理理论和价值链管理理论。

什么是供应链？Fred A.Kuglin 在其《以客户为中心的供应链管理》一书中，把供应链管理定义为：制造商与它的供应商、分销商、用户以及整个外延企业中的所有环节协同合作，为顾客所希望并愿意为之付出的市场提供一个共同的产品和服务。这样一个多企业的组织，最大限度地利用共享资源（人员、流程、技术和性能评测）来取得协作经营，其结果是高质量、低成本、迅速投放市场并获得顾客满意的产品和服务。

供应链管理强调核心企业与最杰出的企业建立战略合作关系，委托这些企业完成一部分业务工作，自己则集中各种资源，通过重新设计业务流程，做好本企业能创造特殊价值、比竞争对手更擅长的关键项业务，这样不仅大大地提高了本企业的竞争能力，而且使供应链上的其他企业都能受益。

供应链管理注重的是企业核心竞争力，强调根据企业的自身特点，专门从事某一领域、某一专门业务、在某一点形成自己的核心竞争力。因此，在这种管理模式下，为了保持企业最核心的竞争优势，外包成为许多企业的首选。

价值链理论。美国哈佛大学教授迈克尔·波特于 1985 年提出著名的价值链理论。波特认为每一个企业都是用来进行设计、生产、营销、交货以及对产品起辅助作用的各种活动的集合。

以价值链表示的价值活动可以分为两大类：基本活动和辅助活动。基本活动是涉及产品的物质创造及其销售、转移给买方和售后服务的各种活动。辅助活动是辅助基本活动并通过提供外购投入、技术、人力资源以及各种公司范围的职能以相互支持。

价值链与外包。极少有企业拥有在所有主要和辅助业务中实现竞争优势所要求的资源和能力，比如技术。企业要想使这个价值系统的价值或利润最大化，理所当然采取的策略就是进行外包。企业根据自身的特点，专门从事某一领域、某一专门业务，使本企业更专注于自己的核心竞争能力，可以把那些影响整个价值体系中价值增值的环节拿出来，交由外部效率更高、成本更低或质量更好的擅长此类业务的企业来完成，与其他企业形成密切的合作关系，为满足顾客需求共同努力。

外包是市场竞争中自然而然的选择。其实，供应链管理模式与波特的价值链理论相比，其基本思想如出一辙。他们都强调企业在有限资源的约束下，不可能拥有全部的优势和资源，只有相互优劣互补，才能不断提升企业的竞争优势，才能更专注于自身的核心竞争力，从而达到企业利益的最大化，并增强企业的灵活应变和适应能力。因此外包也成为了企业在市场竞争中自然而然的选择。

1.1.4 软件外包的产生和发展的动因

软件产业是信息技术产业的核心和灵魂，它具有高度标准化、通用化的特征，是高度全球化的产业。以网络和通信设施为基础,这一产业已经实现了在全球范围内的上下游无缝对接。软件产业的这些特性使得软件业适合开展外包业务。对国际软件业务外包(GSO)的承包商而言,承接外包业务意味着获得了新的发展机遇。而对软件外包的发包商而言,外包也具有巨大的吸引力。

　　软件外包产生和发展的动因主要有以下三大方面:一是企业利益驱动是软件外包发展首要动因;二是外部条件支持是软件外包发展的基础;三是国家政策的支持进一步促进了离岸软件外包的发展。

　　1. 企业利益驱动是软件外包发展首要动因

　　(1)利用廉价资源,缩减软件开发及相关的运营成本。

　　软件服务是劳动力密集型行业,劳动力及相关的管理、支持和运营成本比重很高。在软件开发成本中,人力成本占到75%左右的比重。国际软件业务外包迅猛发展的初始原因就是发达国家利用发展中国家软件产业中相对廉价的劳动力,降低企业在软件领域的研究和开发成本。据统计,发达国家企业将软件服务外包至人力成本较低的发展中国家平均可使总成本节约40%~50%。

　　(2)增强企业的资源配置能力,强化核心竞争力。

　　服务能力全面性。美国企业协会的主席 John Mariotti 指出:"几乎没有哪家公司能承受得起精于一切。他们需要决定他们的核心竞争力是什么,专心搞自己擅长的方面,同时确保自己的专长在市场上仍有竞争力。"

　　需求响应快速性。软件技术及其应用的发展日新月异,加上组织环境和战略的变化,组织个体的软件需求极不稳定,仅靠内部资源往往无法及时响应的快速变化的软件需求,将软件业务外包无疑是一个充分利用外部资源提高企业竞争力的重要途径。

　　资源有效利用。越来越多的 IT 企业通过将非核心业务外包,把企业有限的资源集中在最有价值的核心业务上,巩固和提升了企业的核心竞争力。例如,微软公司几乎外包了一切,从软件的生产到分销,它仅全神贯注于自己的核心专长——软件程序的编写。而对于绝大多数非 IT 组织而言,软件服务既非其业务所长,也非其核心能力。通过离岸软件外包剥离非核心的软件业务,可以节约长期供给 IT 服务部门的资源投入,从而集中关注核心能力的发展。

　　(3)降低企业的经营风险。

　　软件行业是高风险和高收益并存的行业,信息技术的飞速发展引发了无比激烈的竞争,如果企业在技术、资金和人才方面缺乏充足的准备和必要的条件,很容易导致在信息技术及软件项目上的投资失败,使企业遭受巨大损失。

　　采取软件外包的方式,就能够把在软件投资、信息技术研究开发和软件技术人员培训等方面的风险转嫁给软件外包商,减少投资,缩短资金流动周期,从而降低自身的经营风险。

　　企业与接包商同时分担由政府、经济和市场等外界因素产生的风险,能够更好地适应外部环境的变化。另外,软件外包可以有效地减少企业相关的资金占用率,降低了组织的退出屏障和组织的转换成本,实现了经营风险的压缩,企业变得更有柔性,更能适应变化的外部环境。

　　2. 外部条件支持是软件外包发展的基础

　　(1)信息技术发展。

　　科学技术的发展极大地促进了软件外包的出现,为软件外包的实际推广提供了可能性。一方面,科技的发展不断将产品推向高科技化和复杂化;另一方面,网络技术、通信技术的发展使得企业寻找与其资源互补的合作伙伴成为可能,为企业提供了建立、发展和管理异地工作关系的可能。

（2）经济全球化的加深。

经济全球化使得国际贸易管制放宽，跨国交易成本不断下降，带来了资本、信息、技术、劳动力、资源在全球范围内流动，使得国际软件外包的经营环境大为改善。

面对激烈的市场竞争，任何企业"闭关自守"是注定要失败的，只有通过外包与其他企业协调合作、取长补短，才能获得长久的竞争优势。因此，经济全球化程度越高，软件外包程度也越高。

（3）管理模式成熟。

随着国内外学者对外包管理的实践和理论研究的大量深入，软件外包管理模式逐渐成熟，有更多的企业客户愿意借鉴知名企业软件外包成功的案例，参照成熟的外包管理模式，可以更加放心地选择各种软件外包，并获得可观的收益。

3. 国家政策的支持进一步促进了离岸软件外包的发展

（1）发展中国家的政策支持。

离岸软件外包被许多发展中国家视为进入全球软件产业国际分工的大好机会，爱尔兰和印度软件业近年来的飞速发展，特别是在出口方面的增长更是刺激了其他发展中国家对于承接离岸软件外包项目的兴趣。为了增加国民就业机会，创造外汇收入，增强软件企业实力，进而促进本国软件产业的发展，许多发展中国家都在税收、管制、投资等诸多方面制定了相关的扶持政策，鼓励离岸软件外包的发展。

（2）美国等发达国家相关政策的间接推动。

进入 21 世纪，美国的科技移民政策开始严格限制到美国工作的研究人员的数量。美国《移民法》规定：一国申请者获得绿卡的数量不能超过绿卡年发放总数的 7%。这就意味着，中国、印度这样的人口大国的申请者和欧洲总人口几十万国家的申请者每年获得绿卡的名额是相同的。也就是说，很多中国人即使通过正常途径申请绿卡获准，还要"排很多年队"。根据美国国务院 2013 年 2 月公布的数据，中国内地出生者的技术移民申请刚刚处理到 2008 年 2 月，而印度移民的申请只处理到 2004 年。然而美国的初等教育相对滞后于科技发展，不能培养出足够的具有全球竞争优势的科技力量。因而不得不将部分高技术工作实行离岸外包，使得软件及其他高科技服务业的离岸外包在美国得到持续发展。

市场研究公司 Evalueserve 的一篇报告称，劳动力短缺和移民控制使离岸外包对于保持美国经济增长尤为重要。由于成本低、灵活性大和可以利用受过良好训练的人员，离岸外包可以提高美国公司的竞争力。而且，如果当地经济增长了，这就意味着为美国企业的产品和服务提供了新市场。据这篇报告称，每个价值 100 美元的工作外包到海外，都将给美国经济重新投资 130～145 美元。

由此可见，外包可给美国带来巨大的商业利益，外包是市场经济规律驱动下众多美国企业的必然选择，也符合美国的国家利益。正因为如此，像美国这样的发达国家必将软件外包业务发包给具有劳动力优势的发展中国家。

1.2   全球软件外包的发展状况分析

IT 外包服务是社会分工不断细化和信息技术发展相结合的产物。与硬件外包相比，软件外包起步较晚，但是发展很快，特别是最近几年。

自 20 世纪 50 年代软件产品出现以来，全球软件产业的发展异常迅速。特别是随着 IT 产业的重心由硬件主导型向软件和服务主导型转移，软件产业更是成为全球瞩目的焦点产业。进入 20 世纪 90 年代以来，软件产业进入了快速发展期，年均增长率达到了 12%，是全球经济平均增长率的 5 倍以上。

全球软件外包的发包市场主要集中在北美、西欧和日本等。外包接包市场主要集中在印度、爱尔兰等国。其中，美国市场被印度垄断，欧洲市场被爱尔兰垄断。印度软件业 80%以上的收入依赖于软件外包业务，印度已经成为全球软件外包的第一大国。现在，菲律宾、巴西、俄罗斯、澳大利亚等国家也加入了全球软件外包的竞争行列。

1.2.1　全球软件外包发展现状

软件产业是一个变化快、新技术层出不穷的行业，同时又是人力资源成本相对较高的行业，更需要通过外包服务的形式来合理地配置资源，最大限度地从分工协作、资源共享中获益。根据国外权威机构的调查显示，外包使企业平均节省 9%的成本，而核心竞争能力与质量则上升了 15%。目前在世界许多国家或地区，软件外包服务得到了极大地肯定和广泛地应用，并且已成为一种不可逆转的趋势。

全球软件和服务外包业务是从 20 世纪 80 年代开始起步的，90 年代中期以后获得了较快发展。据美国《商业周刊》统计，目前全球软件产值的 1/3 需要通过对外发包来完成。

全球软件外包的发包市场主要集中在北美、欧洲和日本等，美国约占 65%，欧洲约占 15%，日本约占 10%。其中，美国的软件外包项目常常含有一些技术含量较高的工作或是整体外包；日本则依靠"硬件化"，以制造业需求为先导，不断地把软件开发的订单发包给其他国家，在自己生产的硬件产品中安装一流的嵌入式软件。

软件外包的发展特点与趋势有以下几点：

（1）与软件外包相关的服务外包成为产业发展的重要推力。

受需求旺盛的影响，中国、印度、俄罗斯等国政府纷纷出台优惠政策，鼓励本国企业和跨国企业开展软件外包等服务业外包，全球外包市场在制造业外包增长趋于稳定的情况下，迎来了服务业外包高速增长的局面。

（2）本土软件外包将被离岸软件外包逐步取代。

经过数十年的发展，软件外包已经成为企业降低成本、提高核心竞争力的一种战略手段，而在全球经济一体化、离岸软件外包业务提供商不断成熟等多重因素的影响下，尽管受到各国内部的政治压力，还是有越来越多的欧美公司愿意把软件业务外包给优秀的离岸外包供应商。

（3）未来软件外包市场将呈现较为迅速的增长。

（4）发包商越来越倾向于把软件外包和业务流程外包捆绑在一起，也就是所谓的基于 IT 的 BPO。

基于 IT 的 BPO 不仅仅需要提供单纯的技术性外包服务，也需要提供一些服务性外包。这是因为在一些金融、电信、交通等服务领域中，企业的某些服务流程与信息技术结合得越来越紧密。这类企业如果没有一个好的软件平台，就无法完成快速高效的业务流程管理。因此，软件发包商不仅关心接包商的技术力量，也开始关心接包商对业务的理解。

（5）软件外包业务的交付形式将呈现多样化。

软件外包正在从最初的项目一次性交付方式逐步向长期提供服务的方式转移，有助于发包商和接包商之间建立起战略性的合作关系，但可能会影响到接包商短期的财务状况。

（6）软件外包的价格将小幅攀升。

由于全球经济持续稳步地增长，很多发展中国家的生产要素成本在上升，同时受教育和培训体系完善的影响，某项服务所需的劳动力供给的增加需要时间，而供给的需求十分旺盛，因此未来软件外包的价格将会呈现缓慢上涨的趋势，因此低端的软件外包订单会向成本更低的国家或地区转移。

（7）信息安全保护、企业社会责任成为发包商的关注重点。

目前软件外包企业普遍缺乏系统性、完整性的信息安全策略。例如，缺乏对防止计算机病毒感染和非法访问获取敏感信息的对策等。将来，发包商除了注重接包企业的交货期和质量外，将更加关注企业的信息安全保护管理。这就需要软件接包企业守法经营，逐步建立起企业社会责任管理机制和个人信息保护机制，加强信息安全的保护管理工作。

1.2.2　主要软件发包市场分析

1. 美国市场

美国软件外包市场在全球软件外包市场中占有最大的一部分。

（1）美国软件外包增长的驱动因素。

1）软件外包服务的质量不断得到提高，使得软件外包服务普遍受到美国企业的重视。

2）应用管理服务得到强劲增长。

3）政府和金融领域正在广泛地将其信息技术相关职能进行外包。

4）由于在美国领先的大企业中，普遍依赖软件外包，所以其他企业要保持成本的竞争优势，就必须同这些领先的大企业一样选择软件外包，这就形成了软件外包市场的强劲需求。

（2）美国软件外包市场发展所面临的挑战。

1）软件外包接包商很难签到大的订单。

2）美国软件外包市场已经发展到一个相当成熟的阶段，接包商获得利润的空间正在下降。

3）对接包商来说，合同竞争性谈判明显加剧。

2. 欧洲市场

（1）欧洲软件外包增长的驱动因素。

1）欧洲企业越来越关注核心竞争力和运营效率的提高，软件外包订单正在逐步增加。

2）政府部门已经开始进行软件外包业务。制药、零售和电讯等领域的企业对软件外包业务有着浓厚的兴趣。

3）跨越国界的国际性 IT 标准的建立，降低了软件外包的交易成本。

4）欧洲地区正在大力推进应用系统离岸管理。同时在应用系统管理外包市场上，未来欧洲仍然具有很大的增长潜力。

（2）欧洲软件外包市场发展所面临的挑战。

1）软件外包合同的价格变得越来越低，合同条款也变得越来越严格。

2）企业一直不断地合并重组，软件外包接包商需要更好地适应发包方的不断变化。

3）离岸软件外包导致的劳动力转移带来负面的舆论影响。

4）企业在选择接包商时，越来越倾向于已经获得信任的既有接包商，增加了新兴的软件外包服务提供商进入的门槛。

3. 日本市场

（1）日本软件外包增长的驱动因素。

1）企业需要缩减成本、提高效率，迫使日本公司开始进行软件外包。一些大的银行和保险公司有着较浓厚的兴趣进行软件外包。

2）应用系统管理服务的外包增长加快、电子商务基础设施建设的日益完善、7×24 小时的应用系统管理的需求增加，都将在很大程度上带动日本软件外包市场的增长。

3）日本本地的软件人才资源比较缺乏，加大了离岸软件外包的需求。

（2）日本软件外包市场发展所面临的挑战。

1）文化问题（如终生雇佣制等观念）使日本企业不愿意将所属软件业务取消，而选择外包。

2）IT 信息系统越来越定制化，加大了软件外包接包商提供服务的难度。

3）市场保护程度高，外包接包商很难进入。

1.2.3　主要软件接包国

我们知道，外包是企业将某些业务环节交给外部专业的生产商完成，来实现资源与活动外部化的经营过程。由于外包可以促使企业利用外部资源并集中精力提升自己的核心竞争力，因此欧、美、日等发达国家的企业纷纷采用外包的方式实现非核心业务的转移，在软件与 IT 领域表现得尤为突出。

目前，美国、欧洲、日本是世界软件外包市场上的主要发包国，而印度、爱尔兰、以色列、新加坡、中国等国家是主要的接包国。软件外包既不同于企业内部指令性的经营管理行为，也不同于市场交易行为，而是需要发包方与接包方形成一种合作经营模式，因此软件外包的竞争比较特殊。不同国家软件发包的方式不同，美国、欧洲的公司往往直接将软件外包给印度、爱尔兰、以色列、中国等国家，欧美公司在外包市场逐渐建立起比较完善的外包评价与决策模式，通过规范化的质量评价来选择和评价接包企业，如软件能力成熟度模型集成 CMMI 是广泛使用的评价模型。

日本软件外包市场潜力巨大，日本企业一般都是向其国内的企业如 NEC、NTT 等发包，由这些企业进行概要设计工作，然后将详细设计、编码、测试任务分包到海外，以降低成本。所以，日本离岸软件外包仍停留在软件详细设计与代码转换阶段，其软件离岸外包业务多数属于三级承包或四级承包。相对于欧美国家的企业，日本企业在软件外包中往往与接包企业有着更加紧密的联系，它们对接包活动的管理要直接得多。软件产品在标准化、运输、交易等各个方面不同于制造品，在其生产的国际化过程中与制造品的生产过程有很大差异，国际软件外包的竞争中发包方占据主导地位，企业根据自己的战略和能力来决定如何发包和如何进行外包管理，甚至按自己的战略来影响或改变接包企业。前面我们已经提到，从目前软件接包的国别来看，印度遥遥领先于其他各国，中国、爱尔兰的服务外包业发展迅速，菲律宾、马来西亚、新加坡、捷克、巴西等国紧随其后。从离岸服务外包市场来看，印度成了迄今为止最受青睐的国家，占据了全世界份额的 80% 以上。

中国的软件外包业起步比较晚，目前正处于追赶阶段。由于中国软件企业受资金、规模、技术等方面的限制，导致中国软件企业绝大多数是外包承接商，多数承接的是日本企业的发包，而且是间接的承包，附加值很低。最近欧美的发包逐渐增多，但是其竞争优势与印度相比还有很大的差距。

印度模式拥有丰富的人才优势；具有语言优势，可增强其国际竞争力；以面向欧美市场为主具有低成本优势，降低外包业务的成本；拥有高质量的产品和优质的服务，提升了其国际竞争力。爱尔兰模式拥有加大教育的投入优势；拥有自主知识产权的优势；实施税率优惠和政府补贴措施，促进外商投资的政策；拥有较好的科研成果转化机制，具备产学研的紧密结合的竞争优势；提供系统化服务，拥有完整的软件产品体系以产品创新为导向的产品开发优势。以色列模式拥有软件人才的语言优势，能够熟练掌握英语；拥有国际互联网的数据加密、网络安全和多媒体技术等方面的技术优势。软件外包企业以跨国公司为基础，寻求和开发独具特色的软件外包业务。

随着外包市场的逐渐扩大，各个国家越来越重视发展软件外包，一场国际间的软件接包竞争已经悄然展开。软件外包市场的竞争不同于制造业的市场竞争，对此我国企业需要对外包市场的竞争模式给予高度的关注，寻找和建立自己的竞争优势。

1. 印度

（1）总体情况。

印度软件业起步于 20 世纪 80 年代中期，时至今日，其软件产业的发展历史虽然不算长，但是却取得了骄人的成绩。在给印度带来巨大利润的同时，也塑造了"世界办公室"的良好形象。20 世纪 90 年代，在全球产业链重组、制造业与服务业国际转移加速的大背景下，西方发达国家的大公司纷纷把一部分业务外包给发展中国家。

由于信息技术的迅速发展和互联网的广泛应用，国际软件业务急增，在 TCS、Infosys、Wipro 等几家软件巨头的带动下，使得又一大批印度软件企业挖得第一桶金，得以在国际软件市场崭露头角。

印度的软件产业借此机会获得了大量的知识、技能和机会，尤其是软件外包产业得以迅速成长、壮大，经过 20 多年的快速发展取得了巨大的成功，在全球树立起了"软件外包"这一印度国家品牌。

我们已知，印度现在是全球最大的软件外包承接国。根据印度《经济时报》报道，2013年软件外包交易总额在 500 亿美元左右，相当于印度 IT 产业规模的一半。按照世界银行对软件出口国家能力的调查评估，印度软件出口的规模、质量和成本等综合指数名列世界第一位。

（2）软件外包以大公司为主导。

虽然印度软件公司的数量超过 3000 家，但位居前五的大公司就占了该领域收入的 46%，跨国公司所占比例维持在大约 30%，近年来基本未变。印度全国软件和服务公司协会的会员企业是印度服务外包产业的主角，在其 1988 年创立时有 38 个会员，占产业总收入的 65%。印度前两大公司（TCS 和 Infosys）的总体出口实力与我国总和相当。

经过多年发展，印度软件公司已经形成了自己独具特色的行业体系。以快捷、多样、优质的服务闻名于世。在管理信息与决策支持系统、银行、保险及财务应用、人工智能系统以及计算机辅助设计与制造等方面具有明显的竞争优势，拥有遍布全球的客户群。

（3）软件外包以欧美市场为主。

印度软件外包以欧美市场为主。在印度 IT 外包服务市场规模中，超过 60% 的比例是以北美地区用户为服务对象。Infosys、Wipro 和 Satyam 公司的利润分别有 70%、53%、73% 来自北美地区。目前美国和欧洲仍然是主要市场，占印度出口总量的 90% 左右，仅美国就占到出口量的 2/3。近年来，除美国和欧洲两大主要市场的份额相对未变外，市场多元化趋势日渐明晰，印度对其他新兴市场的出口量保持两位数的逐年增长。

印度的软件接包企业具有几个特点：一是客户多为大型企业。印度软件企业瞄准全球重要的北美市场、欧洲市场，拥有一批像美国通用、波音那样的著名大企业。二是企业规模大。印度目前软件公司中 5000 人以上的公司 16 家，10000 人以上的公司 6 家，而且大多已走出国门。目前，印度软件企业在欧美国家有上百家分支机构。三是发展速度快。一些大的软件公司，人均产值近 5 万美元,在近万人规模的基础上仍能保持年均 40%～70%的增长速度。四是管理能力强。印度的几家大软件公司,其软件项目按合同完成率高达 96%以上,Wipro 更是达到了99.3%。他们对时间、质量、成本的控制能力非常强。

(4)印度模式的特征。

从商业生态系统模式考察,印度软件外包系统主要由软件外包发包商、外包接包商、外包的竞争组织、投资者和政府社会环境组成,其发展的基本特征主要有:

1)政府角色。在政策环境方面,为软件外包提供宽松的政策,涉及税收、融资和出口等方面都有实质性的优惠。从 20 世纪 80 年代开始,印度电子部软件发展局每年都有一笔专项资金用于开拓国际市场。早在 1998 年 5 月,印度政府就制定了"印度信息技术行动计划"。政府对软件实行零关税、零流通税和零服务税,在海外投资和采购的一揽子协议、银行优惠贷款和风险投资等方面采取了一系列促进软件出口的措施。

2)教育环境。在人才培养方面,印度能够按照软件外包发展的需要,多层次、多渠道培养人才,形成多层次的人才结构。印度之所以能成为 IT 人才大国,与印度的教育培训体制和方式以及政府的支持是分不开的。

3)投资商。在吸引外资方面,印度已经成功地吸引到一大批欧美 IT 跨国公司,并在其境内设立外包服务机构和软件研发机构,而且规模很大。

4)竞争组织。在竞争组织方面,有目的地发展大型外包企业,形成外包的航母舰队。

2. 爱尔兰

(1)总体情况。

在爱尔兰,软件业出口占整个国家出口额的近 10%,是世界上最大的软件出口国,欧洲销售的软件有 60%来自于爱尔兰。爱尔兰本土软件企业的发展始于 20 世纪 80 年代后期。

1991 年,爱尔兰软件从业人员只有 7793 人,产值 21.98 亿欧元(爱尔兰本土软件企业产值仅为 1.91 亿欧元),出口额 20.44 亿欧元(本土企业的出口额为 0.78 亿)。90 年代中期,爱尔兰本土软件企业经历了从为海外企业提供服务转向独立的产品开发,并将市场注意力从本土转向海外。爱尔兰软件出口占产业总额的比例超过 95%。

爱尔兰把自己定位为"美国软件产品欧化版本的加工基地",是美国公司进入欧洲市场的门户和基地。

目前,爱尔兰是欧元区中以英语为母语的国家,作为欧盟成员国,劳动力流动非常便捷。爱尔兰利用这种独特的优势大力发展面向欧洲非英语国家用户的软件本地化活动。

(2)软件外包企业分布集中,且以外资企业为主。

爱尔兰软件产业主要集中在都柏林,许多软件人才从国外或其他地区移居到这里。都柏林聚集了爱尔兰 83%的软件员工和 73%的软件企业。软件外包以欧洲市场为主。产生这种现象的主要的原因是:人口的集中(大约占爱尔兰人口的 1/3);接近重要客户(跨国公司总部);技术力量集中(高等教育机构);金融活动集中;接近政府机构等。

从产业总量、出口规模到雇员数量,外资企业均占有绝对的主导地位,软件产业发展的主动权完全掌握在外资手中。根据爱尔兰企业局的资料,仅微软公司出口占比就达 60%左右。主要原因是爱尔兰实行企业所得税低税政策,吸引了大批跨国软件企业入驻,借助爱尔兰出口欧洲。

(3)软件外包以欧洲市场为主。

爱尔兰地处欧洲,地理优势使欧洲成为其主体市场。欧洲市场上,有 43%的计算机、60%的配套软件都是在爱尔兰生产的,与这些相配套的软件服务也基本由爱尔兰垄断。爱尔兰软件服务主要出口欧洲市场，其次是美国市场。

（4）爱尔兰模式的特征。

从商业生态系统模式看，爱尔兰模式的基本特征包括：

1）接包企业。定位准确，将自己定位为美国软件公司产品欧洲化的加工基地，目光瞄准国外市场，使得自己的研究开发牢固地建立在国际市场的需求之上。由于本国人口少、传统产业规模有限、市场需求也有限，爱尔兰较早地把软件产业发展的目光瞄准了国外市场，大部分企业在为跨国公司提供咨询服务的后期，找到了自我发展的定位和机会，开始形成了一些产品的发展方向。

2）外部市场。面向市场进行"针对性研究开发"，这是爱尔兰外包获得巨大成功的经验之一。由于本国市场需求有限，爱尔兰政府与美国有关机构联合建立了风险基金，爱尔兰的软件人才将美国成功的商业软件欧洲化，这些德语化、法语化软件已在欧洲大量销售，从而使爱尔兰成为欧洲重要的软件出口国。

3）业务选择。爱尔兰的软件产品以出口为主，根据本国软件人才资源的不同特点，发展中间件产品，接受外包代工订单（以软件工程项目为主），主攻非品牌软件出口。

4）政府政策。国家财政预算支出连年向该产业倾斜；采取措施鼓励外国软件公司到爱尔兰从事研究开发；实行税率优惠和政府补贴。

5）教育支持。爱尔兰的产、学、研一体化的国家创新体系对其提供了教育支持。爱尔兰在教育方面的支出占公共支出的比例在 14%左右，位居欧洲国家前列。爱尔兰的"产、学、研"合作及研究机构、大学同企业间的紧密衔接，使软件研发成果迅速转化。

3. 以色列

（1）总体情况。

以色列国土面积小，人口少，国内市场有限，因此以色列发展软件产业以出口作为其主要目标，根据国际市场需求开发产品，软件出口占总经营额的 60%左右。

以色利软件企业不追求产业链的完整，而是以自身优势领域的核心技术为突破口带动软件出口的发展，重点开发具有国际竞争力和高附加值的应用软件产品。目前以色列在安全软件、商业管理软件、嵌入式软件等方面具有核心技术，软件市场规模以每年 25%左右的速度增长。

（2）软件公司具有较强研究能力。

Intel、IBM、西门子等众多国际知名跨国公司纷纷在以色列设立研发中心和地区总部。微软在以色列北部城市海法建立了除美国本土外第一个大型研究中心，Intel 则在以色列的研发中心成功地研制出奔腾 MMX 微处理器。这些公司给以色列带来了先进的技术和经验，促进了以色列软件产业的发展，使以色列成为高端研发工作的理想外包区域。

总之，以色列作为电讯、安全、生命科学等领域软件的开发者和外包承接国，其未来非常值得期待。

（3）软件外包以欧美市场为主。

以色列是目前世界上唯一同时与欧洲和北美两大市场签署"自由贸易协定"的国家，这为其顺利进入欧美市场创造了得天独厚的条件。目前以色列软件产品和服务的主要出口目的地是北美和欧洲，每年向欧美的软件出口占以色列软件出口的 2/3。

（4）以色列模式的特征。

从商业生态系统模式看，以色列的基本特征包括：

1）政府角色。以色列的服务外包业务得到了政府的大力支持，政府制定了一系列优惠政策来鼓励软件外包业的发展，同时积极推动软件与其他产业的结合和渗透，并鼓励跨国公司在本国建立研发中心。

2）外包市场。以色列的外包软件产品主要是中间件，其软件外包服务主要的出口目的地是北美和欧洲。欧美是以色列的主要软件外包市场，除了其产品独特的国际竞争优势外，另一个重要因素是以色列是目前世界上唯一同时与欧洲和北美两大市场签署"自由贸易协定"的国家。

3）高新技术支撑。以色列政府高度重视高新技术的发展，鼓励企业创新，为高新企业提供有力的资金支持和组织协调；同时，以色列政府鼓励军工和相关企业转轨研制和生产和平时期所需的高科技产品，由此诞生了一系列新的公司。

4）产业渗透。以色列积极推动软件与其他产业的结合和渗透。以色列政府重视军事技术向民用技术的转化，其软件外包的高速发展正是把军事技术充分应用于经济领域的结果。

1.3 中国软件外包现状与趋势分析

我国的外包服务市场的发展趋势为：由市场不成熟高度分散走向市场逐渐成熟集中；国内外包市场保持快速增长；中国将成为继印度后新的外包产业中心；IT 外包服务结构转化，服务向高端发展；软件外包大型企业出现。

那么，我国软件外包业赶上印度还缺什么？中国经济巨大的成功使人们不禁推测：中国的软件外包业很快将和印度不相上下。但是麦肯锡公司最近对中国软件部门进行研究后发现，中国要想在软件外包业对印度形成威胁还需要很多年的时间。首先，中国必须巩固其高度分散的软件行业，培育获得大型国际项目所必需的规模和技术。目前，中国向这个方向所做出的努力还并不多。

有一点可以肯定，中国的 IT 业正在健康的扩张。近几年，中国 IT 行业专门人才的数量增长很快。从 1997 年起，软件和 IT 行业的年收入平均每年增长 42%。但是，中国 IT 业自身的很多不足，致使这些变化不能被彻底地利用。尽管中国 IT 行业的收入在增加，但是却只有印度的一半（印度 IT 行业每年的收入是 127 亿美元）。中国 IT 行业的增长受国内需要的驱使，其多数客户都是中小型的中国企业，他们需要的是根据他们的需求专门为他们订制的软件。中国的软件外包业务只占到 IT 行业总收入的 10%，而印度的这个数字则高达 70%。尽管成本相对较低，但是中国软件服务公司的营业毛利只有 7%，而世界同类公司营业毛利的平均水平可以达到 11%，原因是他们接手的项目往往规模不大，且报价又相对较低。

要想在全球的外包业中形成有力的竞争，中国必须巩固其软件业。中国排名前十的 IT 服务公司所占的市场份额仅为 20%，而印度的十大 IT 公司占有的市场份额高达 45%。中国大约有 8000 家软件服务供应商，其中员工少于 50 人的占四分之三，只有 5 家拥有 2000 名以上的员工。印度的软件服务供应商不到 3000 家，至少有 15 家拥有 2000 名以上的员工，其中的塔塔咨询服务公司（TCS）、威普罗公司（Wipro）、信息系统技术有限公司（Infosys）都已经获得国际上的认可，在全球拥有客户。没有适当的规模，中国企业不可能吸引到顶尖的国际客户。因为人们通常认为，小公司是风险相对较大、可靠度相对较低的合作伙伴。麦肯锡的研究发现，只有 12%的中国软件服务公司认为合并、收购和结盟是应优先考虑的事。中国软件服务公司的经理人中，有兼并收购经验的不多，尽管他们的文化有利于组织的发展，但是依靠这种文化来对抗新的竞争对手显然不是很理想。相反，印度的几家公司正在考虑并购中国公司来扩大他们的业务。

行业的分散状态使中国软件行业的另外一些问题显得比较突出，如过程控制和产品管理不够严格。调查发现，四分之一的中国公司在尝试执行 CMMI 质量标准，但是有一半多的公司在调查中表示，做这个努力没有必要、不可行，或者认为不值得。

中国的软件服务提供商还应加强人才的管理。绝大多数中国公司都不重视帮助员工成长，他们当中很少有懂得将股权、培训项目或其他激励机制引入对人才的管理。麦肯锡的调查发现，中国软件公司中人员的更新率每年高达 20%，而美国虽然拥有流动性很强的 IT 劳务市场，但它的这个数字只有 14%。

有了更大的规模和更好的人才基础，中国的软件服务公司才会具备解决其他问题的条件，比如在国际市场建立可信的品牌，开发特定行业，如金融和制约行业的技术。另外，还要注意保护客户的知识产权，要克服基于项目的短期效应心理，要致力于为客户提供长期服务。

从软件外包市场竞争的基本特征入手，确立基本的竞争战略，是我国软件外包企业应对国际竞争亟待关注的问题。软件外包市场竞争的基本特征有以下几点：

（1）我国企业面对的外包市场竞争目前是一种接包竞争。

目前，我国软件在国际竞争中，主要依靠低成本、高素质的劳动力等生产要素，以低廉的产品价格赢得市场，承接的软件外包主要是以编码外包为主的低端服务，在技术和资本上没有优势。总体上看，我国软件外包仍处于成本要素驱动阶段，企业规模小，管理水平低，在国际软件外包市场上竞争力不强。

在我国的软件外包市场中，软件发包来源的市场结构与全球外包市场上的发包结构并不相称。据统计，我国软件外包行业收入主要由日本提供，但在全球发包市场中，日本只占 10%，而占全球外包市场发包额 80% 的欧美，提供我国软件外包行业收入却很少。由此可以看出，对日软件的出口仍占我国软件接包的主导地位，中国还未打入软件外包主流市场。由于我国软件企业无法取得发包订单，难以取得竞争的资格，同时一些有一定规模的外包企业也存在着接包难的问题，因此软件外包的竞争首先表现在接包的竞争状态。

（2）软件接包竞争是一种商业生态竞争。

经济全球化与科技进步使得软件外包行业的商业环境变得越来越开放与复杂。在这个环境中，软件接包企业不能仅仅从自身角度考虑问题，它必须建立具有分享功能的商业模式，并由此产生一种具有特殊成长力和机动性的健康商业系统。新的技术和新的商业模式以类似于生物物种进化的方式影响着整个软件外包产业，对其持续稳定发展产生了巨大影响，而商业系统的发展反过来又促进了软件外包产业新技术和新商业模式的产生与进步。

企业要成功，仅靠完善自身是不够的，必须促进整个商业生态系统的发展，因为生态前景制约着企业的发展。软件外包的发包商、接包商，外包的竞争组织，外包的投资者、行业协会和政府社会环境构成了一个完整的商业生态系统。在外包商业生态系统中的企业形成既合作又竞争的关系，合作是为了形成各自优势核心业务的互补以共同应对最终产品市场、共同生产一种或几种同类产品，竞争是为了在这个生态链上瓜分利益。生态链中的企业为了形成最终产品市场的优势就必须合作，而生态中上下游企业之间由于利益的冲突又必然会竞争。这种合作导致了生态链中企业的共存，而竞争又导致了系统结构的优化。系统中企业之间的合作与竞争导致了共生或共同发展。因此，从商业生态系统的视角，软件接包竞争必须构建良好的商业生态，不能仅仅考虑局部的能力，而必须系统地思考接包的战略方案。

（3）软件接包竞争的商业生态模式。

在软件外包的商业生态系统中，外包发包商和接包商构成的外包供应链居于核心地位。

软件外包供应链系统的结构分为三个部分，即发包方、接包方和信息中介。软件外包从本质而言既是供应链系统又具有服务链的特征。同时软件外包供应链系统是一个信息传送、加工生成和反馈的系统，是发包商、接包商和中间商的合作系统。在软件接包商业生态系统中，外包投资者、行业组织构成了外包支持环境系统。在软件产业发展的不同阶段，行业组织和政府管理机构具有不同的职能和作用，软件企业与行业组织和政府管理机构也具有不同关系。目前，我国软件产业中的主要行业性组织是中国软件行业协会，各个省市也有各自的软件行业协会。知识外包的投资者涉及为软件及信息技术、其他知识服务的业务发展提供资金的融资机构。从商业生态系统视角来看，在国际软件接包竞争比较商业生态系统中，政府、社会条件、自然条件构成了软件外包发展的环境系统。这种划分是以外包企业为核心的分类模式。政府在我国对软件外包发展具有直接的推动作用，社会条件与自然条件对知识外包发展的影响也具有特殊性。在软件产业的国际化发展中，软件产品的使用过程和后续的维护过程中大量涉及用户的语言、文化背景等，针对特定用户群体进行的软件本地化开发工作，已经成为软件产业的一个重要的子产业。软件外包的发包商、接包商、外包的竞争组织、外包的投资者、行业协会和政府社会环境构成了一个完整的商业生态系统。

1. 我国软件外包发展现状

（1）我国软件外包的市场规模。

我国的软件产业起步较晚，发展始于 20 世纪 80 年代，但在近十年的发展过程中，凭着自主创新这个核心理念，从无到有，从艰难起步到成功发展，取得了令人振奋的成绩。我国软件产业的规模出现了成倍增长，已成为电子信息产业中增长最快的领域之一。

我国软件业开始于国内市场，因此早期对承接国际软件外包重视不足，直到 1999 年前后，软件外包才得以起步。近年来，我国国际软件外包得到了快速发展。从 2008 年到 2011 年，中国的软件外包产业年均复合增长率高达 61.2%。2011 年，中国承接国际离岸服务外包合同执行金额 238.3 亿美元，已成为全球第二大离岸服务外包承接国。

（2）我国软件接包来源。

在中国的软件外包市场中，软件发包来源的市场结构与全球外包市场上发包结构极不相称。从出口地区分布看，对日软件出口仍占主导地位，欧美则处于起步阶段。

中国对日本软件外包服务已有 10 年以上历史，市场已经有一定规模，未来 5 年增长速度将低于整个市场平均水平。但是这个市场仍然潜力巨大，日本企业整体的软件和服务外包程度远低于欧美，市场开发还在早期。

日本自身的供应能力有限，必然会将相当部分软件开发工作外包。在日本软件外包市场，中国厂商在语言、文化、地理上具有得天独厚的优势，印度等国在日本市场则收获不大。虽然中国企业对日本的外包服务占有优势，但是来自日本的项目集中在编码和测试工作，利润率低于欧美项目。

中国企业对欧美的软件外包业务有所增长。国内的软件外包企业进入欧美市场还处于起步阶段，由于自身能力的不足，中国直接在美国市场承接外包项目的企业很少，主要依赖与跨国公司在华机构的合作取得项目，比如通过与 IBM、微软等跨国公司在中国研发中心、分支机构进行合作进入欧美软件外包市场。

（3）我国软件接包的地区分布。

我国的软件外包市场份额集中在华北、东北、华东三个地区。华北、东北和华东地区占到超过 2/3 的市场份额，而其他的华南、西南、华中和西北只有不到 1/3 的市场份额。

承接软件外包的企业主要集中在北京、上海、深圳、大连、西安等城市。良好的城市基础设施建设与产业配套基础，当地政府在政策上的大力支持，良好的市场竞争环境，拥有一大批通晓外语的软件人才，具备较强的创新能力等各方面优势，推动了产业集聚，使这些地区形成了较为完整的产业链并逐渐形成了自身的区域特色。

据赛迪顾问预测，未来几年以北京、大连、上海为中心的华北、东北和华东地区仍将是中国软件外包市场增长的主要动力。但是，这三个区域的市场份额会有所下降。由于软件外包业的不断发展，这些一线大城市的软件人力资源成本不断提高，而软件外包的目的就是为了降低成本，所以，很自然的，软件外包业务将逐渐向二线城市转移，软件外包市场结构会渐渐分散。

（4）我国软件外包企业概况。

目前，国内软件外包企业的规模分类主要有三种：以大连东软、文思海辉、中讯、大连华信、中软为代表的龙头企业。这些企业介入外包行业时间较长，一般超过 10 年，在国际上已树立了品牌，企业从事外包的人员超过 2000 人；以博彦科技、软通动力等为代表的快速发展企业。这些企业介入外包时间在 5 年左右，规模发展很快，并且近期以并购的方式迅速扩大规模，企业外包人员往往在 500～1000 人；其余的就是大量的散户型企业。因为各种各样的原因介入了外包市场，通常人员规模在 50～100 人。大多数软件外包企业规模较小，一般从事软件底层模块开发、测试或本地化项目。

（5）我国软件外包人才状况。

从学历结构来看，大学（本、专科）学历的从业人员是目前我国软件从业人员的主体，研究生（硕士、博士）学历的从业人员数量偏低，即软件高端人才，包括系统分析师、项目技术主管等人才严重短缺。

（6）我国软件外包所处的发展阶段。

我国目前与其他一些接包国所承接的软件外包业务重点有所不同，主要从事嵌入式软件、安全软件的开发、设计，软件中文本地化等。

对于不同的接包国而言，虽然所擅长接包的业务类型不同，但是在外包份额、竞争力、发包吸引力方面，目前已形成了阶梯状的全球软件外包格局。其中，印度和爱尔兰属于第一梯队；以色列、中国、菲律宾、俄罗斯等属于发展速度较快的第二梯队；马来西亚、新西兰、澳大利亚等则属于第三梯队。我国属于接包成本低、软件服务质量低的"双低"软件服务外包起步阶段。

爱尔兰是人口仅 400 多万的欧洲小国，通过向欧洲企业提供软件外包服务，成为了世界软件业的焦点。目前，我国软件外包的发展尚处于初级阶段，与爱尔兰、印度这样有经验、有实力的接包国来说还有相当大的差距。但我国拥有巨大的人力资源优势，发展软件服务外包的基础雄厚，潜力巨大。与以色列这个高端的软件服务接包国相比，我国软件外包服务现阶段的差距主要是体现在软件产品的研发、设计等方面，技术问题使我国企业大多接包项目是低端的、低附加值的，在国际软件行业的生态链中处于低价值的部分。

目前软件发包国分为美国、欧洲、日本三个主要地区。我国目前软件外包主要来源国是日本，但是在全球发包市场中，日本只占 10%。而在我国发包份额很少的欧美，占全球 80%的发包份额，中国还未打入软件外包的主流市场。

由于地理、文化等原因，我国软件外包在欧美市场刚刚起步，但我国要发展软件外包，就必须把握这两大"蛋糕"。在未来，美国与欧洲两大市场软件外包需求将持续增长，中国只要持续不断地坚持开发对欧美的软件外包市场，我国软件外包规模将日益扩大，在整个软件外包服务商中逐步建立起领头羊地位。

2. 我国软件外包的发展趋势

（1）外包层次不断提高，项目利润率逐渐提高。

中国软件外包企业在日本市场逐渐建立起良好的信誉和品牌，日本企业在发包时，已经在金融、流通、制造等领域尽量集中发包给固定的公司，以使中国各承包企业在某一领域通过知识积累增强专业性，发包量及发包层次也在不断提升。这使我国软件外包企业逐渐开始参与到解决方案设计的外包业务中，使我国企业承接到一些规模较大、系统相对完整的项目。高端项目的承接使得外包利润率也在逐步提高。

（2）软件外包业务加速向第二梯队城市转移。

随着软件外包进入快速成长期，北京、上海、大连、深圳等一线城市已经很难满足产业发展所需的人才资源，产业加速向第二梯队城市转移，天津、武汉、西安、长沙、成都、重庆等城市，有望成为软件服务外包发展的第二梯队。

（3）软件外包企业开始整合，资本和规模效应显现。

中国已经成为全球几个主要软件接包国之一，但由于我国软件外包企业规模还较小，难以占据市场份额，需要在规模上加以提升。纵观发达国家软件产业的发展历程，在市场仍未成熟的时期，具备优势的软件企业将进一步扩大其优势，最终形成一个比较稳定的竞争态势。目前我国软件外包企业通过资本运作的方式扩大规模的条件已经具备，通过兼并、重组等方式来全面提升企业的能力将成为国内软件外包商的必然选择。

（4）实力企业将在国外建立分支机构，增强国际竞争力。

有规模、品牌优势和发展前景的软件外包企业将实施"走出去"战略，将在境外设立研究开发、市场营销及服务机构，使其更贴近发包市场，为客户量身定做符合发包商习惯并且能够适应中国市场特殊要求的解决方案，使客户满意度达到最大。例如，早在 2006 年用友就在日本东京成立了分公司，软通动力在韩国市场专门设立了第一个离岸开发中心。种种迹象表明，未来将有越来越多的中国外包企业进入发包国市场，在国际市场上进行贴身的、全方位的竞争。

3. 承接软件外包对我国软件企业的影响

（1）软件外包将成为软件企业新的业务利润增长点。

在激烈的市场竞争中，软件企业要保持稳步增长，仅凭原来的产品和市场几乎不可能实现。另一方面，软件企业投资开发新产品从研发到商品化往往需要较长的时间，并且存在失败的风险，所以仅靠投资新产品风险较大，而且在短时间内很难有明显的成效，企业需要有新的发展方向和业务模式。

随着软件外包市场在中国的迅速膨胀，为各大软件公司带来了新的业务机遇。软件外包的利润较丰厚，大大高于目前国内软件市场的平均利润率，可成为企业新的业务增长点。据数据反映，国内最大的软件外包企业东软集团目前的软件外包业务利润占公司整体盈利 75%以上，软件外包已成为其公司业绩的主要增长点。

（2）承接软件外包将进一步提升软件企业的竞争力。

软件外包，从本质上说是一种国际服务贸易。软件公司作为服务提供商，通过和国外客户的衔接，可以在外包中吸收国外大型软件开发机构的组织经验，提高技术开发水平，不断地掌握先进的管理和生产技术，通过外包业务推动企业长大，从而提升企业在激烈的市场竞争中的竞争实力。

作为软件外包大国和先行者的印度，许多大的软件外包企业都是从做简单的测试开始起步的。但随着软件外包的不断发展，涉及领域不断扩大，在产业价值链的位置也在不断调整，逐步深入到许多高技术、高附加值的核心环节。通过软件外包实现自身技术突破的例子也不断涌现。如印度的 Wipro、Infosys 等公司通过多年从事软件外包的积累，现在已经可以在咨询业务和解决方案等高附加值业务上与 IBM 等跨国公司进行竞争，走出了一条典型的从模仿到超越的道路。

一家国际知名的 IT 咨询公司认为："中国的软件企业，应借助在中国落户的跨国公司的市场渠道，进入其本国市场。由软件转包起步，以循序渐进的方法，积累国际商业经验，快速形成规模。掌握大型复杂项目的管理能力、提升质量控制水平和用户经验。这是一个不可逾越的重要学习过程。只有具备了在国际市场上与其他企业进行正面竞争的实力时，才能真正具备在中国市场上取得高端应用项目的能力。"

（3）软件外包是软件企业走向国际市场的快速通道，将推进我国软件公司向国际化转型。

中国的软件企业之所以必须首先经过国际化过程，是因为只有这样做才能真正具备为客户提供国际水准的咨询服务和国际化解决方案的能力。这不仅是获得国际市场份额的绝对性前提，也是保有国内市场的必要条件。因此，中国的软件企业决不能短视地仅仅满足于自己的现地优势，满足于所谓的内需市场需求。要发展国际化视野即意味着向国际水平看齐，所谓"取法乎上"。

软件公司的产品如果要进入国际市场，按目前国际上流行的软件产品出口模式，理论上可以有三种主要形式：自主知识产权软件产品出口、技术授权出口和软件服务（外包）出口。

自主知识产权软件产品出口对企业的要求很高，企业必须能够对有关国际市场开展详尽地调研，按照国际市场规范开展产品设计、研制开发、质量保障等一系列工程技术工作。技术授权出口这种出口形式要求企业拥有高水平的软件核心技术产权。这两种软件出口模式对于处于软件开发初级阶段的中国企业来说很难具备这种直接出口的能力。软件外包出口这种出口形式则只需要出口软件企业具备相应软件技能，具备软件设计、开发和维护能力。对于尚处于成长期的中国软件企业来说软件外包是最适合的出口形式，也是企业快速进入国际市场的最有效通道。印度和爱尔兰等国的企业实践也证明，承接软件外包是一条与国际运作和管理标准快速和准确接轨的可实现之路。

1.4　中印软件外包比较分析

印度是全球最大的软件外包承接国，占全球软件外包市场 34.2%。而我国虽然软件外包起步较晚，但发展迅猛，凭借我国整体经济发展的规模和水平等优势，必将在软件外包领域和印度一争高下。

以下通过对六种要素的分析比较，可以综合全面地反映出我国和印度当前和今后一段时间发展软件外包各方面条件的状态，我国的政府、企业和中介机构应协作配合，充分利用我国的优势，并从印度取长补短，使我国软件企业更快、更好地发展，形成竞争优势，进而发展为国家竞争优势。

1. 生产要素状况对比

（1）人力资源。

人才是一个企业的立足之本，是一个产业竞争力的源泉。软件产业是智力密集型产业，人力资源无疑是成功的一大关键要素。

虽然这些年我国高等院校都在进行扩大招生，职业技术学校和培训学校也如雨后春笋般的建立，计算机相关专业的毕业生不断增加，软件人才供给有了较大幅度的增长，但是与高速增长的软件人才需求相比，缺口还是得不到弥补。

印度的软件公司雇员总数仅次于美国。而每年印度软件工程师新毕业的人数达 29 万人，而中国软件工程师毕业人数 6 万人左右，印度是中国的五倍。印度具有全球最大的英语 IT 技术人才库。

目前我国软件人才状况关键在于结构不合理，呈现两头小、中间大的"橄榄型"形态。严重缺乏软件高端人才，包括系统分析师、项目管理、外包项目接单、软件测试等人才，例如，中国软件工程师的数量仅为印度的六分之一；软件低端人才，即所谓软件蓝领，如软件编码工人也较为短缺。人才结构失衡成为制约我国软件产业发展的最大瓶颈。

在计算机教育快速发展的十年间，全国计算机专业规模迅速扩大，先后有 360 余所本科院校增设了计算机本科专业，使得设置计算机本科专业的院校达到 500 余所，占全国 670 余所本科院校的 75%，并使计算机专业在单个专业的设点数和单个专业的在校生总人数方面都位居全国本科专业之首。但是研究生以上高学历毕业生人数很少，加重了高端软件人才供给的不足，形成人才结构失衡。

印度软件人才不仅数量庞大，而且人才结构很合理，是典型的"金字塔"形，有力地推动了印度软件外包业的发展。目前美国硅谷有 35%的员工是印度人，IBM 有 28%的员工是印度人，Intel 公司有 17%的科学家是印度人。很多印度人在这些世界顶级的 IT 公司里位居高职，例如，太阳微系统公司（Sun Microsystems）创建者之一的 Vinod Khosla，惠普的总经理 Rajiv Gupta。印度曾被美国《商业周刊》（Business Week）誉为"有着无穷无尽软件脑力储备的国家"，可以说印度高端软件人才资源是我国望尘莫及的。

我国和印度软件人才结构的差异主要原因在于两国人力资源培养模式的不同。我国软件人才培训体系主要由"学历教育"的普通高等院校、软件学院、职业技术学校以及"非学历教育"的各类社会培训机构、社会团体和软件研发企业构成。虽然目前我国已经初步建立了多层次的软件人才培训体系，但软件人才的供应渠道仍比较单一，人才供给过于依赖高校等正规教育机构。

据统计，我国目前的软件从业人员中，3/5 以上是来自全国各高校或科研院所的软件相关专业毕业生，来自职业技术学校以及社会培训机构的软件从业人员尚不足总数的 2/5，人才培训体系总体结构不尽合理。由此带来的直接后果是以高校毕业生为主的软件从业人员普遍存在重理论、轻实践、技能差、知识结构单一等问题。高校及科研机构培养的软件人才以本科学历为主，处于软件人才的中间层次。这样的人才做系统分析师及项目经理管理等工作还不能胜任，做一般的程序员又是一种浪费。这一学历结构失衡问题直接造成了"橄榄型"软件人才结构问题。

我国的知识结构滞后于市场需求。我国高校软件人才的教育体制存在着调整速度落后于软件产业发展速度的问题。培训教材更新过慢、知识更新不够，教材平均 5 年才更新一次，大大落后于国际软件业日新月异的发展步伐。

在多数培训机构包括高等院校的人才培训过程中，对让学生掌握、熟悉一些软件方面的国际标准普遍缺乏重视，导致培训出的从业者无法在短期内学以致用。在当前软件人才需求量持续增加的情况下，每年从高校及各类培训机构毕业的十几万软件相关专业毕业生，却由于知识结构滞后于市场需求找不到工作。

印度实行的是全民学软件的策略，已经形成了印度理工学院居于最顶端、各大学居中间、印度国家信息技术学院（NIIT）居于低层的金字塔式的人才培养模式。

除了共计 1832 所的正规大学培养软件专业人才外，印度还通过行之有效的职业教育体系培训大批所谓"软件蓝领"，从事底层的基础编程工作。这类基础编程工作简单、枯燥，但是要求严格、规范，对于从事软件外包业务来说尤为重要。

相比中国软件培训，印度软件人才培养体制显得更加实用。印度软件教育的突出特色是与产业互动非常密切，重视应用培训，学校课程的设置围绕软件企业的需求，学生与新技术的发展不脱节，学习的课程有很多是软件业实际研发经验丰富的"业界老师"所开，教的是各公司的擅长领域，同时带来最新的技术发展动向。这种注重专业技能与通用能力的兼顾，注重实际操作能力、沟通能力、协调能力以及创新思维能力等综合素质的培养和积累，使得印度的软件毕业生一出学校就已经具备了较全面的实际工作能力。

中印两国在承接软件外包业务上都具有相当的成本优势。欧美企业将软件业务外包至中国或印度，大致可节省 40%~60%的成本。

但是印度软件外包的十年繁荣也带来了软件人员工资每年 10%~15%的上涨，目前 2~3年工作年限的中国软件人员比印度员工的工资低 40%左右。已有发包企业认为印度外包业务的成本已经变得太高。由于我国人力资源的供应在相当长时间内是可以保持充裕的，因此可以预计中国的软件外包人力成本优势会维持相当长的时间。

（2）地理位置和语言文化。

因为国家地理位置不同，时差或多或少会影响接包商和发包企业的沟通关系。处于东半球的印度与西半球的软件大国美国两地时差为 13 小时，美印两国在时差上正好"两班倒"。美国公司的管理人员可以在下午下班时把他们的问题发到恰好是在早晨的印度，在他们晚上休息时，印度软件工程师就可以处理交办的任务，在他们开始第二天的工作时，就可收到印度企业已经处理完毕的业务流程结果。这种两地工程人员轮班作业的方式，巧妙地构成 24 小时昼夜不间断的工作网，如此周而复始，工作效率大幅度提高，使印度软件公司在美国深受欢迎。

印度在对美软件外包上有时差优势，就所处的地理位置而言，中国同样具备。我国与美国几乎是"黑白颠倒"，与欧洲时差也在 7 个小时左右，这也有利于项目 24 小时运作。另外中国与日本、韩国相邻，空间距离短，交通便利，时区差异小，国际航班往来频繁。例如，中国大连与日本 7 个城市通航，每周飞往日本的航班达 50 次之多。这些与日、韩两大亚洲经济强国的地理优势是印度所没有的。

印度曾是英国的殖民地，英语至今仍是印度官方语言，印度人的英语水平较其他非英语国家可谓高出一筹。这使得印度软件外包从业人员可通过英语和美国人、欧洲人进行顺利地沟通与交流。与此同时，由于软件工程可以通过互联网随时与世界各地的顾客沟通，根据对方的意见编写软件程序、网络解决方案、电信软件或对程序进行修改，然后通过互联网发送给客户。因此，能够用英语思考的印度信息专业人员与欧美等西方发达国家的客户更容易沟通，他们也更容易理解欧美公司需要的整体解决方案，这就成为他们在欧美市场上更受欢迎的原因之一。

中国软件产业从业人员的英文水平明显不如印度，只有少数人能够流利地讲英语。在开展外包业务时，国内软件公司很难派出技术、语言都过硬的程序员。这导致我国软件产业在对外交流、获取信息、英文软件开发等方面处于劣势。相反，由于汉文化对东亚国家的影响，以及中国在日语语言方面具有优势，尤其是大连、烟台等地有充足的会讲日语、韩语的软件人才，使得中国在日本、韩国这些地区的软件外包市场上具有绝对的优势。加上文化传统、地理位置等方面的因素，日、韩企业更希望与中国软件外包服务商合作。可以说此要素是中国相对于任何其他竞争国家（如印度、菲律宾、俄罗斯、捷克、越南等）所具有的独一无二的竞争优势，完全属于专业性生产要素范畴。

2. 需求状况

印度软件业是出口导向型的软件产业，它的目标市场主要是国外，印度国内市场销售额较小。同时由于印度国内经济发展水平等原因，企业对软件服务的需求较少，印度本土的软件外包额相对于离岸软件外包的比例十分低。正因为如此，一旦国外市场发生较大变动，印度软件外包业将会受很大影响。例如"9·11"事件以后，美国对外加工订单锐减，印度软件外包额递减，同时整个软件产业受到了很大影响。

中国与印度在需求状况方面也有着相当大的差异。随着我国国民经济持续、快速地发展，我国已经成长起了一批大企业，这些企业为提高自身的市场竞争力，降低运营成本，必然会把部分或全部软件业务外包出去。

另外，随着计算机技术和互联网的不断发展，企业信息化程度的提高，对软件服务的需求也日益增加。

制造业、能源、物流等行业信息化需求的增长，教育水平和收入水平的普遍提高使得居民对信息产品的消费需求增加，这些都为中国软件外包企业发展提供了广阔的市场空间。

相对于印度来说，我国国内软件外包市场要广阔得多，中国本土市场的机会并不亚于海外市场。可以说，国内市场足以支撑起大的软件外包公司。这种软件外包内需优势是印度无法比拟的。

3. 支持性产业与相关产业状况

与软件产业相比，我国硬件产业发展较为健康，已成长起联想、方正、海尔等著名企业。

由于越来越多的品牌计算机采取 OEM 方法预装软件，必将进一步带动我国软件外包的发展。而在印度，由于硬件产业的严重滞后，使其失去了软硬件产业协调促进发展的优势。

经过 20 多年的发展，我国软件产业的聚集优势得到一定程度的加强。除了软件技术园区外，近年来，依托六大软件出口基地（北京、上海、天津、深圳、西安、成都）和十一个服务外包基地（北京、上海、天津、深圳、西安、成都、大连、杭州、南京、武汉、济南），中国软件外包市场继续扩大，吸引了全球软件外包市场的目光，开始进入成熟化、规模化发展阶段。但是我国软件外包的聚集优势与印度相比还存在一定差距。中国最大的软件园——中关村软件园的销售额仅占全国的 2.5%。而印度"硅谷"班加罗尔软件出口额占到了全国的一半。

总的来看，在支持性与相关产业上中国与印度一样都没有形成非常完整的产业体系，各类大中小型企业还没有建立协同工作的良好关系，软件产业间的提升效应和聚集效应都还未完全显现，贯穿于上中下游产品的产业价值链也还没有出现。

4. 企业战略、结构与竞争

从企业规模看，在 2000 多家中国软件服务提供商中，1000 人以上的软件公司屈指可数，仅有东软、中软、中讯、海辉等十几家企业，其中仅有 5 家企业的员工超过了 2000 人。然而印度拥有 3000 多家软件外包企业，其中 5000 人以上的软件外包企业就有 30 多家，已经拥有数家过万人的外包公司，如 TCS、Infosys、Wipro 等。

从企业外包业务量来看，中国的软件外包市场集中度仍然很低，前 10 家软件外包厂商的市场份额只占我国软件外包收入的 20%。印度前 10 家软件出口企业产值占印度全国软件总产值的 80%，并且这个销售数字远远超过了 2005 年中国软件出口总额。印度最大的软件外包企业——塔塔咨询服务公司（TCS）的出口额是中国最大的软件外包企业——东软集团国际外包收入的 26 倍，可见我国软件外包业的发展与印度的差距很大。

从企业竞争力看来，虽然中国是继印度、美国之后世界上第三个拥有 CMMI5 级认证企业的国家，但是获得 CMMI5 认证的企业凤毛麟角，整体实力不强。

我国很多软件企业仍然停留在"小作坊式"的开发阶段，没有完善的软件开发流程管理，以及外包流程管理，包括客户管理、项目管理等，如状态汇报、变化管理、问题管理等。造成我国的软件企业缺乏较强的设计能力，没有能力承接技术要求高的软件外包业务，不具备大型软件开发项目的能力。

印度始终坚持采用国际上最先进的技术质量标准进行高起点的计算机软件开发，是目前世界上获得 CMM5 级认证软件企业最多的国家。印度维普罗公司是全球第一家获 CMMI5 级认证的 IT 服务公司。

印度软件服务供应商通过严格的软件开发过程管理，不仅使得其软件品质可靠，而且工期和成本可控，树立了印度软件外包高质量、低成本、按时间、守协议的形象，赢得了国际客户的信任，从而获得了大量外包业务。

据麦肯锡公司的调查表明，全球软件开发项目中只有 16% 能按计划完成，而印度大的软件企业其项目按合同完成率在 95% 以上。可见印度软件公司在承接国际软件外包业务上的竞争优势十分明显。

5. 机遇

从企业利益驱动和全球经济一体化的角度来看，软件外包必然会从人力资本较高的国家，向人力资本较低的国家转移。

目前全球的软件产值中，三分之一需要通过对外发包来完成，国际软件外包市场的转移已经成为世界软件产业发展的一个重要趋势。

软件外包有着巨大的市场和广阔的前景，这对于作为承包国的中国或是印度来说，都是一次良好的、巨大的成长机会。

虽然从目前来看，印度在对美软件外包上存在着绝对优势。但是从长远来看，对美软件外包，中国软件外包业的机会较之印度更大。就如把鸡蛋都放在一个篮子里是有很大的潜在风险的。因此，美国会分散风险，寻找其他软件外包基地。而中国就是一个很重要的可供选择的伙伴。

实际上，不少国际软件巨头都在中国有了行动。IBM 在大连设立外包基地，大连海辉也已经成为通用电气公司的外包合作伙伴。我国必将成为具有全球竞争力的新兴软件外包服务国家。

6. 政府

1984 年，拉吉夫·甘地执政伊始，就把计算机软件的开发当成了国家一件宏观经济大事，提出要通过发展计算机软件"把印度带入 21 世纪"。并制定了《计算机软件出口、开发和培训政策》，降低或减免计算机系统、硬件和软件进出口关税，鼓励对计算机产业领域的外国投资与外国技术合作，鼓励软件企业进口专有技术。1991 年，印度实行自由市场经济以来，外国企业纷至沓来。美国等发达国家纷纷委托印度进行软件程序设计，以这种业务外包开发为中心，印度软件业得以迅速发展。

拉奥总理执政后，政府又采取了许多优惠政策支持信息产业特别是软件业的发展，如免除进入高科技园区的公司进出口软件的双重赋税、允许外商控股 100%、免征软件商出口产品的全部所得税等。

1998 年 5 月，瓦杰帕伊总理明确提出"要把印度建成一个名副其实的信息技术超级大国"，并成立了以他为组长的"国家信息技术特别工作组"，制订了《印度信息技术行动计划》，《计划》包括软件、硬件和国家长期 IT 政策三个部分。其中，软件行动计划给印度软件产业提出了三个目标：加速建立世界级的信息基础设施；扩大软件出口，到 2008 年软件和 IT 服务出口达到 500 亿美元，软件从业人员力争达到 100 万人；2008 年实现全面信息化。

我国政府也非常重视软件产业的发展，并实行了一系列鼓励和支持软件产业发展的优惠政策。

2000 年 6 月 14 日，国务院颁布了《鼓励软件产业和集成电路产业发展的若干政策》，对软件产业给予全方位的政策支持，为软件产业的发展提供了政策保障。2001 年出台了《关于软件出口有关问题的通知》，明确了软件出口税收及管理方面的优惠政策。

2006 年 9 月，商务部会同前信息产业部、财政部等九个部门联合发布《关于发展软件及相关信息服务出口的若干意见》，从人才培养、财政支持、国际市场开拓等方面提出了支持措施。

2006 年 10 月，商务部又发布《关于实施服务外包"千百十工程"的通知》，提出具体目标，并要求各相关省市从地方发展需要出发，积极响应，共同细化完善政策，促进我国服务外包的发展。

可以说，目前在软件产业和软件外包发展的政策环境方面，中国和印度已没有多大差别，两个国家都为软件外包的发展提供了非常优越的政策环境。但是中印产业政策的颁布时间相差了 15 年，印度的软件产业有明显的起步早、积累多的优势。

目前我国软件外包产业已具有集群发展的各驱动因素。各要素之间的运作和互动组成了动态系统，形成了有利于产业国际竞争力持续提高的软件外包"产业集群"，集群内部的产业之间如人才培养、项目运作、政府支持等相互激励，放大或加速要素的创造力，强化了我国发展软件外包的国家竞争优势。

7. 我国承接软件外包的弱势和强势

借鉴与比较印度的发展，我国承接软件服务外包尚存在相当大的弱势，但承接外包强势之处也不可忽略。

（1）承接弱势。

通过在发展软件外包方面的中印比较，中国承接软件外包的主要弱势有：

1）软件外包人才不足，培养方式比较单一、陈旧。

我国软件外包人才会形成"橄榄型"形态，主要是由于我国软件人才培养模式僵化造成的。

首先我国软件人才培养以普通高校和科研机构为主，培养人才体系结构显现不合理。软件行业技术进步快速，产品和服务都及时根据市场的最新需求和发明变动，所以一般的高校教材很难跟上产业的最新发展状况。非学历教育对于软件人才的培养十分重要，而目前我国各类职业技术学校、培训机构无论在数量上和培训质量上都明显不足。

其次，目前我国高等教育机构提供的高等教育与人才市场的需求存在着严重的错位、脱节。我国普通高校和科研机构的教学一般采取授课的方式，很少让学生进行实际操作和训练。同时由于课程一般限于基础理论知识，对软件产业的最新技术、行业的国际标准都很少涉及。

这些问题使得高校学生普遍缺乏操作性的 IT 技能和经验，尤其在软件外包服务的高端技能方面，更是存在明显的差距和断层。

另外，虽然目前我国各大高校纷纷设立了软件和软件相关专业，但是各个院校之间在培养人才方面没有明显的结构区分，使得所有高校都在集中培养中间层次的软件人才——程序员。

以上这些原因造成了我国既缺乏水平齐整、纪律严明、富于团队和敬业精神的操作能力强的基层"软件蓝领"人才，也缺乏具备国际沟通素质、精通国际标准和规范、拥有技术团队领军能力和大型系统开发管理经验、项目操作能力的高级项目管理人才。更缺乏精通国际外包服务经验和业界操作惯例的高级国际营销人才。

2）软件企业规模小、标准化程度不高，缺少完善的质量保障和规范化的管理。造成我国软件企业与印度同行之间的差距巨大的原因有很多。

第一，由于中国金融体系薄弱，投融资市场发育不够健全等问题，加上外包服务无形资产比例大、有形抵押资产缺乏及前期研发投入较大等特点，中国软件外包服务企业在重组、结构优化和扩张编制等方面很难打开局面，造成了软件企业普遍存在规模小的特点。

第二，印度软件产业从发展之初就是出口导向型，面对的是对服务水准要求相当高的欧美市场。通过十几年的发展，印度企业已具有与欧美发包商要求相适应的软件技术水平、开发能力和管理能力，对西方企业的业务流程、文化倾向有深入的了解。而中国的软件企业，一直局限于国内市场，对国内市场的当期利益看得比较重，企业面向国外客户、参与国际竞争与分工、寻求国际化合作欲求不强、起步较晚。一开始目标市场定位的不同使中国软件企业现阶段尚缺乏国际外包经验，服务水平满足不了国际发包商的需求。

我国龙头软件外包企业的不足，导致国际竞争力得不到提升和接单渠道的单一和不稳定。这样很难形成相对固定的开发模式、较大订单的接单能力和上规模的营收水平，因此很难降低成本和提高利润率。整体实力的差距导致我国软件企业只能处于较低端的市场，这意味着不能获得丰厚的利润。统计资料显示：国内软件企业的利润率仅为 7.42%，而印度公司的利润率则可以达到 22.93%，是中国的三倍多。

近年来，CMM/CMMI 和 ISO9001 等认证活动在中国比较活跃，不少软件企业都通过了相应的企业认证，但不少只是形式主义，走过场。企业仍然缺乏对西方商业管理和流程的深入认知，专业化服务程度不够，质量和流程管理方面不够成熟，导致无法为欧美外包客户提供优化项目方案和特色服务，无法形成差异性服务品牌和知名度。

3）我国园区环境质量和配套能力不完善。各省市在建设软件园时一哄而上，造成低水平、重复建设、缺乏鲜明特色而且没有形成产业链。这种情形既不能使软件产业形成产业聚集优势，又使得资源在一定程度上的分散和浪费。

此外，许多软件园在建设之初踌躇满志，但是在漫长的管理和招商引资的过程中，却明显缺乏战略性和目标性，使得许多园区至今为止基础建设、配套能力都无法满足企业的要求，无法对产业聚集效应的发挥起到促进作用。

4）软件外包的相关政策制定相对滞后，国外对我国的相关法律、法规（如知识产权保护等）还存在疑虑。

在中国，法律制度虽有所改善，但知识产权特别是与贸易相关的知识产权意识、数据安全保护意识仍普遍比较淡漠。目前立法存在缺位，执法力度仍有待加强。欧美客户的软件项目，一般富含商业机密和软件版权，要求软件接包商有效保护客户的知识产权。然而一些欧美企业不选择发包到中国，主要原因就是担心盗版和客户数据安全问题。

美国《E-Week》在 2004 年初就曾尖锐地指出：中国企业对知识产权的不作为，已经严重影响到自身在软件外包领域的拓展。这个突出矛盾对中国将来承接国际软件外包业务会产生深远的负面影响，是中国急需改善、解决的。

印度用了 10 年时间才令美国及欧洲客户对外包软件的版权问题放心。这说明在相关法律领域的完善和产权意识方面，我国的道路是漫长和荆棘的，但这又是至关重要、无法忽视的。如果法律不落实，企业和公民产权意识不完善，我国的软件外包就发展不起来。

（2）承接强势。

虽然我国的软件外包发展相对于印度还要落后一些，但是我国在承接软件外包方面也具备明显的承接强势，主要有以下几方面：

1）稳定的政治和经济环境，政府对软件外包强有力的扶持。

改革开放 30 多年来，中国经济发展迅速，市场规模显著扩大，产业体系日趋完善，GDP 持续快速增长都显示出了中国发展的速度和实力。

我国具有极其稳定的政治环境，布局良好、日趋完善的国际水准的基础设施（高档次的公路、港口、电力部门和工业园区），网络宽带和电脑用户普及率、电话普及率以及软件消费水平都比印度高出许多。同时发达的制造能力、极高的 FDI 比例以及有待开发的金融电信市场，都构成了未来中国软件服务外包的极大市场和开发空间的物质基础和环境支持。

近两年来，我国政府对软件外包承接越来越强有力的扶植和开放态度，开始成为吸引外包服务订单到中国来的加速器。

2）中国可以提供较低成本和有特殊技能的软件专业人才。

随着我国教育体制的改革和相关专业的大学扩招，每年多达数百万的高校毕业生，使我国的知识型人才资源的充沛，为中国迎接新一轮知识型服务业的国际转移打下了坚实的人力资源基础。虽然由于中国目前"橄榄型"的软件人才结构存在明显的结构性缺陷，造成企业人才不足与大学生大量待业的背反现象。但从反面看，大学生就业难，其实意味着可培训的软件人才尤其是软件外包人才的足量储备和人工的低廉。处在"橄榄型"中间层的大学生完全可以经过有效培训，迅速转化成"金字塔"的基座或顶端。

3）中国国内就有巨大的市场寻求软件外包服务。

我国国内市场机会巨大，目前政府、国内银行、保险公司、医院、大型企业都有建立先进的硬件系统并安装稳定软件、提供 IT 服务的需求。这为我国软件外包的迅速成长和发展提供了很好的施展空间和发展机会。

4）许多像 IBM、摩托罗拉、微软、NEC 这样的跨国企业，在中国就建立了海外制造、开发和服务中心，这就要求为其在中国和其他亚洲国家的市场和客户提供软件外包服务。加上一些软件设计、研发、产品等需要在中国市场本地化，这就加大了对我国软件外包服务的需求，也是我国软件外包企业展示实力、锻炼队伍的机会。

5）巨大的发展机遇。

除了上述优势外，受全球软件外包需求超过了印度的供应能力；发包商认为将全部软件外包业务放在一个国家风险太大，因而倾向于外包到多个国家以分散风险；印度和巴基斯坦之间的紧张军事关系使印度局势不稳定等因素影响，我国软件外包面临着巨大的发展机遇，正处于高速成长阶段。在未来更长的国际竞争中，我国的软件外包规模必定会超过印度。

1.5　中国发展软件外包的对策

1.5.1　我国软件外包的政策概况

2000 年 7 月，国务院印发《关于鼓励软件产业和集成电路产业发展的若干政策》（国发[2000]18 号），其后各部门相继出台了一系列政策和支持措施，对 18 号文件进一步完善细化，逐步形成了促进软件产业发展和出口的政策体系，推动软件和服务外包产业进入了全面快速发展阶段。

1. 人才扶持

（1）依托高等院校、科研院所建立一批软件人才培养基地，目前已创立 35 所软件学院和一批具有一定知名度和影响力的 IT 人才培训中心。

（2）由国家外国专家局和教育部共同设立专项基金，支持高层次软件科研人员出国进修，聘请外国软件专家来华讲学和工作。

（3）利用优惠政策大量吸引海外优秀留学人员回国，鼓励国外留学生和外籍人员在国内创办软件企业，享受国家对软件企业的各项优惠政策。

2. 税收扶持

（1）对增值税一般纳税人销售其自行开发生产的软件产品，2010 年前按 17% 的法定税率征收增值税，对实际税负超过 3% 的部分即征即退，由企业用于研究开发软件产品和扩大再生产。

（2）新创办软件企业经认定后，自获利年度起，享受企业所得税"两免三减半"的优惠政策。

（3）对国家规划布局内的重点软件企业，当年未享受免税优惠的减按 10% 的税率征收企业所得税。

（4）对软件企业进口所需的自用设备，以及按照合同随设备进口的技术（含软件）及配套件、备件，除列入《外商投资项目不予免税的进口商品目录》和《国内投资项目不予免税的进口商品目录》的商品外，均可免征关税和进口环节增值税。

（5）软件出口企业的产品出口后，可按照征税率退税；软件开发商和出口商也要同等按软件科技园区、经济开发区等各种出口推进计划进行海关保税。

（6）软件企业人员薪酬和培训费用可按实际发生额在企业所得税税前列支。

3. 出口扶持

（1）将软件出口纳入中国进出口银行业务范围，享受优惠利率的信贷支持；国家出口信用保险机构提供出口信用保险。

（2）软件产品年出口额超过 100 万美元的软件企业，可享有软件自营出口权。

（3）对企业高中级管理人员和高中级技术人员简化出入境审批手续，适当延长有效期。

（4）鼓励软件出口型企业通过 ISO 系列认证和 CMM 能力成熟度模型认证，认证经费由中央外贸发展基金适当给予支持。

（5）海关为软件的生产开发业务提供便捷的服务。在国家扶持的软件园区内为承接国外客户软件设计与服务而建立研究开发中心时，对用于仿真用户环境的设备采取保税措施。

4. 资金扶持

（1）"十五"计划中适当安排了一部分预算内基本建设资金，用于软件产业和集成电路产业的基础设施建设和产业化项目。

（2）建立软件产业风险投资机制，鼓励对软件产业的风险投资。由国家扶持，成立风险投资公司，设立风险投资基金。

（3）为软件企业在国内外上市融资创造条件。

5．法律、法规、政策支持

目前相关的行业规范分四个部分：

1）软件企业成立规范，如《计算机信息系统集成资质管理办法》（试行）、《计算机信息系统集成资质等级评定条例（修订版）》；

2）双软企业资格规范，如《软件企业认定标准及管理办法》（试行）、《软件产品认定指南》；

3）软件进出口贸易规范，如《软件产品认定指南》进出口条例、《软件产品登记管理办法》；

4）政府采购目录资格规范，如《政府采购货物和服务招标投标管理办法》、《政府采购信息公告管理办法》等。

有关知识产权保护的法律有《著作权法》、《计算机软件保护条例》和《中国软件行业基本公约》等。国家鼓励软件著作权登记，并依据国家法律对已经登记的软件予以重点保护。同时加大打击走私和盗版软件的力度，严厉查处组织制作、生产、销售盗版软件的活动。自 2000 年以来国务院及各部委陆续出台相关政策，支持软件外包的发展。

以下简单介绍其中部分政策的摘要。

我国软件外包的政策

2000 年 7 月，国务院印发《关于鼓励软件产业和集成电路产业发展的若干政策》（国发[2000]18 号），其后各部门相继出台了一系列政策和支持措施，对 18 号文件进一步完善细化，逐步形成了促进软件产业发展和出口的政策体系，推动软件和服务外包产业进入了全面快速发展阶段。

（1）政策名称：鼓励软件产业和集成电路产业发展的若干政策（国发[2000]18 号）

发布时间：2000

发布部门：国务院

政策要点：在投融资政策、税收政策、产业技术政策、出口政策等方面制定了一系列优惠措施，通过政策引导、鼓励资金、人才等资源投身软件产业，推动中国软件的产业发展。

（2）政策名称：信息产业"十五"计划纲要

发布时间：2001

发布部门：信息产业部

政策要点：强调以市场为导向建立我国的软件产业体系，鼓励软件国际化和出口，扩大国产软件市场份额。

（3）政策名称：振兴软件产业行动纲要（2002～2005 年）

发布时间：2002

发布部门：国务院

政策要点：加大对软件产业发展的支持力度。其内容主要有：鼓励应用，促进软件产业发展；优先采用国产软件产品和服务；加大对软件出口的扶持力度；形成软件骨干企业；大力培养人才。

（4）政策名称：关于加快软件人才培养和队伍建设的若干意见

发布时间：2003

发布部门：9 部委联合

政策要点：中国软件人才培养和队伍建设的总体目标，以及加快人才培养和队伍建设的主要措施。

（5）政策名称：2006 中国保护知识产权行动计划

发布时间：2006

发布部门：国务院

政策要点：从立法、执法、机制建设、宣传、培训教育、国际交流与合作、推进企业自律、为权利人提供服务和专题研究等 9 个方面加强知识产品保护。

（6）政策名称：（国办发[2006]32 号）国务院办公厅转发财政部等部门关于推动我国动漫产业发展若干意见的通知

发布时间：2006

发布部门：国务院办公厅

政策要点：省、自治区、直辖市人民政府，国务院各部委、各直属机构：财政部、教育部、科技部、信息产业部、商务部、文化部、税务总局、工商总局、广电总局、新闻出版总署《关于推动我国动漫产业发展的若干意见》已经国务院同意，现转发给你们，请认真贯彻执行。

（7）政策名称：财政部 国家税务总局 商务部 科技部关于在苏州工业园区进行鼓励技术先进型服务企业发展试点工作有关政策问题的通知（财税[2006]第 147 号）

发布时间：2006

发布部门：财政部 国家税务总局 商务部 科技部

政策要点：向江苏省财政厅、国家税务局、地方税务局、外经贸厅、经贸委、科技厅，苏州工业园区管委会下达的关于在苏州工业园区试点实施技术先进型服务企业相关支持政策的通知。

（8）政策名称：商务部关于实施服务外包"千百十工程"的通知（商资发[2006]556 号）

发布时间：2006

发布部门：商务部

政策要点：服务外包"千百十工程"的工作目标[在全国建设 10 个具有一定国际竞争力的服务外包基地城市，推动 100 家世界著名跨国公司将其服务外包业务转移到中国，培育 1000 家取得国际资质的大中型服务外包企业]、人才培养计划、支持和鼓励服务外包企业认证等工作、开展"中国服务外包基地城市"建设等。

（9）政策名称：关于做好 2007 年度支持承接国际服务外包业务发展资金管理工作的通知

发布时间：2006

发布部门：商务部 财政部

政策要点：中央外贸发展基金中安排专项资金，重点支持我国服务外包基地城市公共平台建设及企业发展，降低服务外包人才定制培训的成本。

（10）政策名称：国务院关于加快发展服务业的若干意见（国发[2007]7 号）

发布时间：2007

发布部门：国务院

政策要点：根据"十一五"规划纲要确定的服务业发展总体方向和基本思路，为加快发展服务业，现提出以下意见：一、充分认识加快发展服务业的重大意义。二、加快发展服务业的总体要求和主要目标。三、大力优化服务业发展结构。四、科学调整服务业发展布局。五、积极发展农村服务业。六、着力提高服务业对外开放水平。七、加快推进服务领域改革。八、加大投入和政策扶持力度。九、不断优化服务业发展环境。十、加强对服务业发展工作的组织领导。

（11）政策名称：关于利用电子信息产业发展基金支持服务外包基地城市建设软件与信息服务外包公共支撑平台的通知（信办联产函[2007]97 号）

发布时间：2007

发布部门：信息产业部

政策要点：为促进我国软件与信息服务外包产业发展，提升产业整体竞争实力，信息产业部在 2007 年度电子信息产业发展基金软件部分安排了软件与信息服务外包公共支撑平台建设招标项目（以下简称平台项目），以进一步推进中国服务外包基地城市建设。

（12）政策名称：商务部、科技部办公厅关于服务外包基地城市及相关公共技术服务机构申报中小企业公共技术服务机构补助资金项目有关事宜的通知（商办资函[2007]119 号）

发布时间：2007

发布部门：商务部、科技部办公厅

政策要点：为促进我国服务外包产业发展，支持服务外包基地城市及相关公共技术服务机构建设，商务部、科技部现就服务外包基地城市相关公共技术服务机构申报中小企业公共技术服务机构补助资金项目有关事宜进行了通知。

（13）政策名称：关于做好 2007 年度支持承接国际服务外包业务发展资金管理工作的通知（商财发[2007]343 号）

发布时间：2007

发布部门：商务部 财政部

政策要点：为加快我国服务外包产业发展，支持服务外包企业做大做强，积极承接国际服务外包业务，促进贸易增长方式的转变，经国务院批准，商务部、财政部在中央外贸发展基金中安排专项资金，重点支持我国服务外包基地城市公共平台建设及企业发展，降低服务外包人才定制培训的成本。

（14）政策名称：国务院办公厅关于加快发展服务业若干政策措施的实施意见（国办发[2008]11 号）

发布时间：2008

发布部门：国务院办公厅

政策要点：为贯彻党中央、国务院关于加快服务业发展的要求和部署，落实《国务院关于加快发展服务业的若干意见》（国发[2007]7 号）提出的政策措施，促进"十一五"时期服务业发展主要目标的实现和任务的完成，经国务院同意，现提出以下意见：一、加强规划和产业政策引导　二、深化服务领域改革　三、提高服务领域对外开放水平　四、大力培育服务领域领军企业和知名品牌　五、加大服务领域资金投入力度　六、优化服务业发展的政策环境　七、加强服务业基础工作。

（15）政策名称：财政部 商务部关于支持承接国际服务外包业务发展相关财税政策的意见（财企[2008]32 号）

发布时间：2008

发布部门：财政部 商务部

政策要点：根据《国务院关于加快发展服务业的若干意见》（国发[2007]7 号），为大力支持我国承接国际服务外包业务又好又快发展,逐步形成一整套有利于我国承接国际服务外包业务发展的财税政策体系,提高我国服务业对外开放水平,提出了意见。

（16）政策名称:商务部关于促进我国服务外包发展状况的报告（商资发[2008]130号）

发布时间:2008

发布部门:商务部

政策要点:2006年起,商务部会同信息产业部、科技部、教育部、财政部实施了推动服务外包产业发展的"服务外包千百十工程"（以下简称"千百十工程"）,取得积极成效。现将"千百十工程"进展情况及下一步重点工作报告。

（17）政策名称:财政部 商务部关于做好2008年度支持承接国际服务外包业务发展资金管理工作的通知（财企[2008]140号）

发布时间:2008

发布部门:财政部 商务部

政策要点:为加快我国服务外包产业发展,支持服务外包企业做大做强,积极承接国际服务外包业务,促进贸易增长方式的转变,财政部、商务部安排专项资金,重点支持我国服务外包基地城市公共平台建设及企业发展,降低服务外包人才定制培训的成本。就有关事项进行了通知。

（18）政策名称:国务院办公厅关于促进服务外包产业发展问题的复函（国办函[2009]9号）

发布时间:2009

发布部门:国务院办公厅

政策要点:同意将北京、天津、上海、重庆、大连、深圳、广州、武汉、哈尔滨、成都、南京、西安、济南、杭州、合肥、南昌、长沙、大庆、苏州、无锡等20个城市确定为中国服务外包示范城市,深入开展承接国际服务外包业务、促进服务外包产业发展试点。

（19）政策名称:教育部 商务部关于加强服务外包人才培养促进高校毕业生就业工作的若干意见

发布时间:2009

发布部门:教育部 商务部

政策要点:为贯彻落实《国务院办公厅关于促进服务业外包产业发展问题的复函》（国办函[2009]9号）和《教育部 国家发展改革委 财政部 人事部 科技部 国资委关于进一步加强国家重点领域紧缺人才培养工作的意见》（教高[2007]16号）的精神,就加快培养服务外包人才,提升我国服务外包产业人员素质,促进高校毕业生就业提出了意见。

（20）政策名称:人力资源和社会保障部 商务部 关于服务外包企业实行特殊工时制度有关问题的通知（人社部发[2009]36号）

发布时间:2009

发布部门:人保部 商务部

政策要点:为积极承接国际服务外包业务,促进我国服务外包产业发展,按照《国务院办公厅关于促进服务外包产业发展问题的复函》（国办函[2009]9号）的要求,就服务外包企业实行特殊工时制度的有关问题进行了通知。

（21）政策名称:商务部 教育部 人力资源部和社会保障部关于推动服务外包人才网络招聘工作的若干意见

发布时间:2008

发布部门：商务部　教育部　人保部

政策要点：为积极承接国际服务外包业务，促进我国服务外包产业发展，按照《国务院办公厅有关官促进服务外包产业发展问题的复函》（国办函[2009]9 号）的要求，就服务外包企业实行特殊工时制度的有关问题进行了通知

（22）政策名称：关于支持服务外包示范城市国际通信发展的指导意见（工信部电管[2009] 107 号）

发布时间：2009

发布部门：工业和信息化部文件

政策要点：为贯彻落实国务院关于促进服务外包产业发展的有关精神，满足服务外包企业和园区的国际通信需求，就支持服务外包示范城市国际通信发展提出了意见。

1.5.2　中国软件外包发展对策

1.4 节中，我们比较了中印两国发展软件外包的竞争优势，从中可看出目前中国在发展软件外包方面的弱势。针对这四点问题来探讨我国发展软件外包的对策。

1. 针对软件外包人才不足的对策

（1）重视学历教育，推广软件外包知识。

对于软件产业外包来说，人才资源是其最重要的竞争要素。面临广阔的市场前景，为进一步支持我国软件产业的发展、扩大出口，努力培养一支不仅能够适应日韩，而且能够适应欧美的软件外包业的强大而广泛的软件人才队伍，培养一批懂技术、懂外语、懂管理的具有综合素质的人才队伍刻不容缓。

为此作为教育部门和政府部门可以从以下三方面来加强在校大学生的软件外包人才培养：应在高等院校、职业技术学校等加强有关服务外包的课程，尤其是把外包知识与软件知识相结合的职业教育和培训，以向快速发展的软件外包业务提供高素质人才；学校应从教学计划上引导其他专业学生选修相关服务外包课程，以增加年青一代对服务外包的了解和认识；除了书本教育外，重视和加强学生的实践能力的培养，给予学生更多在此领域实习的机会。

（2）健全人才培养体系，扩大非学历教育培养模式。

以往，学历教育培训即正规高等院校的专业教育是我国软件人才培训体系的绝对主流。但传统学历教育培养出的学生往往实践操作技能不够，不能够马上完全适应企业实际操作需要。而非学历教育由于教材更新快、与市场紧密结合等特点，是对学历教育的一种很好的补充。提高非学历教育的培训质量，健全人才培养模式可以从以下几方面入手：对淘汰规模偏小、鱼龙混杂、培训师资良莠不齐的培训机构进行整顿，培训、宣传和推广精英培训机构；参照国际惯例建立软件人才评估标准，建立软件人才信息平台，建立人才培养机构与软件外包企业的供需对话机制，加强软件产业创新与人才培养的有机结合，培养适用人才；依托国家级软件出口基地和各类软件园区，发挥基地政策试点和示范作用，由政府、园区、企业合作，创新软件外包人才培养模式。鼓励国内外相关中介培训机构开展合作，借鉴外国先进的软件外包人才培养模式。

（3）鼓励海外人员回国创业，同时少而精地引进国外人才。

可借鉴印度培养软件人才的经验，采取有效措施创造良好的用人环境，吸引海外留学人员回国创业。建立留学创业基金，专项用于吸引具有企业经营管理经验、经营风险投资经验和

有专业技能的研发人员回国创业,并为学有所成的留学人员创办企业提供条件和配套服务。

软件外包企业和其他高科技企业一样,顶尖人才往往发挥决定性的作用。我国一方面要培养自己的顶尖人才,同时要从国外引进确实需要的高端软件人才。

引进国外人才应当不分国籍、不分肤色、不惜代价,可以给予优厚待遇,但是一定要能够解决我国软件外包企业、机构在软件外包高端领域所无法解决的问题。

(4)企业可通过各种方式储备人才。

实行软件外包的企业,不但要培养管理人才,还要培养策划人才和操作人才,使企业实施软件外包的人才呈梯次结构,让他们能适应正确开展业务外包活动的要求,并在动作中有所创新。

中国有世界上最好的软件编码人才,但极度缺乏熟悉国际规则的各种外包管理人才。为了改变这种不利局面,企业可以与学校和各种培训机构联合,通过"校企合作"的方式培养有实际操作能力又有国际视野的管理人才。

除此之外,为了使企业和发包商沟通无障碍,企业可以考虑在外包计划中提供相应的训练。对项目的团队成员及外包商的联络窗口提供有关对方国家文化、语言的相关训练,使双方建立良好的外包伙伴关系。企业还应该积极吸引海外留学人员加盟或者引进国外人才,增强自身实力。除了培养和吸引人才外,企业必须通过营造良好的发展环境来留住人才,使他们乐于在企业施展自己的聪明才智,为企业承接更多更好的项目打下基础。

2. 针对软件企业规模小、标准化程度不高的对策

(1)软件外包企业应仔细进行市场细分,重点突破具有竞争力的业务。

从事软件外包服务的企业,应当先学会分解服务,然后才是整合服务,这并非一个简单的循环,而是一个螺旋上升的过程。分解服务为软件外包企业提供了新的赢利渠道,而整合服务则将这条赢利渠道从"小渠"变为"大道"。在我国软件外包企业的综合实力与印度、爱尔兰等国家的软件企业还有一定差距的情况下,我国的软件企业应该根据自己的实际情况、客户需求情况、市场发展趋势,先在软件外包主流市场中找好一个易于进入的细分市场,一炮打响,然后以此为杠杆打入主流市场。这种做法十分符合我国国际软件外包刚起步的现状,企业既可以累积经验、了解客户需求,又能起到很好的示范作用。随着企业规模不断扩大和技术能力不断提升,在国外客户那里获得了信任,就可以接受高端的、完整的软件外包项目。

(2)软件外包企业要真正全面地提高自身的技术和业务管理水平,避免盲目追求"拿证"主义。

当前,我国软件企业迫切需要按照 ISO9000 体系和 CMMI 体系实施生产经营管理,并取得相应的资质,使我国的软件企业和国外企业有共同的质量管理标准,提高我国软件企业工业化生产能力和国际水平,尽快使我国软件产业由"手工业"阶段进入"大工业化"阶段。但是进行 CMMI 评估不是企业的最终目标,它只是企业不断提高自身能力的一种方法,通过 CMMI 评估,绝不是取得了一张一劳永逸的保证书,它只是帮助企业获得进一步改进的能力。市场,无论是国内市场还是国际市场,才是真正检验企业能力的考官。

中国企业要想在未来的国际软件外包市场占据一席之地,除了提高技术水平外,更要重视提升对于业务的整体管理水平,必须面向国际,老老实实地创新,实实在在地服务。否则,很难获得国际客户的认可。目前中国软件企业的优势在应用领域,这就决定了中国软件出口的模式,也要从应用出发,走工程外包与应用产品相结合的路,逐渐从低层次的外包加工和软件服务向产业链前端的技术密集型软件开发,逐渐向中间件与高端产品领域渗透。

（3）企业应针对不同国家的文化、不同企业的需求，提高客户满意度。

在进行外包合同谈判或实施的过程中，我国软件外包企业一定要对不同的国家或地域，在工作的态度、方法以及工作关系上所呈现出来的差异，加以界定与明确，随后要在双方沟通、接触中体现理解与变通。例如，电子邮件在美国是一种正式的沟通工具，与美国企业进行业务洽谈通常都使用电子邮件。而这种方式在韩国却被认为是失礼而不尊重人的做法。所以要成为国际化的大型软件外包企业，不仅要在技术上更要在民俗文化等细节上做到最好，以免与发包商产生不必要的误解。

软件外包企业要与发包商及时沟通，经常分享项目进展中的信息，倾听客户的需求。我国有些外包企业在接包前期做了许多沟通工作和努力，而一旦项目谈判成功，就好像已经坐享其成了。其实承接到软件项目只是一个开始，最重要的是把这项工作按照客户的需求圆满的完成。

相比印度企业，我国软件企业外包的按时完成率很低，一方面因为在软件技术水平上与印度还有一定差距，另一方面，则是由于沟通不畅等原因造成外包无法达到客户的需求。所以软件外包企业要密切跟踪外包项目进展，向客户及时提供与反馈项目情况，接受与迅速处理对方的建议，以客户需求为核心，提高企业形象，同时在合作中建立信任关系，吸引更多"回头客"。

（4）软件外包企业应通过各种渠道广泛与外界建立联系，加强国际合作。

我国软件企业以往长期关注于国内市场，与外界接触较少，缺少信息和渠道，因此开拓海外市场会遇到不少困难。为了获得与外部世界合作的机会，软件企业必须下大力气来逐步建立与外部同行的联系，没有广泛的联系、沟通与了解，就不可能产生合作。

我国软件企业可以借鉴印度软件企业的经验，积极与进入中国的跨国公司形成软件外包链，与其建立上下游合作关系，参加跨国公司供应商选拔，打通自身承接软件外包的渠道。例如，浪潮早在 2005 年就先后购并了北京迈捷、日本在青岛的独资公司 DICO，同时与日本 WebGroup 公司在日本合资建立了海外公司，扩大了规模，拓展了市场，拓宽了外包业务范围，增强了业务实力，取得了显著成效。

（5）政府重点扶持有核心竞争力的软件企业，努力打造大型软件企业。

我国软件业要想在世界一体化发展背景下展开竞争并在竞争中取胜，就必须重视整合优势的建立和应用，注重培育大型骨干龙头软件企业，尽快实现软件产业的规模经济。

要重点扶持一批具有产业优势、规模效应和品牌形象的规模企业，通过并购、重组等资本手段，尽快培养一批产品附加值高、市场份额大、核心竞争力强、有研究开发能力的优势企业，通过它们带动整个软件产业链的发展。鼓励我国目前的大型软件企业进入软件和服务外包供应商市场，指导和服务国内大型用户企业实现服务外包业务转型，同时允许小型的外包供应商自然发展，提供相应措施促进其快速积累资本和经验。

（6）政府部门健全风险融资体系，为企业提供更便利的融资环境。

发展软件产业需要巨额的投资。对于高新技术企业的成长来说，风险资本无疑是相当重要的。近年来，中国风险资本总量增长迅速，并吸引了大量的海外资本，但资金短缺仍然是困扰国内高新技术企业发展的一个不可忽视的问题，软件企业也不例外。

目前，中国软件外包企业获得的各类优惠投融资支持多来自各类发展基金，如 863 计划、火炬计划等，资金规模有限，也并非针对软件外包企业设立，支持力度也相对有限；银行的间接融资未能对软件产业外包出口给予特殊的优惠条件，融资支持政策比较模糊。

为了更好地促进中国软件外包的发展，政府应该着手健全软件产业的风险融资机制，并应该适当安排一部分预算内资金，用于软件产业的基础设施建设和产业化项目。此外，政府可以推动软件业与金融资本的融合，大力开拓股票上市、债券发行、兼并收购等多渠道融资，特别是要大力引进风险投资机制，为企业的发展赢得资金。

美国许多闻名世界的计算机、软件都是靠风险投资起家的，如 Microsoft、Cisco 等。创业板是风险投资退出的最佳渠道，有退出才能有进入。因此，应创造条件尽快启动创业板市场，一方面使大量中小民营软件公司有一个直接融资的场所，另一方面为风险投资的良性运作提供可靠的保障。

3. 针对软件园区环境质量和配套能力不完善的对策

（1）各地政府优化软件园区的建设，有意识地促进软件企业专业分工、形成完整的产业链。

中国的软件园区缺的不是数量，而是质量，全国各地软件园区重复建设现象严重。中央政府应做好各省市的协调工作，优化软件园区的布局，根据实际情况培养各园区自身的独特优势，做到良性互补，健康发展。

要充分发挥园区的纽带和平台作用，推动和加强园区内企业之间的合作，引导形成集研发、生产、服务、应用为一体的软件产业体系和完善的产业链。

另外，软件园招募企业入驻时，就应该有意识地引导建立完整的产业链，而不是单纯的把功能相似的企业群集在一起。甚至可以引入一些相关产业（如消费电子、咨询等行业）的企业，通过联合能给国外客户提供完整的解决方案，同时缩短整个产品的研发周期。

（2）建设完整的配套设施。

在硬件建设上，软件园的建设重点是建设先进的软件开发平台、公共资源库、高速宽带通信基础设施，形成良好的服务配套体系，向软件企业提供"一站式"的政府服务和优良的公共服务，使软件人才全身心地投入到创造财富的软件生产中去，并通过基础设施的正外部性，在各个企业之间分摊成本，使企业进行国际化经营时，能进一步缓解资金的压力。

4. 针对软件外包的相关政策制定相对滞后的对策

（1）政府部门完善软件产业的相关法规，进一步落实对于外包出口的优惠政策。

目前，中国政府出台的针对软件产业的相关法规政策还比较粗泛，对于软件产业整体的引导和扶持作用不够明显。以对软件产业的定义来看，关注的更多的是软件产品，对于服务的统计口径，与现实相比还存在一定的偏差。另外急需改进的一点是，没有明确把软件外包囊括在软件产业的业务范围中，因而从事这一业务的企业很难享受到国家对软件产业给予的相关优惠政策，这无疑对中国软件外包的健康发展带来了不利影响。总体来说，政府必须进一步细化相关的法规政策，并根据现实情况，不断加以调整和补充，促进软件产业健康发展。

由于拥有正在迅速扩张的国内市场，因而本国业务往往是众多企业发展的重点和基石。因此，在一定程度上也形成了企业和政府对于出口的重要性都相对认识不足的问题。

面对国际上良好的发展机遇，政府应该审时度势，在制定软件产业发展政策时，进一步明确对于软件产业外包出口的扶持措施，特别是给予承接欧美市场层次较高的软件外包项目以及 IT 关联业务流程外包的企业更多的政策支持，引导企业逐渐向更高层次的外包项目靠拢，以此提升技术外溢效应。

（2）政府部门进一步加强知识产权保护力度。

消除国外企业顾虑，为软件产业外包出口的健康发展创造良好环境。

在选择接包方时，知识产权保护状况往往是发包方考虑的重要因素之一。WTO 在乌拉圭回合谈判结束后签订的《与贸易有关知识产权协议》（TRIPS 协议)是调整所有成员贸易行为规范的重要知识产权法律制度。目前，我国的知识产权保护现状与 TRIPS 协议的原则和要求还有很大的差距。在人们的思想观念上，知识产权意识淡薄，既不会运用知识产权的有关法律保护自己的知识产权成果，又常常出现对他国、他人知识产权的侵权滥用。

在法律制度上虽然制定了商标法、专利法、著作权法等主要法律，但与 TRIPS 协议还有较大差距。这些都成为制约中国软件产业外包出口发展的一大障碍。因此，政府除了要进一步细化和明确相关的法律法规外，更要加强执法力度，公安、工商、文化以及海关等职能部门应密切协作，严厉打击盗版侵权行为。同时通过各种途径向民众宣传知识产权保护的重要性，通过市场引导企业合理定价，利用规模消费降低正版软件的价格，使正版软件的生产和消费走上良性循环的轨道。通过各方努力，让国外客户看到中国保护知识产权的毅力和决心以及日益好转的形势，以此吸引更多的国外客户放心地将层次更高的业务外包给中国的公司，实现合作共赢的局面。

（3）政府引导行业协会发挥更积极的作用。

从许多国家的成功经验来看，软件行业协会在一国软件产业的发展过程中往往都起到了不可小视的作用。如印度的国家软件和服务协会（NASSCOM）就是企业和政府的桥梁，在为企业的发展和出口出谋划策的同时，也为政府相关政策的制定提供客观、及时的意见。

相比来说，中国软件行业协会所做的工作就比较宏观，所执行的职能也更像政府的管理部门，对整个软件产业发展和出口的推动作用较小。因此，政府可以引导国内的软件行业协会逐渐改变自己的工作重心，在赋予其更多监管权利的同时，也督促其行使更多沟通和服务的义务，在促进中国软件产业发展和扩大出口方面发挥更大的作用。使中国软件行业协会为政府制定行业政策提供建议，进行国际市场的营销与品牌建设，积极组织协调企业开拓国际市场。

中国软件行业协会要在国际上代表中国的 ITO 产业，正面告诉国际市场中国服务提供商的能力，提供中国软件服务外包统一信息，代表中国整个 ITO 行业参加国际行业贸易展；在国内市场上代表 ITO 行业，就国际标准、预期、趋势及最佳惯例等内容对各公司进行培训，就行业利益问题与政府部门进行沟通，针对整个行业定义关键性术语与定义，利用它们来遵循国际规范。

5. 各国软件外包的发展对我国企业提高软件接包竞争力的借鉴

（1）增强软件接包企业的人才资源支持，重视软件人才的培养。

各国软件产业发展的经验表明，作为典型的人才密集型产业，软件外包与出口在很大程度上取决于软件人才的数量、质量、技术结构和空间分布，软件企业经营活动中的成本有相当高的比例是人力资本。因此，在各国促进软件出口的政策中，一般都包含对软件产业技术人才的特殊政策，主要是加强软件商业生态系统视角的国际软件接包竞争，完善人才的教育和培养体系建设、吸引国外软件人才、鼓励软件产业使用特殊的人才激励机制、对软件从业人员给予一定的税收优惠等。

（2）加大软件接包的产业政策支持力度。

无论是发达国家还是发展中国家，在软件出口的过程中都采取了相应的政策措施。政策措施的影响主要体现在：一是政府政策可以重新配置生产要素。当前世界范围内贸易自由化成功推进了世界经济一体化进程，资本和经济活动的跨界转移越来越频繁，区域之间的相互依赖性不断提高。跨国资本在追求利润最大化目标的驱使下，在全球范围内配置资源、组织经济活动。各国或地区为了促进自身经济发展，提供了各种优惠条件来吸引生产要素流动，尤其是高级生产要素的流动。二是政府可以通过各种方式来引导、保护软件产业的发展，使软件产业能获得群体性突破。三是政府可以通过产业政策，为软件外包产业发展创造良好的外部环境，在经济发展的约束条件下进一步优化软件出口模式。当前，如何促进知识外包的产业集聚，并促进企业规模的扩张是我国政府制定政策需要关注的问题。

（3）立足国内市场，积极拓展国外市场。

我国的软件外包发展应该立足国内市场，以国内市场为基础，进而拓展国外市场，因为目前中国是世界上最具活力的市场之一，也是国内软件企业最为擅长的市场。在中国软件企业进入欧、美、日市场的同时，国外的软件企业却在紧盯中国的软件市场。中国是全世界软件可靠性、复杂性最大的测试基地，中国本土应用市场给软件企业带来了前所未有的成长机会。

目前中国是世界上最具活力的市场之一，也是国内软件企业最为擅长的市场。近年来，许多印度软件企业进入了中国。因为中国有着极为巨大的国内市场，对于任何一个企业，占领这个市场都是制胜的关键。同时，要接受国外企业的外包业务，并不一定非得走出去才行。目前，许多跨国集团争相在中国设立研发机构及子公司，并将一些软件业务转移到中国来做。对绝大多数中国软件企业来说，应该先与进入中国的外国公司合作，做面向它们国内分公司的外包定制工作。发展服务外包业务要讲究策略，以日本接包市场为突破点，以点带面，逐步拓展国际外包市场。扩大对日外包业务的承接，在承接业务中不断提升自身的能力，扩大在日本的市场份额，为承接欧美业务打下基础，同时应积极开拓欧美市场。欧美为全球软件服务最主要的市场，同时，欧美是计算机软件的发源地，也是全球软件产业技术和应用创新的主体和前沿。软件企业只有置身于高度成熟的欧美市场，才能学习到世界一流的先进技术和市场经验，也才能练就适应全球竞争的生存和发展能力。

（4）优化接包企业能力结构。

对于接包企业来说，首先应该增强自主研发能力和技术水平，并加大对外包专业人才的培训和锻炼，降低人员流失率，留住高端和核心人才；加强外包项目管理，降低成本，加强技术实力和解决问题的能力；强调快速响应，提高短期内保质保量地完成开发内容的能力；强调测试工作充分，经得起用户的考验；提高同时面对多个客户的能力等基本运营能力。接包企业还应该形成企业联盟，共同打造软件外包航母舰队。

（5）加强国外对我国知识产权保护的信任。

涉及业务系统的 ITO 外包对发包企业的知识产权保护有更高的要求。因为业务项目中往往富含商业机密和软件版权，因此客户对有效保护它的知识产权问题尤为关注。知识产权大体分为四类：商标、专利、版权和商业机密，其中最影响企业承接外包业务的是保护客户的商业机密。我国一直以来在知识产权保护方面的意识比较淡薄，许多外包企业并没有意识到西方客户对知识产权保护的关注程度，政府部门也还未对 ITO 外包面临的知识产权保护上的问题给予高度的关注。知识产权保护的不力，导致跨国公司在进行业务外包时心存忧虑与恐惧，他们因担心自己知识产权尤其是商业机密得不到有效地保护而不转移关键技术，这些都不利于中国 ITO 接包企业竞争力的提升和价值链的升级。

思考题

一、简答题

1. 中印两国软件外包发展的主要异同点是什么？
2. 什么是信息技术外包？

二、案例分析题

技术外包服务模式是电子政务未来的发展方向；经济和社会效益最大化是电子政务的终极目的。在证监会项目实施中，中企通信以丰富的行业经验、专业的网络技术以及与中国电信、中国网通的合作伙伴关系为中国证监会提供一站式服务，保证了中国证监会信息监管系统广域网络的全程连通性、网络可靠性和安全性，包括：各地电信之间的租用电路定单，定单的管理跟踪，设备的选型，电路的调通、测试以及网络建成后的网络管理、网络故障审告和解决等，使得证监会广域网系统在很短的时间内完成开通。

中国证监会将信息监管系统广域网（二期）建设和运行管理项目外包给中企网络通信技术有限公司，取得了很好的效益。

中国证监会监管系统建设技术外包项目是花钱少、效率高的工程，是一个以需求为导向的网络与应用系统。

中国证监会的信息化工作和中企通信的技术外包服务模式开创了一条探索政府信息化的新路，对软件外包在政府部门加以推广具有重要的意义。

请分析说明为什么中国证监会监管系统建设技术外包项目是花钱少、效率高的工程，是一个以需求为导向的网络与应用系统。

请分析说明推广中国证监会技术外包服务模式的意义。

第2章 软件外包服务与管理标准

2.1 质量标准体系介绍

2.1.1 标准与标准化

质量管理与标准化有着密切的关系，标准化是质量管理的依据和基础，产品（包括服务）质量的形成，必须使用一系列标准来控制和指导设计、生产和使用的全过程。因此，标准化活动贯穿于质量管理的始终。

标准化是指在一定范围内获得最佳秩序，对实际的或潜在的问题制定共同和重复使用的规则的活动。上述活动主要是包括制定、发布及实施标准的过程。标准化的重要意义是改进产品、过程和服务的适用性，减少和消除贸易技术壁垒，促进技术合作。

企业标准化是指以提高经济效益为目标，以搞好生产、管理、技术和营销等各项工作为内容，制定、贯彻和维护标准的一种有组织的活动。其特点是：以提高经济效益为中心，贯穿于企业生产、技术、经营管理活动的全过程，是制定标准和贯彻标准的一种有组织的活动。

标准是一种特殊文件。标准是指在一定的范围内获得最佳秩序，对活动或其结果规定共同的和重复使用的规则、导则或特性文件。该文件经协商一致制定并经过一个公认机构的批准。该文件是公众可以得到的，是可以重复和普遍应用的文件。

标准可以根据适用范围和法律的约束力来进行分类。

（1）根据适用范围分。

国家标准：GB，GB/T，GB/Z，GSB；ANSI，BS，DIN，JIS。

行业标准：TB，TB/T；GJB，CMM/CMMI；IEEE，MIL-S，ASCE。

地方标准：DB××，DB××/T。

企业标准：Q/××× ××× - ×××；IBM，HP，NOKIA。

区域性标准：EN。

国际标准：ISO、IEC。

根据《中华人民共和国标准化法》，我国标准分为四级，即国家标准、行业标准、地方标准和企业标准。就国际范围来讲，还有区域标准和国际标准。

国家标准是指由国家的官方标准化机构或国家政府授权的有关机构批准、发布，在全国范围内统一和适用的标准。我国国家标准的代号，用"国标"两个字汉语拼音的第一个字母"G"和"B"表示。

在这里行业标准和地方标准就不做介绍了，下面重点介绍企业标准：企业标准是指企业所制定的产品标准和在企业内需要协调、统一的技术要求、管理要求和工作要求所制定的标准。企业生产的产品在没有相应的国家标准、行业标准和地方标准时，应当制定企业标准，作为组织生产的依据。在有相应的国家标准、行业标准和地方标准时，国家鼓励企业在不违反相应强制性标准的前提下，制定充分反映市场、用户和消费者要求的，严于国家标准、行业标准和地方标准的企业标准在企业内部适用。企业标准由企业制定，由企业法人代表或者法人代表授权的主管领导批准、发布，由企业法人代表授权的部门统一管理。企业的产品标准，应在发布后30日内办理备案。一般按企业隶属关系报当地标准化行政主管部门和有关行政主管部门备案。

（2）根据法律的约束性分。

根据我国标准的性质，可以分为强制性标准和推荐性标准。强制性国家标准的代号为 GB，推荐性国家标准的代号为 GB/T。国家标准的编号由国家标准的代号、国家标准发布的顺序号和国家标准发布的年号三部分构成。国家标准、行业标准分为强制性标准和推荐性标准。保障人体健康，人身、财产安全的标准和法律、行政法规规定强制执行的标准是强制性标准，其他标准是推荐性标准。同时省、自治区、直辖市标准化行政主管部门制定的工业产品的安全、卫生要求的地方标准，在本行政区域内是强制性标准。所谓强制性标准是指具有法律属性，在一定范围内通过法律、行政法规等强制手段加以实施的标准。强制性标准可分为全文强制和条文强制两种形式。

①强制性标准：GB（国家技术法规）。强制性标准是国家技术法规的一部分，必须强制执行。

②推荐性标准：GB/T（指导性标准，自愿性文件）。推荐性标准指在生产、交换、使用等方面，通过经济手段调节而自愿采用的一类标准，又称自愿性标准。

③标准化指导性技术文件：GB/Z（尚未成为标准）准标准。

2001年12月4日，国家质检总局发布《采用国际标准管理办法》。国家标准采用国际标准的程度有以下三种：

- 等同采用（IDT，identical）：标准结构和技术内容均不改变，但可以用本国规定的标准编号。如 GB/T19001-2008 idt ISO9001:2008。
- 等效采用（修改采用，MOD，modified）：基本内容不变，但在编辑上可以不同，技术内容上允许存在一定差异。
- 参照采用（非等效采用，NEQ，not equivalent）：根据我国实际情况参照国际标准有关内容制定，但在要求上应与国际标准相当。

三种采用程度仅表示国家标准和国际标准之间的差别大小，并不反映技术要求的高低，但在国际上的信任程度不同。

现阶段，我国三个重要的软件开发规范标准分别是：

①GB/T 8566：信息技术　软件生存期过程。

②GB/T12504：计算机软件质量保证计划规范。

③GB/T12505：计算机软件配置管理计划规范。

2.1.2　质量标准体系

1. 标准体系空间

标准体系可以从纵向、横向和范围三个角度进行分类。

（1）从纵向看，分为产品质量管理标准和过程质量管理标准。

（2）从横向看，分为通用标准和各个行业的质量标准。

（3）从范围看，分为国际标准和国内标准。

2. 标准体系层次

标准体系的层次有以下三个：

（1）原理标准：描述各个原理级的关键组织标准。

（2）要素标准：原理标准中的各个要素的详细性能要求的标准，必须执行。

（3）指南和补充：为如何把原理或要素标准应用于特定场合而提供指导性的文件。

3. 软件产品质量标准体系

软件产品质量标准体系如表 2-1 所示。

表 2-1　软件产品质量标准体系

	产品特性		软件产品	产品文档	功能规格
原理	9126-1				
要素标准	TR 9126-2/3/4	15026	12119	9127	14143-1/2
指南				18019	TR14143-3/4/5

4. 软件过程质量标准体系

软件过程质量标准体系如表 2-2 所示。

表 2-2　软件过程质量标准体系

	软件过程					系统过程
原理	12207/AMD1 的过程结果					15288
要素标准	12207/14764	TR15846	TR16326	15939	14598	15910	15288 标准部分
指南	TR15271	ISO9000-3	TR9294		18019	15288 指南

2.2　中国软件工程标准

我国的软件工程标准可以分为基础标准、开发标准、文档标准和管理标准四大类，如表 2-3 所示。

表 2-3　中国软件工程标准

分类	标准名称	标准号
基础标准	软件工程术语	GB/T11457
	信息处理——数据流程图、程序流程图、系统结构图、程序网络图和系统资源图的文件编辑符号及约定	GB/T1526-89（ISO5807）
	软件工程标准分类法	GB/T15538
	信息处理——程序构造及其表示法的约定	GB13502-92（ISO8631）
	信息处理——单命中判定表规范	GB/T15535-1995（ISO5806）
	信息处理系统——计算机系统配置图符号及其约定	GB/T14085-93（ISO8790）
开发标准	信息技术　软件生存周期过程	GB/T 8566
	计算机软件单元测试	GB/T15532-95
	信息处理——按记录组处理顺序文卷的程序流程	GB（ISO6593）
	软件维护指南	GB/T14079

续表

分类	标准名称	标准号
文档标准	软件文档管理指南	GB/T16680
	计算机软件文档编制规范	GB/T 8567
	计算机软件需求说明编制指南	GB 9385
	计算机软件测试文件编制指南	GB 9386
管理标准	计算机软件配置管理计划规范	GB/T12505
	信息技术　软件产品评价　质量特性及其使用指南	GB/T16260
	计算机软件质量保证计划规范	GB/T12504
	计算机软件可靠性和可维护性管理	GB/T14394
	质量管理和质量保证标准　第三部分：在软件开发、供应和维护中的使用指南	GB/T19000-3

国家推荐标准《信息技术　软件生存周期过程》（GB/T 8566-2007）按性质将软件过程分为三类过程：基本过程类、支持过程类、组织过程类。我们知道，软件过程是活动的一个集合，活动是任务的一个集合，任务是将一个输入转换为一个输出的操作。

（1）基本过程类。包括：获取过程、供应过程、开发过程、运行过程、维护过程。

（2）支持过程类。包括：文档过程、配置管理过程、质量保证过程、验证过程、确认过程、联合评审过程、审计过程、问题解决过程等。

（3）组织过程类。包括：管理过程、基础设施过程、培训过程、改进过程。

剪裁过程：对软件过程和活动实施剪裁。将一选定的模型以及相关标准应用于某一领域或具体的软件项目，形成该领域的模型及标准，或该软件项目的软件过程和活动。

为解决软件危机，人们提出用工程化的原则及方法来组织软件开发工作，这就是软件工程的由来。在软件工程中可将软件的生存周期（传统生命周期，即瀑布模型）分为以下 6 个阶段：计划（Planning）、需求分析（Requirement Analysis）、设计（Design）、编码（Coding）、测试（Testing）、运行与维护（Run and Maintenance）。

（1）需求分析。

需求分析是根据客户的要求，清楚地了解客户需求中的产品功能、特性、性能、界面和具体规格等，然后进行分析，确定软件产品所能达到的目标。软件产品需求分析是软件开发过程的第一个环节，也是最重要的一个环节。如果需求分析做不好，下面的设计、编程做得再好，客户（用户）也不可能对开发出来的软件产品感到满意。软件产品需求分析的结果要文档化，而且这类文档的描述尽量不要用专业术语，从而使用户能够完全理解需求分析的结果，参与对其复审的过程。

（2）设计。

软件设计是根据需求分析的结果，考虑如何在逻辑、程序上去实现所定义的产品功能、特性等。可以分为概要设计和详细设计，也可以分为数据结构设计、软件体系结构设计、应用接口设计、模块设计、算法设计、界面设计等。设计过程将需求转换成软件表示，设计的结果将作为编码的框架和依据，以提高编码的效率和质量。设计的文档化体现在产品规格说明书（Functional Specification）、技术设计文档（Development Design Document）和软件配置文档（Software Configuration Document）。

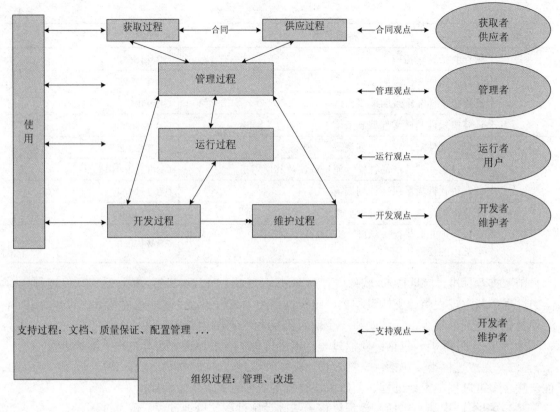

图 2-1   软件过程之间的关系

（3）编程。

经过需求分析、设计之后，接下来就是用一种或多种具体的编程工具（如 VS.Net、JBuild、Eclipse、Delphi、PB 等）进行编码，即将设计转换成计算机可读的形式。如果设计做得好、做得仔细，编程就容易了。

（4）测试。

任何编程都免不了存在这样或那样的错误，所以有必要进行软件测试。测试过程集中于软件的内部逻辑——保证所有语句都测试到，以及外部功能——引导测试去发现错误，并保证定义好的输入能够产生与预期结果相同的输出。测试按不同的过程阶段分为单元测试、集成测试、功能测试、系统测试、验证测试等。

（5）维护。

从理论上，软件测试的覆盖率不可能做到百分之百，所以软件在交付给用户之后有可能存在某些问题，而且用户的需求会发生变化，特别是开始使用产品之后，对计算机系统有了真正的认识和了解后，会提出适用性更好的、功能更强的要求。所以，软件交付之后不可避免地要进行修改、升级等。

软件维护复杂、周期长，其成本必然很高。通过提高软件的需求分析、设计和编程的质量，强化软件测试，可以大幅度降低软件的维护成本。

国际推荐标准《计算机软件文档编制规范》（GB/T 8567-2006）在文档过程、文档编制要求、文档编制格式、面向对象软件的文档编制四个方面进行了规定。

2.3　国际主要相关标准

2.3.1　ISO9000 族标准

"ISO9000"不是指一个标准，而是一族标准的统称。ISO9000 族标准是 ISO/TC176（第 176 个技术委员会，质量管理和质量保证技术委员会）制定的所有国际标准。ISO9001 是 ISO9000 族标准的核心标准之一。

ISO9000 族标准的基本思想，最主要的有两条：一是控制的思想。即对产品形成的全过程——从采购原材料、加工制造到最终产品的销售、售后服务进行控制。任何一件事物都是由过程组成的，只要对产品形成的全过程进行控制并达到过程质量要求，最终产品的质量就有了保证。二是预防的思想。通过对产品形成的全过程进行控制以及建立并有效运行自我完善机制达到预防不合格的目的，从根本上减少或消除不合格品。

组织实施 ISO9000 族标准有以下几方面的作用和意义：有利于组织提高运作能力和管理水平，为其提供了有效的管理方法；利于组织 QS 的完善，以提高产品质量并实现其质量目标；有利于增进国际贸易，消除技术壁垒；有利于组织持续改进，以提高顾客的满意程度。

1. ISO9000 族标准及其文件结构

（1）核心标准。

ISO9000《质量管理体系 基础和术语》：该标准表述了质量管理体系（QMS）基础知识，并规定了质量管理体系（QMS）术语。

ISO9001《质量管理体系 要求》：该标准规定了质量管理体系（QMS）的要求，用于证实组织有提供满足顾客要求和适用的法规要求的产品的能力，目的在于增加顾客满意度。

ISO9004《质量管理体系 业绩改进指南》：该标准提供了考虑质量管理体系（QMS）的有效性和效率两个方面的指南，其目的是组织业绩改进和使顾客及其他相关方满意。

ISO19011《质量和（或）环境管理体系审核指南》：该标准提供了审核质量管理体系（QMS）和环境管理体系（EMS）的指南。

（2）支持性标准和文件（TR 为"技术报告"）。

ISO10012　测量控制系统

ISO/TR10006　质量管理——项目管理质量指南

ISO/TR10007 质量管理——技术状态管理指南

ISO/TR10013 质量管理体系文件指南

ISO/TR10014 质量经济性管理指南

ISO/TR10015 质量管理——培训指南

ISO/TR10017 统计技术指南

ISO9000 标准系列，它由 5 个部分组成：质量术语标准、质量保证标准、质量管理标准、质量管理和质量保证标准的选用和实施指南、支持性技术标准。

ISO9000 的内容可以高度概括为十二个字："有章可循，有章必依，有据可查，有人负责"。即：与标准要素要求相关的业务都要有规章制度和工作基准可以遵守；有了规章制度和作业标准必遵循；是否按规章制度和作业标准办事要有证据可以查验；与标准要素要求相关的业务活动应该落实到人。

ISO9000 的指导思想："该做的要写到，写到的要做到，做了的要有效，做了的要有记录"和"只有起点，没有终点"，一定要坚持"实际、实用、实效"。也就是说，该说到的要说到，说到的要做到。说你所做；写你所说；做你所写。要做到说、写、做一致。

2. ISO9000 标准的特点

ISO9000 标准的特点是：

（1）ISO9000 标准是一系统性的标准，涉及的范围、内容广泛，且强调对各部门的职责权限进行明确划分、计划和协调，从而使企业能有效地、有秩序地开展给各项活动，保证工作顺利进行。

（2）强调管理层的介入，明确制定质量方针及目标，并通过定期的管理评审达到了解公司的内部体系运作情况、及时采取措施确保体系处于良好的运作状态的目的。

（3）强调纠正及预防措施，消除产生不合格或不合格的潜在原因，防止不合格的再发生，从而降低成本。

（4）强调不断地审核及监督，达到对企业的管理及运作不断地修正及改良的目的。

（5）强调全体员工的参与及培训，确保员工的素质满足工作的要求，并使每一个员工有较强的质量意识。

（6）强调文化管理，以保证管理系统运行的正规性、连续性。如果企业有效地执行这一管理标准，就能提高产品（或服务）的质量，降低生产（或服务）成本，建立客户对企业的信任，提高经济效益，最终大大提高企业在市场上的竞争力。

ISO9000 标准是一套精心设计、结构严谨、定义明确、内容具体、实用性强的管理标准。ISO9000 标准的主体部分可分为两组：一组是用于"需方对供方需求质量保证"的标准——ISO9001；一组用于"供方建立质量保证体系"的标准——ISO9004。ISO9001 标准《质量管理体系 要求》规定了质量管理体系的要求，用于证实组织有提供满足顾客要求和适用的法规要求的产品的能力，目的在于增加顾客满意度。

ISO9001 标准的目的是：阐明满足顾客和适用的法律法规的质量管理体系的最低要求；本要求是通过满足顾客要求而使顾客满意；组织达到本要求，表明其具备了稳定提供合格产品的能力和可增强顾客满意的能力。

ISO9001 的特点和作用：

（1）ISO9001 是 ISO9000 族质量保证模式标准之一，用于合同环境下的外部质量保证。可作为供方质量保证工作的依据，也是评价供方质量体系的依据。

（2）作为企业申请 ISO9000 族质量体系认证的依据。

（3）开发、设计、生产、安装和服务的质量保证模式。用于供方保证在开发、设计、生产、安装和服务各个阶段符合规定要求的情况。

（4）对质量保证的要求最全，要求提供质量体系要素的证据最多。从合同评审开始到最终的售后服务，要求提供全过程严格控制的依据。

（5）要求供方贯彻"预防为主与检验把关相结合"的原则，健全质量体系，有完整的质量体系文件，并确保其有效运行。

ISO9001 标准包括以下内容：

0 引言

1 范围

1.1 总则

　　8.2.1 顾客满意　　8.2.2 内部审核　　8.2.3 过程的监视和测量　　8.2.4 产品的监视和测量

　　8.3 不合格品控制

　　8.4 数据分析

　　8.5 改进

　　8.5.1 持续改进　　8.5.2 纠正措施　　8.5.3 预防措施

　　国际标准化组织公布的 ISO9000 系列标准是国际上影响最为深远的质量管理标准,这一国际标准发源于欧洲经济共同体,但很快就波及美国、日本及世界各国。到目前为止,已有 70 多个国家在它们的企业中采用和实施这一系列标准。分析 ISO9000 系列标准如此迅速地在国际上广为流行,其原因主要在于:

　　(1)市场经济,特别是国际贸易的驱动。无论任何产业,其产品的质量都是生产者、消费者以及中间商十分关注的问题。市场的竞争很大程度上反映了在质量方面的竞争。ISO9000 系列标准客观地对生产者(也称供方)提出了全面的质量管理要求、质量管理办法,并且还规定了消费者(也称需方)的管理职责,使其得到双方的普遍认同,从而将符合 ISO9000 标准的要求作为国家贸易活动中建立互相信任关系的基石。于是近年来在各国企业中形成了不通过这一标准认证就不具备参与国际市场竞争实力的潮流,并且在国际贸易中,把生产者是否达到 ISO9000 质量标准作为购买产品的前提条件,取得 ISO9000 质量标准认证被人们当作进入国际市场的通行证。

　　(2)ISO9000 系列标准适用领域广阔。它的出现最初针对制造行业,但现在已面向更为广阔的领域,这包括:

　　1)硬件:指不连续的具有特定形状的产品,如机械、电子产品,不只是计算机硬件。

　　2)软件:通过支持媒体表达的信息所构成的智力产品。

　　3)流程性材料:将原料转化为某一特定状态的产品。例如,流体、粒状、线状等,通过瓶装、袋装等或通过管道传输交付。

　　4)服务:为满足客户需求的更为广泛的活动。

　　制定与实施 ISO9000 系列标准的主导思想体现在:

　　(1)强调质量并非在产品检验中得到,而是形成于生产的全过程。ISO9000 叙述了需方和供方应如何进行有组织的质量保证活动,才能得到较为满意的产品;规定了从双方签订开发合同到设计、实现以至维护整个生存期中应该实施的质量保证活动,但并没有规定具体的质量管理和质量检验方法和步骤。ISO9000 的核心思想是"将质量制作入产品之中"。其实道理是很明显的,比如软件在完成编码以后,不论花多大的力气用于测试,提高质量都是有限度的,需求规格说明存在的问题常常是测试无法发现的。事实上,软件产品的质量取决于软件生存期所有阶段的活动。

　　(2)为把握产品的质量,ISO9000 要求"必须使影响产品质量的全部因素在生产全过程中始终处于受控状态"。为使软件产品达到质量要求,ISO9000 要求软件开发机构建立质量保证体系。首先要求明确供需双方的职责,针对所有可能影响软件质量的各个因素都要采取有力措施,作出如何加强管理和控制的决定。对与质量有关的人员规定其职责和职权,使之责任落实到人,产品质量真正得到控制。

　　(3)ISO9000 标准要求证实:"企业具有持续提供符合要求产品的能力"。质量认证是取得这一证实的有效方法。产品质量若能达到标准提出的要求,由不依赖于供方和需方的第三方权威机构对生产厂家审查证实后出具合格证明。显然，如果这一认证工作是公正的、可靠的，其公证的结果应当是可以信赖的。正确实施产品质量认证制度自然会在促进产品质量提高、指导消费者选购产品、提高质量合格产品企业的声誉以及节省社会检验大量费用等方面发挥积极作用。生产企业为了达到质量标准，取得质量认证，必须多方面开展质量管理活动。其中，企业负责人的重视以及企业全体人员的积极参与是取得成功的关键。

（4）ISO9000 标准还强调"质量管理必须坚持进行质量改进"。贯彻 ISO9000 标准是企业加强质量管理、提高产品质量的过程，这个过程包含许多工作，绝非轻而易举就能奏效的。即使已经取得了质量认证也不能认为一劳永逸而放松质量管理。取得认证之后尚需接受每年至少一次的定期检查，其目的在于促使企业坚持进行质量改进。

1988 年，我国等效采用 ISO9000 系列标准；1992 年，我国等同采用 ISO9000 系列标准。截止到 2014 年，最新版的国家推荐标准 GB/T19001-2008 等同采用 ISO9001:2008（即 GB/T19001-2008idt ISO9001:2008）。等同采用是国家标准采用国际标准的最高程度。等同采用标准结构和技术内容均不改变，但可以用本国规定的标准编号。

2.3.2　ISO20000 标准

ISO20000 标准着重于通过"IT 服务标准化"来管理 IT 问题，即将 IT 问题归类，识别问题的内在联系，然后依据服务水准协议进行计划、推行和监控，并强调与客户的沟通。该标准同时关注体系的能力，包括体系变更时所要求的管理水平、财务预算、软件控制和分配。

ISO/IEC 20000-2:2005 为审核人员提供行业一致认同的指南，并且为服务提供者规划服务改善或通过 ISO/IEC 20000-1:2005 审核提供指导。ISO/IEC 20000-2:2005 是基于已被替代的 BS 15000-2 的标准。

实践准则描述了在 BS15000-1 中服务管理流程的最佳实践。为以最小成本满足业务需求，客户会对使用先进设施不断提出要求，服务提供就越发显得重要了。人们已经意识到服务和服务管理对于帮助组织开源节流的重要性。

ISO/IEC 20000 系列能使组织了解如何从内部和外部改进其服务质量。

由于组织对服务支持的日益依赖以及技术多样性的现状，服务提供方有可能通过努力保持客户服务的高水准。服务供应方往往被动工作，很少花时间规划、培训、检查、调查并与客户一同工作，其结果必然导致失败。其失败就源于没有采用系统、主动的工作方式。

服务供应商也常常被要求提高服务质量，降低成本，采用更大灵活性和更快反应速度。有效的服务管理能提供高水准的客户服务和较高的客户满意度。

ISO/IEC 20000-2 描述了 IT 服务管理流程质量标准。这些服务管理流程为组织在一定环境中开展业务提供了最佳实践指南，包括提供专业服务、降低成本、调查和控制风险。

ISO/IEC 20000-2 推荐服务管理者采用一致的术语和统一的方法进行服务管理，这可以为改进服务奠定基础，并有助于服务提供者建立一个服务管理框架。

ISO/IEC 20000-2 为审核人员提供指南，并可为组织规划服务的改进提供帮助，以便组织通过 ISO/IEC 20000-1 认证。

ISO20000 与 ISO9000 的比较：

- ISO20000 与 ISO9000 的使用范畴不同：ISO20000 只针对 IT 服务管理，在 IT 服务提供商、政府及企业的 IT 部门应用较多；而 ISO9000 适用各行业的质量标准，在制造企业应用得最多。

- ISO20000 与 ISO9000 的侧重点不同：ISO20000 与 IT 服务流程相关，其流程的名称和控制采用的是 IT 人员容易接受的术语，对 IT 系统变更的风险进行管理；而 ISO9000 与质量框架相联系。
- ISO20000 关注的内容和 ISO9000 相比，除 IT 服务质量外，如还关注财务、信息安全。
- ISO20000 可以说是 ISO9000 在 IT 服务行业的具体应用和拓展。

ISO20000 和 ITIL 的关系：

- ISO20000 作为 IT 服务管理的国际标准，是从 IT 服务管理最佳实践 ITIL 中发展而来的。
- ISO20000 是 13 个管理流程，而 ITIL 是 10 个管理流程（不含服务台）。
- ISO20000 新增了业务关系管理与供应商管理，对应于 ITIL 中的服务等级管理。
- ISO20000 新增的服务报告，涵盖在 ITIL 的每个管理流程之中。
- ITIL 提供最佳实践指南。
- ISO/IEC20000 提供基于 ITSM 的度量。

2.3.3 ISO27001 标准

随着在世界范围内信息化水平的不断发展，信息安全逐渐成为人们关注的焦点，世界范围内的各个机构、组织、个人都在探寻如何保障信息安全的问题。英国、美国、挪威、瑞典、芬兰、澳大利亚等国均制定了有关信息安全的本国标准，国际标准化组织（ISO）也发布了 ISO17799、ISO13335、ISO15408 等与信息安全相关的国际标准及技术报告。目前，在信息安全管理方面，英国标准 ISO27001:2005 已经成为世界上应用最广泛与典型的信息安全管理标准，它是在 BSI/DISC 的 BDD/2 信息安全管理委员会指导下制定完成的。

ISO27001 标准于 1993 年由英国贸易工业部立项，于 1995 年英国首次出版 BS7799-1:1995《信息安全管理实施细则》，它提供了一套综合的、由信息安全最佳惯例组成的实施规则，其目的是作为确定工商业信息系统在大多数情况所需控制范围的唯一参考基准，并且适用于大、中、小组织。1998 年英国公布标准的第二部分《信息安全管理体系规范》，它规定了信息安全管理体系要求与信息安全控制要求，它是一个组织的全面或部分信息安全管理体系评估的基础，它可以作为一个正式认证方案的根据。ISO27001:2005-1 与 ISO27001:2005-2 经过修订于 1999 年重新予以发布，1999 版考虑了信息处理技术，尤其是在网络和通信领域应用的发展，同时还特别强调了商务涉及的信息安全及信息安全的责任。2000 年 12 月，ISO27001:2005-1:1999《信息安全管理实施细则》通过了国际标准化组织的认可，正式成为国际标准——ISO/IEC17799-1:2000《信息技术——信息安全管理实施细则》。2002 年 9 月 5 日，ISO27001:2005-2:2002 草案经过广泛地讨论之后，终于发布成为正式标准，同时 ISO27001:2005-2:1999 被废止。现在，ISO27001:2005 标准已得到了很多国家的认可，是国际上具有代表性的信息安全管理体系标准。

2000 年，国际标准化组织在 BS7799-1 的基础上制定通过了 ISO17799 标准。BS7799-2 在 2002 年也由 BSI 进行了重新的修订。ISO 组织在 2005 年对 ISO17799 再次修订，BS7799-2 也于 2005 年被采用为 ISO27001:2005。

ISO/IEC17799-2000（BS7799-1）对信息安全管理给出建议，供负责组织启动、实施或维护安全的人员使用。该标准为开发组织的安全标准和有效的安全管理做法提供公共基础，并为组织之间的交往提供信任。

标准指出"像其他重要业务资产一样，信息也是一种资产"。它对一个组织具有价值，因此需要加以合适地保护。信息安全防止信息受到各种威胁，以确保业务连续性，使业务受到损害的风险减至最小，使投资回报和业务机会达到最大。

信息安全是通过实现一组合适的控制获得的。控制可以是策略、惯例、规程、组织结构和软件功能。需要建立这些控制，以确保满足该组织的特定安全目标。

ISO/IEC17799-2000 包含了 127 个安全控制措施来帮助组织识别在运做过程中对信息安全有影响的元素，组织可以根据适用的法律法规和章程加以选择和使用，或者增加其他附加控制。国际标准化组织在 2005 年对 ISO17799 进行了修订，修订后的标准作为 ISO27000 标准族的第一部分——ISO/IEC 27001。该标准包括 11 个章节：

（1）安全策略。

（2）信息安全的组织。

（3）资产管理。

（4）人力资源安全。

（5）物理和环境安全。

（6）通信和操作管理。

（7）访问控制。

（8）系统采集、开发和维护。

（9）信息安全事故管理。

（10）业务连续性管理。

（11）符合性。

2.3.4　CMMI 认证

我们知道，不成熟软件机构具有以下特征：

（1）软件过程一般在项目进行中由参与开发的人员临时确定。有时即使确定了，实际上也并不严格执行。

（2）软件机构是反应型的，管理人员经常要集中精力去应付难以预料的突发事件。

（3）项目的进度和经费预算由于估计的不切实际，所以在项目进度拖延、交付时间紧迫的情况下，往往不得不削减软件的功能，降低软件的质量。

（4）产品质量难以预测。质量保证活动，如质量评审、测试等，常被削弱或被取消。

成熟软件机构具有的特征是：

（1）建立了机构级的软件开发和维护过程。软件人员对其有较好的理解。一切活动均遵循过程的要求进行，做到工作步骤有次序，且有章可循。

（2）软件过程必要时可做改进，但需在经小型试验和成本—效益分析的基础上进行。

（3）软件产品的质量和客户对软件产品的满意程度不是由开发人员监控，而是由负责质量保证的经理负责监控。

（4）项目进度和预算是根据以往项目取得的实践经验确定，因而比较符合实际情况。

计算机软件的开发一直是广泛应用计算机的瓶颈。解决这一问题，在初期着重于研究一些新的开发方法和技术，对提高计算机软件的生产率和质量起到了很大的作用，但问题并没得到很好地解决。

在 80 年代中期，美国工业界和政府部门开始认识到：在软件开发中，关键的问题在于软件开发组织不能很好地定义和控制其软件开发过程,从而使一些好的开发方法和技术都起不到所期望的作用。

在无纪律的、混乱的软件项目开发状态中,开发组织不可能从软件工程的研究成果中获益。尽管仍有一些软件开发组织能够开发出个别的优秀软件,但其成功往往归功于软件开发组的一些杰出的个人或小组的努力。

针对这一问题美国卡内基·梅隆大学软件工程研究所(CMU SEI)开始采取行动:

1986 年 11 月,美国卡内基·梅隆大学软件工程研究所开始开发过程成熟度框架。

1987 年 9 月,SEI 发布了过程成熟度框架的简要描述和成熟度调查表。

1991 年,SEI 将过程成熟度框架演化为 CMM1.0 版:CMU/SEI-91-TR-24、CMU/SEI-91-TR-25。

1993 年,SEI 根据反馈,提出 CMM1.1 版:CMU/SEI-93-TR-25。按照 SEI 原来的计划,CMM 的改进版本 2.0 应该在 1997 年 11 月完成,然后在取得版本 2.0 的实践反馈意见之后,在 1999 年完成准 CMM2.0 版本。

但是,美国国防部办公室要求 SEI 推迟发布 CMM2.0 版本,而要先完成一个更为紧迫的项目 CMMI(Capability Maturity Model Integration),原因是在同一个组织中多个过程改进模型的存在可能会引起冲突和混淆,CMMI 就是为了解决怎么保持这些模式之间的协调。

CMMI 即能力成熟度模型集成,这是美国国防部的一个设想,他们想把现在所有的以及将被发展出来的各种能力成熟度模型,集成到一个框架中去。这个框架有两个功能:第一,软件采购方法的改革;第二,建立一种从集成产品与过程发展的角度出发,包含健全的系统开发原则的过程改进。就软件而言,CMMI 是 SW-CMM 的修订本。

早期的 CMMI(CMMI-SE/SW/IPPD)1.02 版本是应用于软件业项目的管理方法,SEI 在部分国家和地区开始推广和试用。随着应用的推广与模型本身的发展,逐渐演绎成为一种被广泛应用的综合性模型。

CMMI "家族"包括 CMMI for Development、CMMI for Service 和 CMMI for Acquisition 三个套装产品。

CMMI 分为五个等级,二十五个过程域(Process Area,PA):

(1)初始级。软件过程是无序的,有时甚至是混乱的,对过程几乎没有定义,成功取决于个人努力。管理是反应式的。

(2)已管理级。建立了基本的项目管理过程来跟踪费用、进度和功能特性。制定了必要的过程纪律,能重复之前类似应用项目取得的成功经验。

共 7 个过程域:需求管理、项目规划、项目跟踪和控制、供应商协议管理、度量与分析、过程与产品质量保证、配置管理。

(3)已定义级。已将软件管理和工程两方面的过程文档化、标准化,并综合成该组织的标准软件过程。所有项目均使用经批准、剪裁的标准软件过程来开发和维护软件,软件产品的生产在整个软件过程是可见的。

共 14 个过程域:需求开发、技术解决方案、产品集成、验证、确认、组织过程焦点 、组织过程定义、组织培训、集成项目管理、风险管理、决策分析和解决、集成团队、集成组织环境、集成供应商管理。

(4)量化管理级。分析对软件过程和产品质量的详细度量数据,对软件过程和产品都有定量的理解与控制。管理有一个作出结论的客观依据,管理能够在定量的范围内预测性能。

共 2 个过程域：组织过程性能、量化项目管理。

（5）优化管理级。过程的量化反馈和先进的新思想、新技术促使过程持续不断改进。

共 2 个过程域：组织创新及部署、原因分析与决策。

每个等级都由几个过程域组成，这几个过程域共同形成一种软件过程能力。每个过程域，都有一些特殊目标和通用目标，通过相应的特殊实践和通用实践来实现这些目标。当一个过程域的所有特殊实践和通用实践都按要求得到实施，就能实现该过程域的目标。

CMMI 评估是一个十分复杂的过程，更由于其具有的不确定性，在评估的实践中，一定要做到有备无患。真理来自于实践，随着越来越多的软件组织着手 CMMI 评估，越来越多的成功经验将为我们所利用和借鉴。利用 CMMI 对软件机构进行成熟度评估，过程有以下几步：

（1）建立评估组：评估组成员应对软件过程、软件技术和应用领域很熟悉，有实践经验、能够提出见解。

（2）评估组准备：评估组具体审定评估的问题，决定对每一个问题要求展示哪些材料和工具。

（3）项目准备：评估组与被评估机构领导商定选择哪些处在不同开发阶段的项目和典型的标准实施作为评估对象。将评估时间安排通知给被评估项目负责人。

（4）进行评估：对被评估机构的管理人员和项目负责人说明评估过程。评估组与项目负责人一起就所列出的问题逐一对照审查，保证对问题的回答有一致的解释，从而取得一组初始答案。

（5）初评：对每个项目和整个机构做出成熟度等级初评。

（6）讨论结果：讨论初评结果。使用备用资料及工具演示，可进一步证实某些问题的答案，从而决定可能的成熟度等级。

（7）给出最后的结论：由评估组综合问题的答案、后继问题的答案以及背景依据，作出最终评估结论。

CMMI 的基本思想是：

（1）解决软件项目过程改进难度增大的问题。

（2）实现软件工程的并行与多学科组合。

（3）实现过程改进的最佳效益。

下面阐述一下 CMMI 与 CMM 二者的差别。

CMMI 模型的前身是 SW-CMM 和 SE-CMM，前者就是我们指的 CMM。CMMI 与 SW-CMM 的主要区别就是覆盖了许多领域，到目前为止包括下面四个领域：

（1）软件工程（SW-CMM）。软件工程的对象是软件系统的开发活动，要求实现软件开发、运行、维护活动系统化、制度化、量化。

（2）系统工程（SE-CMM）。系统工程的对象是全套系统的开发活动，可能包括也可能不包括软件。系统工程的核心是将客户的需求、期望和约束条件转化为产品的解决方案，并对解决方案的实现提供全程的支持。

（3）集成的产品和过程开发（IPPD-CMM）。集成的产品和过程开发是指在产品生命周期中，通过所有相关人员的通力合作，采用系统化的进程来更好地满足客户的需求、期望和要求。如果项目或企业选择 IPPD 进程，则需要选用模型中所有与 IPPD 相关的实践。

（4）采购（SS-CMM）。采购的内容适用于那些供应商的行为对项目的成功与否起到关键作用的项目。主要内容包括：识别并评价产品的潜在来源、确定需要采购的产品的目标供应商、监控并分析供应商的实施过程、评价供应商提供的工作产品以及对供应协议和供应关系进行适当的调整。

在以上模块中，企业可以选择软件工程，或系统工程，也可以都选择。集成的产品和过程开发、采购主要是配合软件工程和系统工程的内容使用。例如，纯软件企业可以选择 CMMI 中的软件工程的内容；设备制造企业可以选择系统工程和采购；集成的企业可以选择软件工程、系统工程、集成的产品和过程开发。CMMI 中的大部分内容是适用各不同领域的，实施中会有显著的差别，因此模型中提供了"不同领域应用详解"。

CMM 的基于活动的度量方法与瀑布过程的有次序的、基于活动的管理规范有非常密切的联系，更适合瀑布型的开发过程。而 CMMI 相对于 CMM 更进一步支持迭代开发过程和经济动机推动组织采用基于结果的方法：开发业务案例、构想和原型方案；细化后纳入基线结构、可用发布，最后定为现场版本的发布。虽然 CMMI 保留了基于活动的方法，它的确集成了软件产业内很多现代的最好的实践，但是它在很大程度上淡化了与瀑布思想的联系。

在 CMMI 模型中在保留了 CMM 阶段式模式的基础上，出现了连续式模型，这样可以帮助一个组织以及这个组织的客户更加客观和全面地了解它的过程成熟度。同时，连续模型的采用可以给一个组织在进行过程改进的时候带来更大的自主性，不用再像 CMM 中一样，受到等级的严格限制。这种改进的好处是灵活性和客观性强，弱点在于由于缺乏指导，一个组织可能缺乏对关键过程域之间依赖关系的正确理解而片面的实施过程，造成一些过程成为空中楼阁，缺少其他过程的支撑。两种表现方式（连续的和阶段的）从它们所涵盖的过程域上来说并没有不同，不同的是过程域的组织方式以及对成熟度（能力）级别的判断方式。

CMMI 模型中比 CMM 进一步强化了对需求的重视。在 CMM 中，关于需求只有需求管理这一个关键过程域，也就是说，强调对有质量的需求进行管理，而对如何获取需求则没有提出明确的要求。在 CMMI 的阶段模型中，3 级有一个独立的关键过程域叫做需求开发，提出了对如何获取优秀需求的要求和方法。CMMI 模型对工程活动进行了一定的强化。在 CMM 中，只有 3 级中的软件产品工程和同行评审两个关键过程域是与工程过程密切相关的，而在 CMMI 中，则将需求开发、验证、确认、技术解决方案、产品集成这些工程过程活动都作为单独的关键过程域进行了要求，从而在实践上提出了对工程的更高要求和更具体的指导。CMMI 中还强调了风险管理。不像在 CMM 中把风险的管理分散在项目计划和项目跟踪与监控中进行要求，CMMI3 级里单独提出了一个独立的关键过程域叫做风险管理。

思考题

1. 标准分为哪几类？
2. ISO9000 族标准的核心标准包括哪几个？
3. CMMI 包括哪几个关键过程域？

第3章 软件质量管理基础

3.1 质量

3.1.1 质量的重要性

2008 年初，有机构对中国 32 个大城市的 15000 名调查者进行了一项"中国百姓品牌意识"的问卷调查，其中当问到"你认为什么是品牌"时，被调查者中有 90.16%的人认为是"首先是产品质量好"。由此可见，质量是非常重要的。质量的重要性具体体现在以下几个方面。

1. 质量的社会意义

提高质量的社会意义强调质量对社会的深远影响。美国著名质量管理专家，全面质量管理（TQM）创始人菲根堡姆博士用"没有选择余地（零冗余）"来刻画质量的社会意义。他指出："人们的日常生活和日程安排，完全取决于产品的性能或服务运转是否令人满意……这相当大地提高了顾客对产品或服务在持久性和可靠性方面的要求"。

一方面，强调"质量的社会意义"在于，质量和安全性的费用额占国民生产总值的比重越来越高。这笔费用以质量成本的形式增加了制造商的负担，大约占其总销售额的 10%，质量问题对于购买者和商人也有强烈的影响，购买者维护和使用产品的费用所占比例可能等于或大于利润率。

另一方面是质量同整个国家生产率水平的关联。产品或服务质量不仅是当代决定企业素质、企业发展、企业经济实力和企业竞争优势的主要因素，也是决定一国竞争能力和经济实力的主要因素。

2. 质量的经济意义

美国质量管理学家朱兰博士提出了"质量和综合生产率"的概念来说明质量的经济意义。他认为：现代工厂企业和办公室中新的工作形式，以及现代市场对质量的要求，日益扩大着生产率概念的范围。传统的生产率概念主要是以工厂为主着重于用"单位资源的投入得到更多产品或服务的产出"。现代的生产率概念则是以市场为主着重于用"单位资源的投入得到更多、更适销、更好的产品或服务的产出"。这二者在经营管理目标、衡量经营管理绩效的单位以及生产率规划的重点等方面都有根本的差别。

3. 质量的市场意义

提高质量的市场意义是指决定企业竞争优势最重要的因素是质量。质量是争夺市场战略中最关键的因素。谁能够用灵活快捷的方式提供用户（区域性和全球范围内）满意的产品或服务，谁就能赢得市场的竞争优势。

研究发现，市场占有率是利润的主要来源。但是，持续的市场占有率主要来自"顾客可感觉到的产品或服务的相对质量"的领先地位。"相对"的意思是指和竞争者比较，"可感觉"的意思是站在用户立场上而不是站在生产厂商的立场上看问题。相对的质量是影响一个经营单位长期成就的最重要因素，并且当研究采取何种方法来维持价值的领先地位时会发现，对市场占有率来说，相对质量的变化比价格的变化具有更大的影响。

质量的市场意义最突出的表现是：市场竞争已经决定性地从"价格竞争"转向"质量竞争"。影响用户购买的三因素：价格、质量、交货方式（交货期和地点），其排列次序已经变为质量、交货方式、价格。质量已成为决定用户购买的首要因素，"质量竞争"在某种程度上正在取代"价格竞争"。

3.1.2 质量的含义与理解

在本节，我们需要明确一下有关质量（Quality）的定义。国际标准组织对质量的定义是："反映实体满足主体明确和隐含需求的能力的特性总和"。实体是指可单独描述和研究的事物，也就是有关质量工作的对象，它的内涵十分广泛，可以是活动、过程、产品（软件、硬件、服务）或者组织等。明确需求是指在标准、规范、图样、技术要求、合同和其他文件中用户明确提出的要求与需要。隐含需求是指用户和社会通过市场调研对实体的期望以及公认的、不必明确的需求，需要对其加以分析研究、识别与探明并加以确定的要求或需要。特性是指实体所特有的性质，反映了实体满足需要的能力。

国际标准 ISO9000 对质量所下的定义为：一组固有特性满足要求的程度。目前更流行、更通俗的定义是从用户的角度去定义质量：质量是用户对一个产品（包括相关的服务）满足程度的度量，是产品或服务的生命。

质量，通常指产品的质量，广义的还包括工作质量。产品质量是指产品的使用价值及其属性；而工作质量则是产品质量的保证，它反映了与产品质量直接有关的工作对产品质量的保证程度。

从项目作为一次性的活动来看，项目质量体现在由工作分解结构反映出的项目范围内所有的阶段、子项目、项目工作单元的质量所构成，也即项目的工作质量；从项目作为一项最终产品来看，项目质量体现在其性能或者使用价值上，也即项目的产品质量。

项目是应业主的要求进行的，不同的业主有着不同的质量要求，其意图已反映在项目合同中。因此，项目合同是进行项目质量管理的主要依据。

工作质量是指参与项目的实施者为了保证项目质量所从事工作的水平和完善程度。例如，社会工作质量、生产工作质量、管理工作质量、技术工作质量。

质量特性是指实体所特有的性质，它反映实体满足需求的能力。质量是综合的概念，它要求功能、成本、服务、环境、心理等方面都能满足用户的需要。质量是一个动态的、相对的、变化的、发展的概念，随着地域、时期、使用对象、社会环境、市场竞争的变化而被赋予不同的内容和要求，而且随着社会的进步及知识创新，其内涵和要求也是不断更新、丰富的。

产品质量指的是在商品经济范畴，企业依据特定的标准，对产品进行规划、设计、制造、检测、计量、运输、储存、销售、售后服务、生态回收等全程的必要的信息披露。

产品质量除了含有实物产品之外，还含有无形产品质量，即服务产品质量。服务质量也是有标准的。据猎头公司专家质量数据的分析、统计研究得出的结论，产品质量特性的含义很广泛，它可以是技术的、经济的、社会的、心理的和生理的。

一般来说，常把反映产品使用目的的各种技术经济参数作为质量特性。主要分为产品内在质量和产品外观质量。泛义上的产品质量是指国家的有关法规、质量标准以及合同规定的对产品适用、安全和其他特性的要求。质量特性区分了不同产品的不同用途，满足了人们的不同需要。人们就是根据工业产品的这些特性满足社会和人们需要的程度，来衡量工业产品质量好坏优劣的。

产品质量是由各种要素组成的，这些要素也被称为产品所具有的特征和特性。不同的产品具有不同的特征和特性，其总和便构成了产品质量的内涵。产品质量要求反映了产品的特性和特性满足顾客和其他相关方要求的能力。顾客和其他质量要求往往随时间而变化，与科学技术的不断进步有着密切的关系。这些质量要求可以转化成具有具体指标的特征和特性，通常包括使用性能、安全性、可用性、可靠性、可维修性、经济性和环境等几个方面。

产品的使用性能是指产品在一定条件下，实现预定目的或者规定用途的能力。任何产品都具有其特定的使用目的或者用途。

产品的安全性是指产品在使用、储运、销售等过程中，保障人体健康和人身、财产安全免受伤害的能力。

产品的可靠性是指产品在规定条件和规定的时间内，完成规定功能的程度和能力。一般可用功能效率、平均寿命、失效率、平均故障时间、平均无故障工作时间等参量进行评定。

产品的可维修性是指产品在发生故障以后，能迅速维修恢复其功能的能力。通常采用平均修复时间等参量表示。

产品的经济性是指产品的设计、制造、使用等各方面所付出或所消耗成本的程度。同时，也包含其可获得经济利益的程度，即投入与产出的效益能力。

产品质量是指产品适应社会生产和生活消费需要而具备的特性，它是产品使用价值的具体体现。它包括产品内在质量和外观质量两个方面。

（1）产品的内在质量是指产品的内在属性，包括性能、寿命、可靠性、安全性、经济性五个方面。

1）产品性能，指产品具有适合用户要求的物理、化学或技术性能，如强度、化学成分、纯度、功率、转速等。

2）产品寿命，指产品在正常情况下的使用期限，如房屋的使用年限，电灯、电视机显像管的使用时数，闪光灯的闪光次数等。

3）产品可靠性，指产品在规定的时间内和规定的条件下使用，不发生故障的特性，如电视机使用无故障，钟表的走时精确等。

4）产品安全性，指产品在使用过程中对人身及环境的安全保障程度，如热水器的安全性，啤酒瓶的防爆性，电器产品的导电安全性等。

5）产品经济性，指产品经济寿命周期内的总费用的多少，如空调器、冰箱等家电产品的耗电量，汽车的每百公里的耗油量等。

（2）产品的外观质量指产品的外部属性，包括产品的光洁度、造型、色泽、包装等，如自行车的造型、色彩、光洁度等。

产品的内在质量与外观质量特性比较，内在质量是主要的、基本的，只有在保证内在特性的前提下，外观质量才有意义。

一般工业产品的质量特性大体可分为以下七个方面：

（1）物质方面，如物理性能、化学成分等。

（2）操作运行方面，如操作是否方便，运转是否可靠、安全等。

（3）结构方面，如结构是否轻便，是否便于加工、维护保养和修理等。

（4）时间方面，如耐用性（使用寿命）、精度保持性、可靠性等。

（5）经济方面，如效率、制造成本、使用费用（油耗、电耗、煤耗）等。

（6）外观方面，如外形美观大方，包装质量等。

（7）心理、生理方面，如汽车座位的舒适程度，机器开动后的噪音大小等。

工业产品的质量特性，有一些是可以直接定量的，如钢材的强度、化学成分、硬度、寿命等。它们反映的是这个工业产品的真正质量特性。但是，在大多数情况下，质量特性是难以定量的，如容易操作、轻便、舒适、美观大方等。这就要对产品进行综合的和个别的试验研究，确定某些技术参数以间接反映产品的质量特性，国外称之为代用质量特性。不论是直接定量的还是间接定量的质量特性，都应准确地反映社会和用户对产品质量特性的客观要求。把反映工业产品质量主要特性的技术经济参数明确规定下来，形成技术文件，这就是工业产品质量标准（或称技术标准）。

产品的质量表现为不同的特性，对这些特性的评价会因为人们掌握的尺度不同而有所差异。为了避免主观因素影响，在生产、检验以及评价产品质量时，需要有一个基本的依据、统一的尺度，这就是产品的质量标准。

产品的质量标准是根据产品生产的技术要求，将产品的主要的内在质量和外观质量从数量上加以规定，即对一些主要的技术参数所作的统一规定。它是衡量产品质量高低的基本依据，也是企业生产产品的统一标准。产品质量标准包括：国际标准、国家标准、企业标准等。

我国采用的国际标准主要包括：某些国际组织（如国际标准化组织（ISO）、国际电工委员会（IEC）等）规定的质量标准，或者是某些有较大影响的公司规定的并被国际组织所承认的质量标准。积极采用国际标准或国外先进标准是我国当前的一项重要技术经济政策，但不能错误地把某些产品进口检验时取得的技术参数作为国际标准或国外先进标准，这些参数只是分析产品质量的参考资料。

我国的国家标准是在全国范围内统一使用的产品质量标准，主要针对某些重要产品而制定的。

我国的部颁标准（行业标准）是指在全国的某一行业内统一使用的产品质量标准。

企业标准是企业自主制定，并经上级主管部门或标准局审批发布后使用的标准。一切正式批量生产的产品，凡是没有国家标准、部颁标准的，都必须制定企业标准。企业可以制定高于国家标准、部颁标准的产品质量标准，也可以直接采用国际标准、国外先进标准。但企业标准不得与国家标准、部颁标准相抵触。

质量职能是指产品质量产生、形成和实现过程中全部活动的总和。质量职能所包括的各项活动，既有在企业内各部门所进行的，也有在企业外部的供应商、顾客中所进行的。所有这些活动，都对产品质量有贡献或影响作用。

一般说来，质量职能和质量职责既有区别又有联系，质量职能是针对过程控制需要而提出来的质量活动属性与功能，是质量形成客观规律的反映，具有科学性和相对稳定性；而质量职责则是为了实现质量职能，对部门、岗位与个人提出的具体质量工作分工，其任务通过责、权、利予以落实。因而具有人为的规定性。可以认为，质量职能是制定质量职责的依据，质量职责是落实质量职能的方式或手段。

根据质量职能概念，在产品质量产生、形成和实现过程中的各个环节，均分布在企业的各个主要职能部门，质量管理所要解决的基本问题就是要对分散在企业各部门的质量职能活动进行有效地计划、组织、协调、检查和监督，从而保证和提高产品质量。

质量职能几个重要环节如下：

（1）市场调查研究质量职能，主要是进行市场调查，掌握用户需要；分析市场动态，掌握竞争形势；研究市场环境，进行市场预测。

（2）产品设计质量职能就是把顾客的需要转化为材料、产品和过程的技术规范。

（3）采购质量职能就是为产品质量提供一种"早期报警"的保证。

（4）生产制造质量职能就是通过对生产过程中的操作者、机器设备、材料、方法、测量手段和环境等过程变量的控制，稳定而经济地生产出符合设计规定质量标准的产品。

（5）检验质量职能是对产品质量的保证、报告、监督和预防。

（6）使用过程（包括包装、运输、库存、销售、安装、使用以及售后服务等一系列活动）质量职能主要是积极开展售前和售后服务，收集使用现场的质量信息等。

正确认识质量职能的含义是认识并理解质量形成全过程及其规律性的必要前提。

现在，人们已经认识到，产品质量不是单纯检验出来的，也不是宣传出来的，如果只是依靠产品出厂前的严格检验来保证出厂产品的质量，不仅可能严重损害企业的经济效益，而且，从某种意义上讲，检验是对资源的浪费。如果只是依靠媒体的宣传广告来塑造企业产品的质量形象，那么当产品质量名不副实的真实面貌被顾客识破后，产品的前途和企业的形象必将毁于一旦。

那么，产品的质量能否被认为是生产出来的呢？如果产品设计和开发的创意与市场的实际需求有所偏差，或者产品设计的功能、质量目标的定位不当，或者产品的销售导向及服务不尽人意，那么即使生产过程完全满足符合性要求，产品仍然不能很好地满足顾客明示和隐含的要求。从顾客的立场来看，这种产品的质量还是不能令人满意。

显然，产品质量是产品实现全过程的结果，产品质量有一个从产生、形成和实现的过程，在这一过程中的每一个环节都直接或间接的影响到产品的质量。这些环节就是前文所说的质量职能。

为了表述产品质量形成的这种规律性，朱兰博士提出质量螺旋模型。所谓质量螺旋，是表述影响质量的相互作用活动的概念模型，是一条呈螺旋上升状态的曲线，它把全过程中各个质量职能按逻辑顺序串联起来，用以表征产品质量形成的整个过程及其规律性，通常称之为"朱兰质量螺旋"或者"质量环"。它大致包括市场调查研究、新产品设计和开发、工艺策划和开发、采购、生产制造、检验、包装和储存、产品销售以及售后服务等重要环节。

在朱兰质量螺旋中，产品质量从产生、形成和实现的各个环节都存在着相互依存、相互制约、相互促进的关系，并不断循环，周而复始。每经过一次循环，产品质量就提高一步。

3.2　软件质量

3.2.1　软件质量的定义

软件质量，顾名思义包含三个基本概念，首先什么是软件，其次什么是质量，然后才能定义什么是软件质量。首先我们看看什么是软件？关于质量的定义，3.1 节已经详细介绍了，这里不再赘述，只简单概述。

1. 什么是软件

软件就是对能使计算机硬件系统顺利和有效工作的程序集合的总称。程序总是要通过某种物理介质来存储和表示的，这些物理介质可以是是磁盘、磁带、程序纸、穿孔卡等，但软件并不是指这些物理介质，而是指那些看不见、摸不着的程序本身。可靠的计算机硬件如同一个人的强壮体魄，有效的软件如同一个人的聪颖思维。简单说，软件是用户与硬件之间的接口界面，用户主要是通过软件与计算机进行交流，软件是计算机系统设计的重要依据。为了方便用户，为了使计算机系统具有较高的总体效用，在设计计算机系统时，必须全局考虑软件与硬件的结合，以及用户的要求和软件的要求。即软件包括：

（1）按事先设计的功能和性能要求执行的指令序列。

（2）使程序能正常操作和处理信息的数据结构。

（3）描述程序功能需求以及程序如何操作、维护和使用所要求的文档。

2. 什么是质量

质量的概念和定义在前面章节已经详细介绍过了，这里不再赘述。为了方便大家对软件质量的概念有更好地理解，简要概述一下质量的定义。

在谈论软件质量之前，我们必须对质量的定义要明确，质量一般有两个基本含义，一是物理层面上的定义，即质量是物体的一种性质，通常指该物体所含物质的量，是度量物体惯性大小的物理量；二是指事物、产品或工作的优劣程度。软件质量主要是侧重于第二个定义。

3. 什么是软件质量

在计算机科学发展的早期并没有软件质量的概念。直到 20 世纪 70 年代以后，随着软件工程的引入，软件开发的工程化、标准化得到重视，软件质量的概念才被提了出来。关于软件质量的定义，迄今国际上并没有统一的认识。

1979 年，Fisher 和 Light 将软件质量定义为：表征计算机系统卓越程度的所有属性的集合。

1982 年，Fisher 和 Baker 将软件质量定义为：软件产品满足明确需求的一组属性的集合。

20 世纪 90 年代，Norman、Robin 等将软件质量定义为：表征软件产品满足明确的和隐含的需求的能力的特性或特征的集合。

软件质量是产品、组织、体系或过程的一组固有特性，反映它们满足顾客和其他相关方面要求的程度。如 CMU SEI 的 Watts Humphrey 指出："软件产品必须提供用户所需的功能，如果做不到这一点，什么产品都没有意义。其次，这个产品能够正常工作。如果产品中有很多缺陷，不能正常工作，那么不管这种产品性能如何，用户也不会使用它。"而 Peter Denning 强调：越是关注客户的满意度，软件就越有可能达到质量要求。程序的正确性固然重要，但不足以体现软件的价值。"

1994 年，国际标准化组织公布的国际标准 ISO8402 将软件质量定义为："反映实体满足明确的和隐含的需求的能力的特性的总和"。也就是说，为满足软件的各项精确定义的功能、性能需求，符合文档化的开发标准，需要相应地给出或设计一些质量特性及其组合，作为在软件开发与维护中的重要考虑因素。如果这些质量特性及其组合都能在产品中得到满足，则这个软件产品质量就是高的。这个定义说明了质量是产品的内在特征，即软件质量是软件自身的特性。

GB/T11457《软件工程术语》中定义的软件质量为：

（1）软件产品中能满足给定需要的性质和特性的总体。

（2）软件具有所期望的各种属性的组合程度。

（3）顾客和用户觉得软件满足其综合期望的程度。

（4）确定软件在使用中将满足顾客预期要求的程度。

软件质量不是一个绝对的而是相对的概念，讨论软件的质量，最终将归结为定义软件的质量特性，而定义一个软件的质量，就等价于为该软件定义一系列质量特性。

综上所述，软件质量是衡量所交付的软件是否符合相关的软件开发标准，满足预期的功能和性能需求，准时地交付给客户，并且软件开发成本不超过预算，从而最终满足客户要求的标准。软件质量的具体衡量指标主要包括是否零缺陷，是否适应目标，是否能够持续稳定并且成本合理的应用于市场，产品和服务特性是否能够满足用户特定的以及隐含的需求等。

软件质量就是"软件与明确的和隐含的定义的需求相一致的程度"。具体地说，软件质量是软件符合明确叙述的功能和性能需求、文档中明确描述的开发标准以及所有专业开发的软件都应具有的隐含特征的程度。上述定义强调了以下三个重要方面：

（1）软件需求是度量软件质量的基础，不符合需求的软件就是质量不高。

（2）规范化的标准定义了一组指导软件开发的准则，用来指导软件人员用工程化的方法来开发软件。如果不遵守这些开发准则，软件质量就得不到保证。

（3）通常，软件需求中有一组没有明显描述的隐含需求（如软件应具备良好的可维护性）。如果软件只满足了那些明确描述的需求，而没有满足隐含的需求，那么软件的质量仍然是值得怀疑的。

影响软件质量的主要因素可划分为三组，分别反映用户在使用软件产品时的三种观点。正确性、健壮性、效率、完整性、可用性、风险性（产品运行）；可理解性、可维修性、灵活性、可测试性（产品修改）；可移植性、可再用性、互运行性（产品转移）。这些因素是从管理角度对软件质量的度量。

质量不是单独以软件产品为中心的，它与客户和产品都有联系。其中，客户是出资者或受影响的用户，而产品包括利益和服务。进一步讲，质量的好坏会随着时间响应、用户满意度和环境的改变而改变。因此，软件的质量作为产品或服务需要的功能特征，也必须定义与客户和环境相关的内容。我们认为，质量是一个复杂且多面的概念，从不同的角度来看会得到不同的结论。因此，对于质量的定义还应该是多方面的，上述定义均不能很好地满足要求。本文给出如下定义：软件质量是指软件产品的特性可以满足用户的功能、性能需求的能力。

概括地说，有三类方法来改进软件质量：控制软件生产过程、提高软件生产者组织性和软件生产者个人能力，已经应用的著名的方法有：

净化软件工程（Cleanroom Software Engineering）：这是把软件生产过程，放在统计质量控制下的软件工程管理过程。其特点是：劳动质量管理、重视生产过程和定量分析。这一方法的本质是干干净净生产，以求提高产品质量。

评估软件能力成熟度：用软件能力成熟度模型（Capability Maturity Model，CMM）来评估软件生产组织研制软件能力的成熟度。CMM 是从软件生产组织过程角度，来评估其生产能力和技术水平。软件能力成熟度分 5 级。

提高软件生产力和个人技能：用人事软件过程（Personal Software Process，PSP）作为一个工具和方法，它给软件工程师提供了测量和分析的工具，并帮助他（她）们理解自己的软件生产水平和技巧的高低，以求得到提高。

4. 质量专家谈软件质量

人们按照质量专家传授的内容实施软件质量保证的时代已经到来。那么这些杰出的质量专家教给了我们什么重要的东西呢？日本人首先给出了答案。日本人按照质量思想家们近乎强制性的要求管理质量。

质量专家的质量原则还没有完全用到软件开发上。采用质量专家的方法用于不同的软件的做法还需要研究。但产品质量的本质是适用于任何产品的，不管汽车、电脑还是软件。尽管软件与其他产业有所不同，一般产品的生产线是机器密集型的，重复性的，可重复生产大量的产品，而软件生产则是人力密集型的，智力型的，产品是软件系统，但质量原则是相同的。

本节引用 W.爱德华兹.戴明（W.Edwards Deming）、约瑟夫 M.朱兰（Joseph M.Juran）、菲利普 B.克劳斯比（Philps B.Crosby）、石川馨（Koaru Ishikawa）、田口宏一（Genichi Taguchi）和阿曼德 V.费根堡姆（Arman V. Feigenbaum）等几位著名学者关于质量的论述。这些贡献者的著作中包含了重要的质量概念，这些内容同样是适用于软件开发的。从理论上首先认识质量，认识软件质量，才能在后面的质量方法论中更好地理解和实施质量保证。

在美国，W.爱德华兹.戴明、约瑟夫 M.朱兰、菲利普 B.克劳斯比三人是真正的领导者，这三位导师在一些基本点上意见是一致的。他们认为，如果高层不参与到质量中来，就什么效果也没有。他们不太重视如自动化设备等东西，他们强调一定要把质量环与其他方法结合起来。这三位导师所传递的基本信息是一致的：整个组织中承诺提高质量；改造整个体系而不是个人；分析工作过程，无论是生产过程还是服务过程，从而去除问题保证质量；识别你的用户，无论他是内部的还是外部的，以良好完备的工作过程和最终产品来满足用户的需求；创造一种持续改造质量的创新氛围。

首先我们看看日本专家石川馨对质量 6 个特性的论述。然后是美国著名的质量管理专家朱兰博士从顾客的角度出发，提出的针对日本质量挑战的三种应对方法。接来下是赤尾洋二（Yiji Akao）的质量功能展开（Quality Function Deployment，QFD），也就是"质量屋"理论。

对于世界两大质量理论和方法论的发源地——日本和西方世界来说，从 1950 年到 1970 年期间，日本在产品质量上落后于美国，但他们接受了西方专家的质量概念和准则。西方曾经是质量的领导者，但 70 年代忽略了质量概念，开始落后，而且这种落后还有进一步加大趋势。由此可见，吸取过去的教训，听从质量专家的建议对于软件质量的发展是有益的。

（1）日本专家石川馨对质量 6 个特性的论述。

石川馨以他 1972 年的《质量控制指南》一书而广为人知。他深受戴明及朱兰的影响，所以石川馨的理念与这两位前辈极为相近，例如全员参与教育训练等。他提出了质量小组（Quality Circles，QC）的概念，并首先应用了鱼刺图。为了解释日本的质量"奇迹"，石川馨给出了质量工作的六大特征：

- 全公司范围的质量控制
- 高层管理者质量控制审计
- 质量控制的教育与培训
- 质量小组活动
- 使用统计的方法
- 全国范围的质量控制促进活动

1）全公司范围的质量控制。

全公司范围的质量控制指的是：所有部门和所有人员在高层方针的指导下进行的一种系统性的工作。全公司质量控制所追求的质量不仅是产品质量与服务质量，更应是一种良好的工作质量。把这一点应用于软件质量就是：软件开发人员要承诺在软件开发管理层的指引下，开发优质的软件产品。这就是把质量应用到软件产品中的方法。

全公司质量控制包括三个层面：

- 全部门参与的质量控制。全部门参与的质量控制是指组中所有部门都要学习、参与以及实施质量控制培训。质量培训和训练课程也要因部门之间的不同而有所差异，因此石川馨说"质量控制源于教育，始于教育"。

- 全员参与的质量控制。全员参与的质量控制是指组织内上至董事长下至一般作业员工，都必须参与并负起推行质量控制的责任。
- 全公司范围的质量控制。全公司的质量控制包含全部门参与的质量控制和全员参与的质量控制。

2）高层管理者质量控制审计。

高层管理者质量控制审计组视察组织的每个部门，发现并去除影响劳动生产率和产品质量目标的障碍。一般来说，对软件质量的审计是由质量专家来进行的，但仍需要软件审计组定期进行软件质量审计。其中与软件用户、软件质量保证管理层的工作人员、软件开发管理层的工作人员的直接对话是一种更好的审计方式。

3）质量控制的教育和培训。

要对各部门的人员进行定期的质量控制的教育和培训，因为全公司质量控制需要全员的参与。首先，初步的培训应该是面向公司中的软件质量保证人员，然后，质量保证部门可以向软件开发人员和管理人员进行集中和深入的软件质量培训。这些培训是提高软件开发质量所必需的，软件开发的质量需要软件开发人员和管理人员很好地将软件开发的质量保证相关理论与开发的实践统一起来，因而"质量"教育是必须的，形成从上到下，全员的质量控制的文化和理念。

4）质量小组活动。

质量小组是一个车间里的志愿者小组，他们在所属单位从事质量控制工作。这是最早的质量小组的定义。质量小组于 20 世纪 60 年代起源于日本，是质量工作的驱动力之一，也适应了改变廉价劣质产品名声的需要。戴明和朱兰把统计质量控制和质量管理的概念介绍给日本。在石川馨的领导和召集下召开了一系列探索性的会议，其目标是找到一种让现有员工为公司产品的质量作出贡献的方法，这就是质量小组。

质量小组传统上用于制造过程，但现在实践证明 QC 小组同样可以用来提高管理和工程的质量。软件开发人员可以把 QC 小组当作一个工具以指导开发高质量软件，即提供了一个软件开发过程讨论问题的平台。

5）使用统计的方法。

QC 小组经常使用 Ishikawa 图（石川图，又称因果图、鱼刺图）来标识影响因素。鱼刺图是由有关质量问题的原因追查到负有责任的生产行为的图。换句话说，鱼刺图帮助你发现质量问题的根本原因。鱼刺图通常用来标识控制点及其成分，包括人、材料、机器、组织和过程等。使用鱼刺图可以容易地发现软件产品的问题及其解决方法。

图 3-1 是一个分析软件开发延期原因的例子。每个可能的原因写在鱼刺上，每个原因对应一个控制点，每个控制点与人、机器、方法、材料有关。小组仔细评审所有可能的原因，从中找到最有可能的原因。在最可能的原因上画一个圈以便引起注意。在这个例子中，"缺少足够用于开发的计算机"是使开发延期的最可能的原因。

用于质量控制的统计方法有 Pareto 分析、因果图、层化分析、检查单、直方图、散列图等。这些统计方法对产品的质量有重要的影响，同样这些统计方法也能够帮助软件开发人员。这些统计方法的广泛使用归功于戴明，将在和戴明相关的章节中描述，这里就不加讨论了。

6）全国范围的质量控制促进活动。

全国范围的质量控制促进活动在日本每年 11 月（质量月）达到高潮，在这个月还颁发戴明奖。戴明奖用于宣传公司的产品，使得消费者相信获奖公司的产品一定是高质量的。这种全国范围的质量促进活动同样可以在软件行业中应用，从而不断增强软件开发者的质量意识。

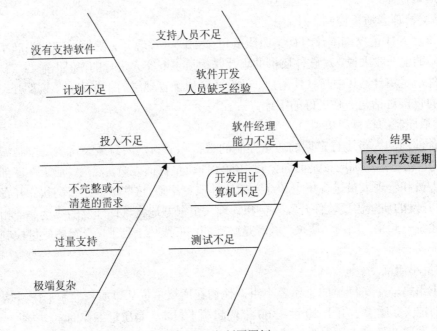

图 3-1　鱼刺图图例

（2）朱兰的 3 条应对措施。

为了应对日本在质量上的挑战，朱兰提出了下面 3 条应对措施：

- 结构化的年度质量进步
- 面向质量的大众培训
- 对提高质量的领导

20 世纪 50 年代初，日本面临着严酷的现实。对于工业界的管理者们而言，无法售出产品是最迫切的问题。由于日本产品主要受制于质量而不是价格，所以他们开始了一场提高质量的革命。他们学习如何提高质量，并且在质量工作中越来越得心应手，因而今天他们收获了果实。管理者们在满足当前目标的同时也为将来做改进。

在软件开发上，现实同样是严酷的。质量需要引起重视并持续改进。太多的软件系统不能满足需求，原因或是超出预算或是超出进度要求，或是用户不满意。软件管理者们应该同样做出对质量改进的承诺。软件经理们不仅要在技术上认识到这一点，而且还要承诺年度质量改进。

为了实现年度质量改进目标，朱兰建议：

- 研究缺陷和故障的症状
- 建立了症状起因的理论
- 检验症状起因理论，找到起因
- 由适当的部门采取纠正措施

软件质量保证人员应该对软件的缺陷进行标识和分类。随着错误标识能力的成熟，就可以进行针对软件开发的年度质量改进。

缺陷分为两类：软件开发人员可控和管理层可控。后者指的是软件开发人员无法避免的缺陷。区别这两类缺陷的条件是：

- 软件开发人员知道他要做什么
- 软件开发人员知道他工作的结果
- 软件开发人员有办法控制结果

如果以上 3 个条件都能满足，而工作还有缺陷，那么就由软件开发人员负责。如果其中一个条件不能满足，则是管理层可控缺陷。

许多经理认为只要控制软件开发人员可控缺陷就可以解决所有问题。事实上，这仅仅是他们做好准备去解决最重要的问题——管理层可控缺陷。

在软件开发过程中，许多软件开发人员可控缺陷可以由开发人员控制。但是，软件还有许多缺陷，开发人员不知道如何解决，在需求和实现纠缠在一起时就会出现这种情况。更直接地说，在软件开发时，软件需求不断变化。

与需求必须在实现之前确定（即软件开发人员知道他要做什么）的观点相反，实际上，需求和实现两个过程是必然纠缠在一起的。

在软件业，"软件开发人员知道他工作的结果"可能非常清楚，甚至有的时候令人难堪。因为开发人员常常犯一些低级错误，这些错误可以马上从计算机那里得到反馈，但另一方面，有些错误却能够多年不被发现。这是软件开发人员可控缺陷，但属于"软件开发人员不知道工作的结果"。高质量的软件开发就是持续解决这些问题。

朱兰指出，软件开发人员在知道向哪个方向改进时，他们首先应该知道自己现在处在什么地方。从质量的角度知道所处的位置是很重要的，这意味着我们要识别出缺陷并知道它的根源。只有做到这些，才能开展质量改进活动。

朱兰指出，一般质量培训应该包括：

- 提高质量和降低质量相关成本的事件及其步骤
- 反馈控制环（避免负变更）
- 收集数据与分析基础

对软件开发人员而言，质量培训还应包括设计评审、可靠性分析、可维护性分析、失效模式和后果分析、生命周期成本核算、质量成本分析、对设计和代码的审查理念等。

提高了产品质量就是提高了产品的适用性，即提高了产品在使用时能成功地满足用户需要的程度。用户对产品的基本要求就是适用，适用性恰如其分地表达了质量的内涵。这一定义有两个方面的含义，即使用要求和满足程度。人们使用产品，总会对产品质量提出一定的要求，而这些要求往往受到使用时间、使用地点、使用对象、社会环境和市场竞争等因素的影响，这些因素变化会使人们对同一产品提出不同的质量要求。因此，质量不是一个固定不变的概念，它是动态的、变化的、发展的，它随着时间、地点、使用对象的不同而变化，随着社会的发展、技术的进步而不断更新和丰富。

（3）赤尾洋二的质量功能展开。

质量功能展开最早由日本学者赤尾洋二于 1966 年首次提出，作为一种产品设计方法于 1972 年在日本三菱重工神户造船厂首次得到应用；在 20 世纪 80 年代以后逐步得到欧美各发达国家的重视并广泛应用；而在国内 QFD 的相关应用也正在逐步展开。它是一种立足于在产品开发过程中最大限度地满足顾客需求的系统化、用户驱动式的质量保证方法，同时 QFD 的相关理论和应用也在不断发展中。

传统的生产质量控制是通过对生产的物质性检查——用观察与测试的手段来取得的，这种措施通常也被归于检验质量的方法。QFD 方法则帮助公司从检验产品转向检查产品设计的内在质量，因为设计质量是工程质量的基石，所以在设计阶段，QFD 早在产品或服务设计成为蓝图之前就已经引进了许多无形的要素，使质量融入生产和服务及其工程的设计之中。

QFD 是一种将顾客的需求转化为产品设计目标和关键质量保证要点，用于产品生产全过程，以满足顾客要求的产品质量设计的方法。其主要特点是：①将用户语言（Voice of Customers）转换成为设计人员语言（Voice of Engineers），确定产品的设计质量，然后经过各功能部件的质量到各部分的质量和工序要素的分析，对其中的关系进行系统地展开；②要求企业不断地倾听顾客需求，并通过合适的方法、采取适当的措施在产品形成的全过程中予以实现这些需求；③在实现顾客需求的过程中，帮助各职能部门制定出各自相应技术要求的实施措施，并使各职能部门协同地工作；④涉及产品形成的全过程，被认为是一种在产品开发阶段进行质量保证的方法。

作为一种由顾客需求所驱动的产品开发管理方法，QFD 实质上也是一种通过跨部门团队协作从而实现全员参与的质量管理方式。QFD 主要包含两个要素：质量展开（Quality Deployment）和功能展开（Function Deployment）。前者即把顾客需求部署到设计过程中去，它保证产品的设计、生产与顾客需求相一致；后者即通过成立多学科小组，把不同的职能部门结合到从产品设计到制造的各个阶段中去。

质量屋（House of Quality, HOQ）的概念是由美国学者 J.R.Hauser 和 Don Clausing 在 1988 年提出的，它是 QFD 的核心组成部分和有效工具。一个完整的质量屋包括六个部分，即顾客需求、技术需求、关系矩阵、竞争分析、屋顶和技术评估，其实质是一个完整的信息系统网络图。在实际应用中，质量屋有不同的形式，各部分依实际情况或有删减。

对于将顾客需求一步一步地分解和配置到产品开发的各个过程中，需要采用 QFD 瀑布式分解模型。但是，针对具体的产品和实例，没有固定的模式和分解模型，可以根据不同目的按照不同路线、模式和分解模型进行分解和配置。QFD 实际上是一种集成的、多阶段过程，其瀑布式分解模型就是一个矩阵分解转换的过程亦即信息的传递过程。

QFD 是一种在设计阶段应用的系统方法，它采用一定的方法保证将来自顾客或市场的需求精确无误地转移到产品寿命循环每个阶段的有关技术和措施中去。

QFD 是采用一定的规范化方法将顾客所需特性转化为一系列工程特性。所用的基本工具是"质量屋"。质量屋主要由以下部分组成：用户要求、技术措施、关系矩阵、竞争能力评估、用户要求权重、最佳技术参数、技术措施权重。如有必要，也可在表中加入专家意见以及关于公司技术规章、销售、市场份额等列，用以观察这些因素对竞争能力的影响，还可以针对某些改进措施做定量研究。

顾客需求特性之间会有一定的联系，顾客需求特性中并不是所有要求都是同等重要的，应在充分考虑顾客意愿的基础上确定出全部顾客需求特性的相对重要性。如果产品有竞争对手，企业欲以质取胜超过对手，就应通过调研，掌握顾客对本企业的产品及对竞争对手产品的质量特性间的评价、顾客需求特性的相对重要性及顾客的评价。

与竞争对手比较一下，就可以发现有质量改进的机会。顾客对本公司产品的评价不理想的项目，应是质量改进的重点所在。

怎样才能改进产品质量呢？顾客需要"什么"项目已经清楚，我们应该"如何"做？这就需要用工程的语言，也就是用生产过程有关人员都懂得的语言来描述生产特性，即根据顾客的需求特性设计出可定量表示的工程技术特性。这就需要有顾客需求特性和工程技术特性的关系矩阵图。关系矩阵有助于人们对复杂事物进行清晰思考，并提供机会对思维的正确性反复交叉检查。如果发现某项工程技术特性项目与任何一项顾客需求特性都没有关系，那么这项工程技术特性就可能是多余的，或者设计小组在设计时漏掉了一项顾客需求特性。如果某项顾客需求特性与所列的任何工程技术特性都没有关系，那么，就有可能要增加产品的工程技术要求，在工程技术上加以满足。

质量屋的基本应用是倾听顾客的意见，捕捉顾客的愿望，很好地理解顾客的需求，并将顾客需求特性设计到产品中去，合理确定各种技术要求，为每一项工程技术特性确定定量的特性值。质量功能展开过程通过质量屋全面确定各种工程技术特性和间接工程技术特性的值。在质量屋的每一项工程技术特性下加上对应的顾客测量值，根据顾客测量值来设计每项工程技术特性的理想值，即目标值。如果某项产品同时有几家公司生产，则公司之间存在着产品质量的竞争。这时质量屋可提供本公司的产品质量与主要竞争对手产品质量的比较。质量屋矩阵的右边为顾客对各项顾客需求特性的评价，分别按本公司的产品及竞争对手产品的质量以五级记分来评价。质量屋的下面分别列出了本公司的产品和竞争对手产品的各工程技术特性的客观测量值。这样，在质量屋中既有顾客需求特性及其重要性的信息，又有与顾客需求特性相关的工程技术特性信息及工程技术特性之间的相互关系信息，再加上对顾客需求特性和工程技术特性的竞争性评价，就可以借此分析判断本公司工程技术特性的规范是否符合顾客要求，同时也可以确定质量改进的方向。

某一顾客需求特性重要性较大，而顾客的评价又不怎么高，我们就应重点研究与该特性正相关特性是否合适。另外在技术项目的目标值方面还应考虑该项技术实现的难度、重要性及经济性等因素，考虑这些因素后的质量屋又扩展了产品的工程技术特性。

质量功能展开之所以可以取得很好的效果，其原因在于它强调"团队"工作方式，也提供了比较严格规范的工具使得各方面的专家可以按照一定的工作程序一步一步地实现"要求"和"措施"之间的映射，并可得出应重点进行质量控制的项目。

QFD 方法具有很强的功效性，具体表现为：

（1）QFD 有助于企业正确把握顾客的需求。

QFD 是一种简单的、合乎逻辑的方法，它包含一套矩阵，这些矩阵有助于确定顾客的需求特征，以便更好地满足和开拓市场，也有助于决定公司是否有力量成功地开拓这些市场，了解什么是最低的标准等。

（2）QFD 有助于优选方案。

在实施 QFD 的整个阶段，人人都能按照顾客的要求评价方案。即使在第四阶段，包括生产设备的选用，所有的决定都是以最大程度地满足顾客要求为基础的。当做出一个决定后，该决定必须是有利于顾客的，而不是工程技术部门或生产部门，顾客的观点置于各部门的偏爱之上。QFD 方法是建立在产品和服务应该按照顾客要求进行设计的观念基础之上，所以顾客是整个过程中最重要的环节。

（3）QFD 有利于打破组织机构中部门间的功能障碍。

QFD 主要是由不同专业、不同观点的人来实施的，所以它是解决复杂、多方面业务问题的最好方法。但是实施 QFD 要求有献身和勤奋精神，要有坚强的领导集体和一心一意的成员，QFD 要求并勉励使用具有多种专业的小组，从而为打破功能障碍、改善相互交流提供了合理的方法。

（4）QFD 容易激发员工们的工作热情。

实施 QFD，打破了不同部门间的隔阂，会使员工感到心满意足，因为他们更愿意在和谐气氛中工作，而不是在矛盾的气氛中工作。另外，当他们看到成功和高质量的产品，他们感到自豪并愿意献身于公司。

（5）QFD 能够更有效地开发产品，提高产品质量和可信度，更大地满足顾客。

为了产品开发而采用 QFD 的公司已经尝到了甜头，成本削减了 50%，开发时间缩短了 30%，生产率提高了 200%。例如，采用 QFD 的日本本田公司和丰田公司已经能够以每三年半时间投放一项新产品，与此相比，美国汽车公司却需要五年时间才能够把一项新产品推向市场。

要使用 QFD，首先应该拟定一个 QFD 模式，该模式主要由以下几个部分组成：

（1）目标陈述；

（2）由顾客决定的产品、工序或服务的系列特征；

（3）顾客竞争性评价；

（4）实现顾客要求的方式；

（5）技术评价与困难分析；

（6）关系矩阵。

这个关系矩阵用来明确产品或服务特性（顾客要求）与实现这个特性的方法（方式）之间的关系程度，包括纵列的要求和横列的方式。实施 QFD 要经过从设计到生产的整个过程，可将这个过程分为四个阶段，即设计、细节、工序和生产。这四个阶段有助于把来自顾客对产品的要求传送到设计小组和生产操作者手中。每个阶段都有一个矩阵，包括纵列的要求和横列的方式，在各个阶段，方式是重要的，它需要新技术或冒较大的风险才能过渡到下一阶段。具体来说，四个阶段的关系矩阵的应用如下：

（1）设计。在设计阶段，顾客帮助确定对产品或服务的要求，QFD 有助于各研究小组把顾客的需求反映到顾客要求的矩阵中去。

（2）细节。由第一阶段过渡来的方式成了该阶段的要求，在此阶段，对生产的产品或服务所必须的细节和各种组成部分得到了确定，该阶段出现的细节同顾客特定的产品要求之间存在最强烈的关系。

（3）工序。在第三阶段，拟定一个矩阵，说明生产产品所要求的工序，从第二阶段过渡来的方式成了该阶段矩阵中的要求，该阶段中出现的工序将最佳地实现顾客对产品的特定要求。

（4）生产。在该阶段，对产品的生产要求形成了，从第三阶段过渡来的方式成为了本阶段的要求，这样决定的生产方式将使公司生产出能满足顾客要求的高质量产品。

日本企业采用 QFD 获得了很大的成功。他们在汽车、电子、家电、服装、集成电路、合成橡胶、建筑设备以及农用机械行业广泛使用 QFD 法，他们还在零售店的设计、套房布局、游泳池、学校等服务性行业使用 QFD 方法。

日本人一开始就采用 QFD 来决定什么是真正重要的，他们对公司的产品以及工序设计充满乐观信念，那就是，他们不断根据顾客要求改进产品和工序，以此降低成本，提高质量。他们的制造工序对不同的设备、操作员、原料都能适应。结果，产品和工序在广泛使用中表现出色，而且与制造产品时所使用的各种部件更相配。

同样，日本的质量专家和企业，为了寻找解决软件危机的出路，同样尝试将 QFD 理论应用到软件领域，开拓了软件质量功能展开（Software Quality Function Deployment，SQFD）的研究和应用。

3.2.2 软件质量的特性

软件质量的特性包括以下几个方面：

（1）与功能和性能需求的一致性。即软件需求是质量度量的基础，缺少与需求一致性的软件就毫无质量可言。

（2）与开发标准的一致性。不遵循专门的开发标准，将导致软件质量低劣。

（3）与同行业的所有软件应满足的隐含特性的一致性。忽视软件隐含的需求，软件质量将得不到保证。

1. 需求质量及其风险

需求是软件开发活动的基础，与需求相关的质量属性包括明确性、完整性、可理解性、需求的波动性、可跟踪性。

软件需求定义包括：功能需求，即软件应做哪些工作；性能需求，即做多少和做多快；接口需求，即软件与谁接口、如何接口和怎样接口。如果需求不明确、不完整或不易理解，就会出现最终产品不能满足需求的风险。

2. 需求的质量属性及其测量

（1）明确性。

不明确的需求是指那些有多种含意的需求，这类需求在实现时，不同的开发人员会有不同的理解。有两组测量数据可以用来评估需求文档的明确性：一组是不明确的需求用语，一组是不确定的需求用语。

不明确用语：适当的、合适的、适用的、不限于、通常、至少、不时。

不确定用语：可以、也许、作为候选。

需求的不明确性可以从不明确或不确定的需求用语中反映出来。

（2）完整性。

完整的需求文档要求对需求的描述足够详细，使设计和实现可以在此基础上进行。用于评估需求完整性的测量标的可以选择文档中"待定"或"待补充"等用语的数目，这些地方往往是需求需要补充或修改的地方。

（3）可理解性。

有两个标的物可以反映需求的可理解性：一个是需求文档的编号结构，另一个是可读性评估。通常，需求的编号结构（即其深度和广度）反映了需求文档的质量；另外，索引的可读性也是影响需求可理解性的重要因素之一。

（4）需求的波动性。

需求的波动性是指需求的变化频率。需求变化对软件质量的影响随着开发工作的接近完成而越来越大，波动性的测量标的是在某一时间段里，需求的变化条目数与需求的总条目数的百分比。对变化条目的统计应来自项目的配置管理系统。

（5）可跟踪性。

软件需求是从系统需求中分析得来的，系统需求应对其进行跟踪，以确保软件需求在系统设定的环境下正常工作。软件需求也需对其设计、实现及测试过程进行跟踪，以确保其作为软件一部分的正确性。有两个可跟踪性的测量标的物：一是没有对系统需求进行跟踪的软件需求条目数；另一个是没有跟踪到代码和测试的软件需求数。

3. 软件的质量属性

体系、结构、复用性和可维护性使用相同的质量属性，包括复杂性、程序大小及两者的关系。

（1）复杂性。

人们已经普遍认为，高复杂性的模块不仅难以理解，而且容易出错。因此，复杂性对软件质量及可维护性和复用性有着直接的影响。

对复杂性的测量，有许多种类型的标的物，例如：

1）逻辑复杂性线性无关的测试路径数目。

2）数据复杂性数据类型和参数传递数目。

3）调用复杂性从模块进、出的调用数目。

4）嵌套级别条件语句嵌套的深度。

其中，逻辑复杂性与程序的可测试性和可维护性直接相关。

（2）程序大小。

对程序大小的测量主要是计算代码行数，计数方法主要有：代码行数（头文件、定义、执行及不可执行语句）、非注释行及非空代码行数、可执行代码行数三种。

模块的大小是质量的一个标识，一般的工业标准是每个模块 50～100 行代码。更大的模块将难以理解，因而会降低可维护性和复用性。

（3）内部文档。

文档是代码内容的说明。它可以是与代码分离的手册，也可以是在程序中的注释。对内部文档的测量目标，建议选择在程序中的注释。

在计算注释行数时，在线和非在线的注释行数都应该统计在内。在线的注释包括在可执行的语句里面，许多工具都忽略了对在线注释的统计。

（4）有效性及其风险。

实现有效性是指在项目计划的活动中，最大限度地发挥资源的效能。与这一目标相关的属性及其测量目标有：

1）资源的使用：资源在项目的不同阶段的使用情况。对资源测量一般以"人·时"为单位，测量通常针对在生命周期不同阶段的活动进行，这些活动是由项目定义的。应该进行测量的主要活动有：需求分析、编码、测试、改错、培训等。

2）完成率：某一项活动或任务完成的百分数。任务和产品部件的完成率是一个项目能否按期交付产品的标识物。如果有详细的计划，完成率是可以测量的，而且可以做出计划与实际完成情况的比较图。

需要强调的是，资源的使用率和任务的完成率不应该用来计算开发人员的生产率，一旦如此，开发人员往往会停止合作。

在设计阶段，甚至在实现阶段，如果把大量的精力花在与需求有关的活动上，项目将会面临很大的风险。

（5）测试的有效性及其风险。

所谓有效测试的目的是查找并修改软件中的错误，识别易发生错误的软件，按时完成测试工作，使软件能令人满意地工作。

一旦代码通过单元测试之后，正式的测试（包括系统测试、集成测试及验收测试）就开始了。这一过程的目的是找出子系统和各组件间由于未预料到的交互而产生的错误，同时确认系统提供了需求中所描述的功能。

测试有效性的属性及测量目标是：正确性。

正确性的定义是代码完成需求定义的程度，其含义之一是软件必须是没有错误的。错误是在测试和复审过程中查找出来的。正确性的测量目标物是如下错误信息：检测日期、修改完毕日期、错误级别、测试案例号、错误来源、修改错误影响到的代码。通过统计，在测试中找到的错误数目累计分布情况大致如下：

1）随时间的推移，错误的累计数将会达到某一极限值。

2）正确性就是报告发现的错误数量，在测试过程进行到 1/3 时，根据经验曲线，预测总的错误数目。

3）通过代码模块和子系统发生的错误数可以预测风险。即对发生的错误数超过了平均值的代码段应该进行重点分析，看是否应进行返工。

（6）联合风险评估。

对有些风险的评估，也许需要考虑其他质量目标的测量结果。例如，高需求波动率仅通过需求的变化数是无法测量的，还必须在需求阶段结束后统计所有项目人员花在需求管理活动上的时间。一个很有意义的测量标的是花在每一个需求改变上的平均时间，它是用总需求变化数除以相应时间段内花在需求分析上的总时间。

另外一个风险评估的测量目标是对模块按其大小和复杂性进行风险分级，同时考虑在模块中发现的关键错误的数目。很明显，模块越大，复杂性越高，且发现的关键错误越多，该模块产生风险的概率也越大。

3.2.3　软件质量模型

目前，软件质量模型的研究主要分为两个方向：一是根据经验提出的软件质量模型；二是给出一种构建软件质量模型的方法。前者主要是建立各种通用的质量模型来描述软件或信息系统，从而对软件的质量进行预测、度量以及评估。后者主要是提供了如何建立质量模型的方法，包括如何建立质量属性之间的联系以及如何分析质量属性等。

1. 通用软件质量模型

软件质量模型分为两类：层次模型和关系模型。比较著名的层次模型包括 McCall 模型、Boehm 模型和 ISO9126 质量模型；比较著名的关系模型包括 Perry 模型和 Gillies 模型。这些质量模型用来描述软件或者信息系统，从而可以对软件质量进行预测、度量以及评估，最终在软件开发的整个生命周期，实施有效的质量保证的措施，确保这些软件的质量特性可以满足。

（1）McCall 模型。

McCall 模型是最早的质量模型之一，属于层次模型的类型，如图 3-2 所示。

J. A. McCall 等人又进一步将软件质量分解到能够度量的程度，提出 FCM 模型，该模型指出影响着软件质量的几个最主要的因素，模型分为软件质量要素、衡量标准和量度标准 3 个层次，这几个因素又是由一些比较低层的如模块化、数据通用性等标准决定的，实际的度量是针对这些标准而言的。该模型描述了影响因素和它们所依赖的标准之间的一致性。具体内容见表 3-1 所示。他们对软件质量因素进行了研究，认为软件质量是正确性、可靠性、效率等构成的函数，而正确性、可靠性、效率等被称为软件质量因素，或软件质量特征，它表现了系统可见的行为化特征。每一因素又由一些准则来衡量，而准则是跟软件产品和设计相关的质量特征的属性。例如，正确性由可跟踪性、完全性、相容性来判断。每一准则又有一些定量化指标来计量，指标是捕获质量准则属性的度量。McCall 认为软件质量可从两个层次去分析，其上层是外部观察的特性，下层是软件内在的特性。McCall 定义了 11 个软件外部质量特性，称为软件的质量要素，它们是正确性、可靠性、效率、完整性、可使用性、可维护性、可测试性、灵活性、可移植性、重复使用性和连接性。同时，还定义了 22 个软件内部质量的特征，称之为软件的质量属性，它们是完备性、一致性、准确性、容错性、简单性、模块性、通用性、可扩充性、工具性、自描述性、执行效率、存储效率、存取控制、存取审查、可操作性、培训性、通信性、软件系统独立性、机器独立性、通信通用性、数据通用性和简明性。软件的内部质量属性通过外部的质量要素反映出来。然而，实践证明以这种方式获得的结果会有一些问题。例如，本质上并不相同的一些问题有可能会被当成同样的问题来对待，导致通过模型获得的反馈也基本相同。这就使得指标的制定及其定量的结果变得难以评价。

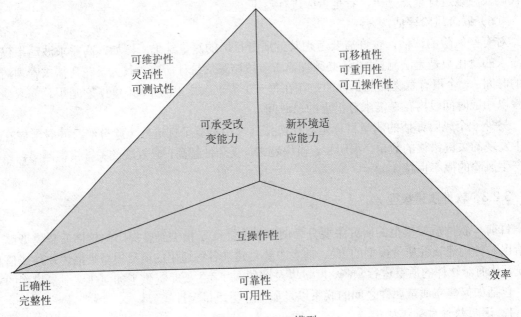

图 3-2　McCall 模型

表 3-1　McCall 模型内容

层级	名称	内容
第一层	质量要素：描述和评价软件质量的一组属性	功能性、可靠性、易用性、效率性、可维护性、可移植性等质量特性，以及将质量特性细化产生的副特性
第二层	衡量标准：衡量标准的组合，反映某一软件质量要素	精确性、稳健性、安全性、通信有效性、处理有效性、设备有效性、可操作性、培训性、完备性、一致性、可追踪性、可见性、硬件系统无关性、软件系统无关性、可扩充性、公用性、模块性、清晰性、自描述性、简单性、结构性、文件完备性等
第三层	量度标准：可由各使用单位自定义	根据软件的需求分析、概要设计、详细设计、编码、测试、确认、维护与使用等阶段，针对每一个阶段制定问卷表，以此实现软件开发过程的质量度量

（2）Boehm 模型。

勃姆（Barry W. Boehm）通过将软件质量要素分层定义，在《软件风险管理》中首次提出了软件质量度量的层次模型。Boehm 模型是由 Boehm 等在 1978 年提出来的分层方案的质量模型，将软件的质量特性定义成分层模型，如图 3-3 所示。在表达质量特征的层次性上它与 McCall 模型是非常类似的。不过，它是基于更为广泛的一系列质量特征的模型，它将这些特征最终合并成 19 个标准。Boehm 提出的概念的成功之处在于它包含了硬件性能的特征，这在 McCall 模型中是没有的。

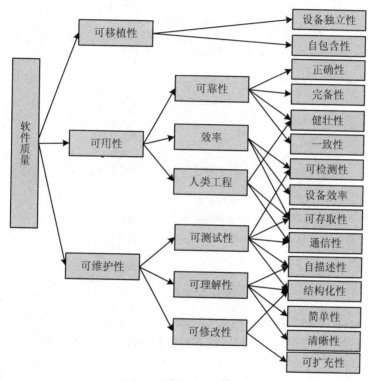

图 3-3　Boehm 模型

（3）ISO9126 模型。

ISO9126 质量模型是另一个著名的质量模型，如图 3-4 所示。按照 ISO/IEC 9126-1:2001，该软件质量模型可以分为：内部质量和外部质量模型、使用质量模型，而质量模型中又将内部和外部质量分成六个质量特性，这六个质量特性还可以再继续分成更多的子特征。这些子特征在软件作为计算机系统的一部分时会明显地表现出来，并且会成为内在的软件属性的结果。而另一部分则指定了使用中的质量属性，它们是与针对六个软件产品质量属性的用户效果联合在一起的。下面是它给出的软件的六个质量特性：

1）功能性（Functionality）：软件是否满足了客户功能要求；

2）可靠性（Reliability）：软件是否能够一直在一个稳定的状态上满足可用性；

3）可用性（Usability）：衡量用户能够使用软件需要多大的努力；

4）效率（Efficiency）：衡量软件正常运行需要耗费多少物理资源；

5）可维护性（Maintainability）：衡量对已经完成的软件进行调整需要多大的努力；

6）可移植性（Portability）：衡量软件是否能够方便地部署到不同的运行环境中。

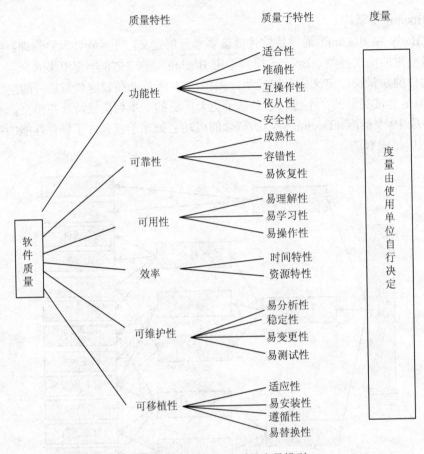

图 3-4   ISO9126 软件质量度量模型

凯悦（LawrenceE.Hyatt）和罗森贝克（LindaH.Rosenberg）在《识别项目风险以及评价软件质量的软件质量模型与度量》中比较了这 3 种最常用的软件质量模型，其基本情况如表 3-2 所示。

表 3-2   软件质量模型比较

编号	度量标准/目标	McCall	Boehm	ISO9126
1	正确性（Correctness）	X	X	可维护性
2	可靠性（Reliability）	X	X	X
3	完整性（Integrity）	X	X	
4	可用性（Usability）	X	X	X
5	效率性（Efficiency）	X	X	X
6	可维护性（Maintainability）	X	X	X
7	可测试性（Testability）	X		可维护性
8	互操作性（Interoperability）	X		
9	适应性（Flexibility）	X	X	
10	可重用性（Reusability）	X	X	
11	可移植性（Portability）	X	X	X

续表

编号	度量标准/目标	McCall	Boehm	ISO9126
12	明确性（Clarity）		X	
13	可变更性（Modifiability）		X	可维护性
14	文档化（Documentation）		X	
15	恢复力（Resilience）		X	
16	易懂性（Understandability）		X	
17	有效性（Validity）		X	可维护性
18	功能性（Functionality）			X
19	普遍性（Generality）		X	
20	经济性（Economy）		X	

（4）软件质量度量模型（Software Quality Metrics Mode，SQM）

软件质量度量模型是把软件质量因素、准则、计量三者综合的软件质量结构模型。如图 3-5 所示。

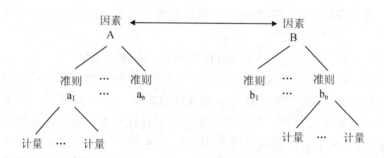

图 3-5　SQM 质量度量模型

SQM 综合模型和 ISO9126 质量模型对比如图 3-6 所示。

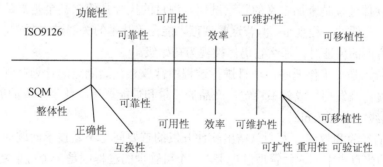

图 3-6　SQM 综合模型和 ISO9126 质量模型对比

（5）目标规则检查计量层次结构（GRCM）模型。

SQM 可改为为目标规则检查计量层次结构（GRCM）模型，例如评估可读性、可扩充性。

规则 1：可读性——目的在于理解类结构、界面和方法。

规则 2：可扩性——目的在于可以扩充，保持先进性。

要进行的检查是：

可读性检查 1：查看在一个类中方法数目是否小于 20。

可读性检查 2：查看在一个类层次结构层次数是否小于 6（从底层开始数）。

可读性检查 3：查看在一个子类服务于子类是否合理。

一般的思路是：

在 GRCM 结构中，因素（Factor）对应于目的（Goal）；准则（Criteria）对应于规则（Rules）。GRCM 模型在软件工程过程中的作用和地位如图 3-7 所示。

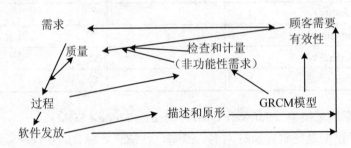

图 3-7   GRCM 在软件工程中的作用和地位

实际上，软件质量特性通过有形的质量载体性质表达。而这可由一些计量（定量化）指标表示。

（6）软件生产能力成熟模型（Capability Maturity Model，CMM）。

1993 年，由美国卡内基·梅隆大学的软件工程研究所创立的 CMM 认证评估模型，在过去的十几年中，对全球的软件产业产生了非常深远的影响。这是评估软件生产部门（组织、厂家）软件生产能力成熟度的模型，是从软件生产组织过程角度，来评估其达到的水平级别。CMM 描述了五个级别的软件过程成熟度（初始级、可重复级、已定义级、已管理级、优化级），分别标志着软件企业能力成熟度的五个层次，如图 3-8 所示。成熟度反映了软件过程能力的大小，任何一个软件机构的软件过程必定属于其中某个级别。

1）初始级（Initial）。

初始级的软件过程是未加定义的随意过程，项目的执行是随意甚至是混乱的。也许，有些企业制定了一些软件工程规范，但若这些规范未能覆盖基本的关键过程要求，且执行时没有政策、资源等方面的保证时，那么它仍然被视为初始级。

初始级的特点是：工作无序，项目进行过程中常放弃开始制定的计划；管理无章，缺乏健全的管理制度；开发项目成效不稳定，产品的质量和性能严重依赖于个人的能力和行为。

2）可重复级（Repeatable）。

根据多年的经验和教训，人们总结出软件开发的首要问题不是技术问题而是管理问题。因此，第二级的焦点集中在软件管理过程上。一个可管理的的过程则是一个可重复的过程，可重复的过程才能逐渐改进和成熟。可重复级的管理过程包括了需求管理、项目管理、质量管理、配置管理和子合同管理五个方面，其中项目管理过程又分为计划过程和跟踪与监控过程。通过实施这些过程，从管理角度可以看到一个按计划执行且阶段可控的软件开发过程。

可重复级的特点是：管理制度化，建立了基本的管理制度和规程，管理工作有章可循；初步实现标准化，开发工作较好地实施标准；变更均依法进行，做到基线化；稳定可跟踪，新项目的计划和管理基于过去的经验，具有重复以前成功项目的环境和条件。

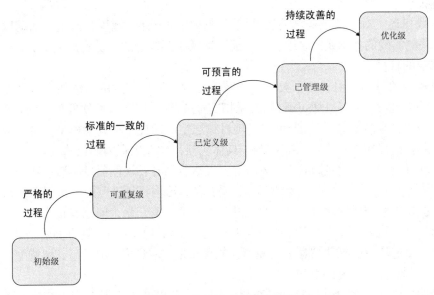

图 3-8　软件能力成熟度模型

3）已定义级（Defined）。

在可重复级定义了管理的基本过程，而没有定义执行的步骤标准。在第三级则要求制定企业范围的工程化标准，并将这些标准集成到企业软件开发标准过程中去。所有开发的项目需根据这个标准过程，裁剪出与项目适宜的过程，并且按照过程执行。过程的裁剪不是随意的，在使用前必须经过企业有关人员的批准。

已定义级的特点是：开发过程，包括技术工作和管理工作，均已实现标准化、文档化；建立了完善的培训制度和专家评审制度；全部技术活动和管理活动均稳定实施；项目的质量、进度和费用均可控制；对项目进行中的过程、岗位和职责均有共同的理解。

4）已管理级（Managed）。

第四级的管理是量化的管理。所有过程需建立相应的度量方式，所有产品的质量（包括工作产品和提交给用户的最终产品）需要有明确的度量指标。这些度量应是详尽的，且可用于理解和控制软件过程和产品。量化控制将使软件开发真正成为一种工业生产活动。

已管理级的特点是：产品和过程已建立了定量的质量目标；过程中活动的生产率和质量是可度量的；已建立过程数据库；已实现项目产品和过程的控制；可预测过程和产品质量趋势，如预测偏差，实现及时纠正。

5）优化级（Optimizing）。

优化级的目标是达到一个持续改善的境界。所谓持续改善是指可以根据过程执行的反馈信息来改善下一步的执行过程，即优化执行步骤。如果企业达到了第五级，就表明该企业能够根据实际的项目性质、技术等因素，不断调整软件生产过程以求达到最佳。

优化级的特点是：可集中精力改进过程，采用新技术、新方法；拥有防止出现缺陷、识别薄弱环节以及加以改进的手段；可取得过程有效性的统计数据，并可据此进行分析，从而得出最佳方法。

CMM 的每个等级是通过三个层次加以定义的：关键过程域、关键实践类、关键实践。

在框架的某一"平台"上，其实施将对达到下一成熟度等级的目标起保证作用的过程域，被称为关键过程域。

关键实践描述了对关键过程域的实施起关键作用的方针、规程、措施、活动以及相关的基础设施。关键实践的作用是：通过一个关键过程域中所包含的关键实践的实施，可以达到该关键过程域中的目标。

关键过程域的目标表明了一个关键过程域的范围、边界和意图。例如，软件项目规划是二级的一个关键过程域。其目标可概括为：制定进行软件工程和管理软件项目的合理计划。这些计划是管理软件项目的必要基础，可促进项目按选定的软件生存周期模型分阶段分工地进行软件开发，并按阶段组织检查，实施控制。具体包括：软件生存周期已选定，并经评审确认；对计划中的软件规模、工作量、成本、风险等已经进行估计；软件项目的活动和约定是有计划的；影响计划进度的关键路径是已标识的、且受控的；影响计划进度的关键资源需求是已标识的；在软件生存周期的里程碑处，对计划的执行有检查、有记录，问题有报告；对于介入软件开发计划的软件负责人、软件工程师和有关人员进行了软件估计和计划方面的培训；选定有可管理规模的、预定阶段的软件生存周期模型，如瀑布型、增量型、渐进型、螺旋型、逆向工程型；标识为控制软件项目所必需的软件工作产品。

每一级的关键实践按"共同特征"予以组织。这些"共同特征"为：实施承诺——制定方针政策；实施能力——确保必备条件；实施活动——实施软件过程；度量分析与验证——检查实施情况。也就是说，每一关键过程域包含一组关键实践，并按"共同特征"组织为每一级的关键实践类——制定方针政策、确保必备条件、实施软件过程、检查实施情况。

关键过程域、关键实践类、关键实践之间的关系如图3-9所示，即实施软件过程这一关键实践类中的关键实践，描述了为建立过程能力，过程实施者必须做些什么；其他关键实践类中的实践，作为一个整体使实施软件过程中的实践规范化。

我们知道，除初始级以外，其他4级都有若干个引导软件机构改进软件过程的要点，即关键过程域。每一个关键过程域是一组相关的活动，成功地完成这些活动，将会对提高过程能力起重要作用，图3-10给出了各成熟度级别对应的关键过程域。

各级包含的关键过程域可以总结如下：

1）可重复级：6个。包含软件配置管理，软件质量保证、子合同管理、项目跟踪与监督、软件项目规划、需求管理。

2）已定义级：6+7（个）=13个。除了可重复级的关键过程域外，还包括同行评审、组间协调、软件产品工程、集成软件管理、培训管理、机构过程定义、机构过程焦点。

3）已管理级：13+2（个）=15个。除了已定义级的关键过程域外，还包括软件质量管理、过程的量化管理。

4）优化级：15+3（个）=18个。除了已管理级的关键过程域外，还包括过程变更管理、技术变更管理、缺陷预防。

成熟度级别从低到高，软件开发生产计划精度也逐级升高，单位工程生产周期逐级缩短，单位工程成本逐级降低。据SEI统计，通过评估的软件公司对项目的估计与控制能力约提升40%～50%；生产率提高10%～20%，软件产品出错率降低超过1/3。

一般来说，通过CMM认证的级别越高，其越容易获得用户的信任，在国内、国际市场上的竞争力也就越强。因此，是否能够通过CMM认证也成为国际上衡量软件企业工程开发能力的一个重要标志。

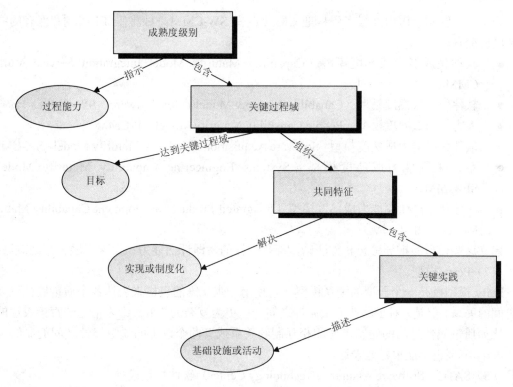

图 3-9　级别、关键过程域、关键实践之间的基本关系

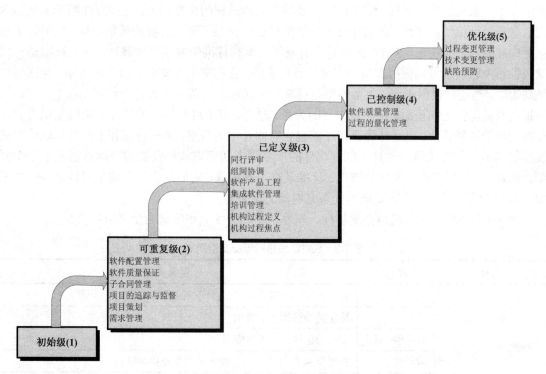

图 3-10　各级包含的关键过程域

　　CMM 是目前世界公认的软件产品进入国际市场的通行证,它不仅仅是对产品质量的认证,更是一种软件过程改善的途径。该模型被认为是第一个集成化的模型。

为了以示区别，国内外很多资料把 CMM 叫做 SW-CMM。目前，SEI 研制和保有的能力成熟度模型有：

- 软件集成能力成熟度模型（Capability Maturity Model Integration Service Mark，CMMISM）
- 软件能力成熟度模型（Capability Maturity Model(r) for Software，SW-CMM）
- 人力能力成熟度模型（People Capability Maturity Model，P-CMM）
- 软件采办能力成熟度模型（Software Acquisition Capability Maturity Model，SA-CMM）
- 系统工程能力成熟度模型（Systems Engineering Capability Maturity Model，SE-CMM）
- 一体化生产研制能力成熟度模型（Integrated Product Development Capability Maturity Model，IPD-CMM）

建立这些模型的指导思想和方法论，都是一样的，即评估能力、发现问题、帮助改进。

（7）Perry 模型。

Perry 模型就是一个典型的关系模型。它使用一张二维的表格来表达各个质量属性以及它们之间的关系。但是，对于软件质量属性之间一些更为复杂的、用二维表格无法直接表达的关系，比如质量属性之间的动态可变的相互制约关系或者两个以上的质量属性之间的制约关系等，Perry 模型也不能很好地表达。

（8）SATC（Software Assurance Technology Center）软件质量模型。

SATC 软件质量模型是由 NASA 的软件保证技术中心提出的，它遵循 ISO9126 的结构，也定义了一系列的质量目标。这些目标与软件产品和过程的属性相关，这些属性揭示了能够达到这些质量目标的可能性。它选择的这些质量目标既封装了面向过程的质量指标，也封装了那些面向产品的传统指标。SATC 还选择和开发了一系列标准来度量这些属性，这些标准是与质量属性相关联的且可以应用在模型定义的目标上的。它们应用于整个生命周期之中，包括那些早期阶段。与层次模型不同，关系模型是反映质量属性之间关系的表达力较强的模型，它们能够描述质量属性之间正面、反面或中立的关系。总之，以上这些通用的软件质量模型定义的标准被应用于各种软件，包括计算机程序和包含在固件中的数据。那些特征和子特征为软件产品质量提供了一致的术语，并且为制定软件的质量需求和确定软件性能的平衡点指定了一个框架。然而，层次模型由一些质量属性、标准及准则等构成，它们只表达了质量属性之间一些正面的影响关系，对于那些更复杂的关系它们却无能为力。

表 3-3 是 SATC 质量模型关于目标、属性（软件特性）和度量的交叉引用表。

表 3-3　SATC 质量模型交叉引用表

目标	属性	度量
质量要求	歧义性	有问题词语的数量、可选择词语的数量
	完整性	待定的和待加入的数量
	易懂性	文档的结构、可读性索引
	波动性	变更/需求的计数、做出变更时的生命周期阶段
	可追溯性	不能追溯到系统需求的软件需求的数量，不能追溯到代码和测试的软件需求的数量

续表

目标	属性	度量
产品（代码）质量	体系/结构	逻辑的复杂性、GOTO 使用、大小
	可维护性	复杂性/大小的相关性
	可重用性	复杂性/大小的相关性
	内部文件	注释的百分比
	外部文档	可读性索引
执行的有效性	资源使用	人员用在生命周期活动上的工作时间
	完成率	任务的完成、计划任务的完成
测试的有效性	正确性	错误和临界、寻找问题的时间、误差纠正的时间、故障代码的位置

与层次模型不同，关系模型能够表达质量属性之间正面、反面及中立的影响，但对于一些更为复杂的关系则同样无法表达。并且，它们还有一个相同的弱点，就是现有的这些质量模型总是意图能够适用于所有类型的软件开发，成为一个通用的模型。然而，正像上文提到的那样，软件质量是非常复杂的，很难定义出一个能够适用于所有软件质量度量的模型。每个软件系统都有它自己的特征，因此在使用质量模型时必须考虑各类应用的特殊需求。并且，由于计算机应用的飞速发展，人们需要寻找不仅能够在软件质量管理方面提供有效帮助，而且还能够对软件开发中的其他活动提供相应支持的质量模型。

总之，以上这些通用的软件质量模型定义的标准被应用于各种软件，包括计算机程序和包含在固件中的数据。那些特征和子特征为软件产品质量提供了一致的术语，并且为制定软件的质量需求和确定软件性能的平衡点指定了一个框架。

2. 质量模型构造方法

通用软件质量模型的构造需要多年的软件开发与维护经验作为基础，再由于上述的一些弱点，人们提出了研究软件质量模型的新思路。这就是提供一种系统的构造方法，用来为不同的软件或不同类型的软件构造可测试、可评估和可重定义的质量模型，以评估和度量软件系统的开发质量，并对软件系统的开发过程提供一定的支持和帮助。Dromey 提出了一种通用的质量模型及系统开发质量模型的过程，该模型由三个主要的元素组成：影响质量的产品属性、一系列高级的质量属性和连接它们的一种方法。构建该种质量模型包括以下五个步骤：

（1）确定产品的一系列高级质量属性。

（2）确定产品组件。

（3）对每个组件的最重要的、切实的、质量相关的属性进行确认和分类。

（4）为连接产品属性和质量属性提供系列的规则。

（5）对模型进行评价，指出它的弱点，进行重定义或者废弃重新建立模型。

人们可以通过由以上五个步骤组成的过程来针对具体软件产品的质量模型进行初始化和重定义。并且，Dromey 针对软件的需求定义、设计和实现这些软件开发中关键的产品论证了该方法的应用。Bansiya 和 Davis 应用该方法建立了一个面向对象设计的层次质量模型。在这个模型中使用了一套面向对象的设计规则评价类与对象结构化、行为化的设计属性以及它们之间的关系。该模型使用经验性的信息将一些设计属性（如封装性、模块性）和一些高级的质量属性（如重用性、复杂性）联系起来，并且将这些关系根据它们的影响力和重要性划分了等级。最后，还根据经验和专家意见验证了针对几个面向对象的大型商业应用系统建立的模型。虽然

Dromey 认识到软件质量模型需要通过质量相关属性和软件产品组件来构造，但应用这种方法仅仅能够建立统一的质量模型。应用领域的特殊性、软件设计和实现的特殊性依然没有被考虑进来，并且这种方法只能应用于软件开发完成之后。因此，对软件开发本身并不能提供太多的帮助。后来，有的学者提出了一种基于软件的体系结构设计来系统地获得质量模型的方法。该方法以软件体系结构设计为研究对象，构造软件系统的质量模型，据此分析软件产品及软件开发过程中后续阶段（如开发与运行过程）可能存在的质量隐患，并提供相应的指导意见。该方法可以使得软件开发者尽早地发现质量问题，从而更好地指导软件的设计与维护，提高软件和信息系统的质量，加速软件开发进程。并且，由于同一领域的诸多应用往往采用相似的体系结构，这样就使得质量模型可以获得充分的重用。另外，该方法生成的质量模型采取有向图的形式来表达，图中包括系统的组件信息、组件之间的连接以及组件之间存在连接的原因。这比现有的一些质量模型和质量建模方法更能够提供一些更为内在和具体的信息。因此，它能够对我们的软件开发活动提供更大的帮助。不过，在该方法中关于如何有效地确定系统的组件，更好地分析出组件发生错误的原因以及错误现象之间的联系还需要进一步的研究。

3.3　质量管理

3.3.1　质量管理的定义

质量管理（Quality Management）是指确定质量方针、目标和职责，并通过质量体系中的质量策划、质量控制、质量保证和质量改进来使其实现的所有管理职能的全部活动。

质量管理是指为了实现质量目标，而进行的所有管理性质的活动。在质量方面的指挥和控制活动通常包括制定质量方针和质量目标以及质量策划、质量控制、质量保证和质量改进。

质量管理的发展与工业生产技术和管理科学的发展密切相关。现代关于质量管理的概念包括对社会性、经济性和系统性三方面的认识。

（1）质量管理的社会性。

质量管理的好坏不仅是直接的用户评价，而且还需从整个社会的角度来评价，尤其关系到生产安全、环境污染、生态平衡等问题时更是如此。

（2）质量管理的经济性。

质量管理不仅是从某些技术指标来考虑，而且还需从制造成本、价格、使用价值和消耗等几方面来综合评价。在确定质量管理的水平或目标时，不能脱离社会的条件和需要，不能单纯追求技术上的先进性，还应考虑使用上的经济合理性，使质量和价格达到合理的平衡。

（3）质量管理的系统性。

质量管理体系是一个受到设计、制造、使用等因素影响的复杂系统。例如，汽车是一个复杂的机械系统，同时又是涉及道路、司机、乘客、货物、交通制度等方面的使用系统。产品的质量应该达到多维评价的目标。费根堡姆认为，质量系统是指具有确定质量标准的产品和为交付使用所必须的管理上和技术上的步骤的网络。

3.3.2　质量管理的发展简史

质量管理的发展，大致经历了质量检验阶段、统计质量控制阶段和全面质量管理三个大的阶段。

1. 质量检验阶段

20 世纪 30 年代以前为质量检验阶段，仅能对产品的质量实行事后把关。但质量并不是检验出来的，所以，质量检验并不能提高产品质量，只能剔除次品和废品。

1875 年，泰勒制诞生是科学管理的开端。最初的质量管理是检验活动与其他职能分离，出现了专职的检验员和独立的检验部门。

20 世纪前，产品质量主要依靠操作者本人的技艺水平和经验来保证，属于"操作者的质量管理"。20 世纪初，以泰勒为代表的科学管理理论的产生，促使产品的质量检验从加工制造中分离出来，质量管理的职能由操作者转移给工长，是"工长的质量管理"。随着企业生产规模的扩大和产品复杂程度的提高，产品有了技术标准（技术条件），公差制度（见公差制）也日趋完善，各种检验工具和检验技术也随之发展，大多数企业开始设置检验部门，有的直属于厂长领导，这时是"检验员的质量管理"。上述几种做法都属于事后检验的质量管理方式。

2. 统计质量控制阶段

休哈特理论的提出，使质量控制从检验阶段发展到统计质量控制阶段，利用休哈特工序质量控制图进行质量控制。休哈特认为，产品质量不是检验出来的，而是生产制造出来的，质量控制的重点应放在制造阶段，从而将质量控制从事后把关提前到制造阶段。

1924 年，美国数理统计学家 W.A.休哈特提出控制和预防缺陷的概念。他运用数理统计的原理提出在生产过程中控制产品质量的"6σ"法，绘制出第一张控制图并建立了一套统计卡片。与此同时，美国贝尔研究所提出关于抽样检验的概念及其实施方案，成为运用数理统计理论解决质量问题的先驱，但当时并未被普遍接受。以数理统计理论为基础的统计质量控制的推广应用始于第二次世界大战。由于事后检验无法控制武器弹药的质量，美国国防部决定把数理统计法用于质量管理，并由标准协会制定有关数理统计方法应用于质量管理方面的规划，成立了专门委员会，并于 1941 和 1942 年先后公布一批美国战时的质量管理标准。

1925 年，休哈特提出统计过程控制（SPC）理论，应用统计技术对生产过程进行监控，以减少对检验的依赖。

1930 年，道奇和罗明提出统计抽样的检验方法。

20 世纪 40 年代，美国贝尔电话公司应用统计质量控制技术取得成效；美国军方物资供应商在军需物中推进统计质量控制技术的应用；美国军方制定了战时标准 Z1.1、Z1.2、Z1.3，形成最初的质量管理标准。三个标准以休哈特、道奇、罗明的理论为基础。

20 世纪 50 年代，戴明提出质量改进的观点，在休哈特之后系统和科学地提出用统计学的方法进行质量和生产力的持续改进。强调大多数质量问题是生产和经营系统的问题并且强调最高管理层对质量管理的责任。此后，戴明不断完善他的理论，最终形成了对质量管理产生重大影响的"戴明十四法"。

3. 全面质量管理阶段

菲根堡姆提出全面质量管理（TQM）理论，将质量控制扩展到产品寿命循环的全过程，强调全体员工都参与质量控制。日本田口玄一博士提出田口质量理论，它包括离线质量工程学（主要利用三次设计技术）和在线质量工程学（在线工况检测和反馈控制）。田口博士认为，产品质量首先是设计出来的，其次才是制造出来的。因此，质量控制的重点应放在设计阶段，从而将质量控制从制造阶段进一步提前到设计阶段。到了 20 世纪 80 年代，开始利用计算机进行质量管理，出现了质量信息系统，借助于先进的信息技术，质量控制与管理又上了一个新的台阶，因为信息技术可以实现以往所无法实现的很多质量控制与管理功能。在全面质量管理阶段，TQM 的发展又经历了三个步骤，从最初的以顾客为中心的质量保证阶段，到强调持续改进的质量管理阶段，最终发展为现在较完善的全面质量管理阶段。

质量管理的发展阶段如图 3-11 所示。

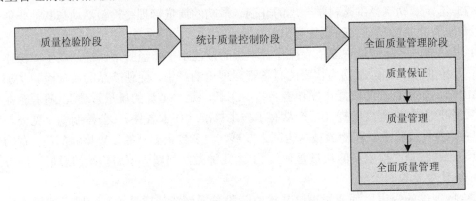

图 3-11   质量管理的发展阶段

20 世纪 50 年代以来，人们对产品的质量从注重产品的一般性能发展为注重产品的耐用性、可靠性、安全性、维修性和经济性等。在生产技术和企业管理中要求运用系统的观点来研究质量问题。在管理理论上也有新的发展，突出重视人的因素，强调依靠企业全体人员的努力来保证质量。此外，还有"保护消费者利益"运动的兴起，企业之间的市场竞争越来越激烈。在这种情况下，美国 A.V.费根鲍姆于 60 年代初提出全面质量管理的概念。他提出全面质量管理是为了能够在最经济的水平上，并考虑到充分满足顾客要求的条件下进行生产和提供服务，并把企业各部门在研制质量、维持质量和提高质量方面的活动构成为一体的一种有效体系。

1958 年，美国军方制定了 MIL-Q-8958A 等系列军用质量管理标准，在 MIL-Q-9858A 中提出了"质量保证"的概念，并在西方工业社会产生影响。

20 世纪 60 年代初，朱兰、费根堡姆提出全面质量管理的概念。他们提出，为了生产具有合理成本和较高质量的产品，以适应市场的要求，只注意个别部门的活动是不够的，需要对覆盖所有职能部门的质量活动进行策划。

戴明、朱兰、费根堡姆的全面质量管理理论在日本被普遍接受。日本企业创造了全面质量控制（TQC）的质量管理方法。统计技术，特别是"因果图"、"流程图"、"直方图"、"检查单"、"散点图"、"排列图"、"控制图"等被称为"老七种"工具的方法，被普遍用于质量改进。

20 世纪 60 年代中期，北大西洋公约组织（NATO）制定了 AQAP 质量管理系列标准——AQAP，标准以 MIL-Q-9858A 等质量管理标准为蓝本。所不同的是，AQAP 引入了设计质量控制的要求。

20 世纪 70 年代，TQC 使日本企业的竞争力极大地提高，其中，轿车、家用电器、手表、电子产品等占领了大批国际市场。因此促进了日本经济的极大发展。日本企业的成功，使全面质量管理的理论在世界范围内产生巨大影响。日本质量管理学家对质量管理的理论和方法的发展作出了巨大贡献。这一时期产生了石川馨、田口玄一等世界著名质量管理专家。这一时期产生的管理方法和技术包括：JIT—准时化生产；Kanben—看板生产；Kaizen—质量改进；QFD—质量功能展开；田口方法；新七种工具。由于田口博士的努力和贡献，质量工程学开始形成并得到巨大发展。

我国自 1978 年开始推行全面质量管理，并取得了一定成效。

1979 年，英国制定了国家质量管理标准 BS5750，将军方合同环境下使用的质量保证方法引入市场环境。这标志着质量保证标准不仅对军用物资装备的生产，而且对整个工业界产生影响。

20 世纪 80 年代，菲利浦·克劳士比提出"零缺陷"的概念。他指出"质量是免费的"，突破了传统上认为高质量是以高成本为代价的观念。他提出高质量将给企业带来高的经济回报。质量运动在许多国家展开，包括中国、美国、欧洲等许多国家设立了国家质量管理奖，以激励企业通过质量管理提高生产力和竞争力。质量管理不仅被引入生产企业，而且被引入服务业，甚至医院、机关和学校。许多企业的高层领导开始关注质量管理。

1987 年，ISO9000 系列国际质量管理标准问世。1987 年版的 ISO9000 质量管理和质量保证标准很大程度上是基于 BS5750 标准编制的。自此以后，质量管理与质量保证开始在全世界范围内对经济和贸易活动产生影响。

1994 年，ISO9000 系列标准改版。新的 ISO9000 标准更加完善，为世界绝大多数国家所采用。第三方质量认证普遍开展，有力地促进了质量管理的普及和管理水平的提高。

20 世纪 90 年代末，全面质量管理成为许多"世界级"企业的成功经验，被证明是一种使企业获得核心竞争力的管理战略。质量的概念也从狭义的符合规范发展到以"顾客满意"为目标。全面质量管理不仅提高了产品与服务的质量，而且在企业文化改造与重组的层面上，对企业产生了深刻的影响，使企业获得持久的竞争能力。

在围绕提高质量、降低成本、缩短开发和生产周期方面，新的管理方法层出不穷。其中包括：并行工程（CE）、企业流程再造（BPR）等。

统计质量管理向全面质量管理过渡的原因主要有以下三个方面：

第一，它是生产和科学技术发展的产物。随着社会生产力的迅速发展，科学技术日新月异，工业生产技术手段越来越现代化，工业产品更新换代日益频繁，出现了许多大型产品和复杂的系统工程，如美国曼哈顿计划研制的原子弹（早在 40 年代就已开始），海军研制的"北极星"导弹潜艇，火箭发射，人造卫星，以至阿波罗宇宙飞船等。对这些大型产品和系统工程的质量要求大大提高了，特别对安全性、可靠性提出的要求是空前的。安全性、可靠性在产品质量概念中占有越来越重要的地位。例如，宇航工业产品的可靠性和完善率要求达到 99.9999%，即这项极为复杂的系统工程在 100 万次动作中，只允许有一次失灵。它们所用的电子元件、器件、机械零件等，持续安全运转工作时间要在 1 亿小时以至 10 亿小时。以"阿波罗"飞船和"水星五号"运载火箭为例，它共有零件 560 万个，它们的完善率假如只在 99.9%，则飞行中就将有 5600 个机件要发生故障，后果不堪设想。又如美国某项航天工程，仅仅由于高频电压测量不准，一连发射四次都没有成功。对于产品质量如此高标准、高精度的要求，单纯依靠统计质量控制显然已越来越不适应，无法满足要求。因为，即使制造过程的质量控制得再好，每道工序都符合工艺要求，而试验研究、产品设计、试制鉴定、准备过程、辅助过程、使用过程等方面工作不纳入质量管理轨道，不能很好衔接配合导致协调无序，则仍然无法确保产品质量，也不能有效地降低质量成本，提高产品在市场上的竞争力。这就从客观上提出了向全面质量管理发展的新的要求。而电子计算机这个管理现代化工具的出现及其在管理中的广泛应用，又为综合系统地研究质量管理提供了有效的物质技术基础，进一步促进了它的实现。

第二，随着资本主义固有矛盾的加深与发展，随着工人文化知识和技术水平的提高，以及工会运动的兴起等，为了缓和日益尖锐的阶级矛盾，资本家对工人的态度和管理办法也有了新的变化，资产阶级管理理论又有了新的发展，在管理科学中引进了行为科学的概念和理论，进入了"现代管理"阶段。"现代管理"的主要特点就是为了实现更巧妙的剥削，必须首先要管好人，必须更加注意人的因素和发挥人的作用。认为过去的"科学管理"理论是把人作为机器的一个环节发挥作用，把工人只看成一个有意识的器官，如同机器附件一样，放在某个位置上来研究管理，忽视了人的主观能动作用。现在则要把人作为一个独立的能动者在生产中发挥作用，要求从人的行为本质中激发出动力，从人的本性出发来研究如何调动人的积极性。而人是受心理因素、生理因素、社会环境等方面影响的，因而必须从社会学、心理学的角度研究社会环境、人的相互关系以及个人利益对提高工效和产品质量的影响，尽量采取能够调动人的积极性的管理办法。在这个理论基础上，提出了形形色色的所谓"工业民主"、"参与管理"、"刺激规划"、"共同决策"、"目标管理"等新办法。这种管理理论的发展给企业各方面管理工作都带来了重大影响，在质量管理中相应出现了组织工人"自我控制"的无缺陷运动、质量管理小组活动、质量提案制度、"自主管理活动"的质量管理运动等，使质量管理从过去限于技术、检验等少数人的管理逐步走向多数人参加的管理活动。

第三，在资本主义市场激烈的竞争下，广大消费者为了保护自己的利益，买到质量可靠、价廉物美的产品，抵制资本家不负责任的广告战和推销的滑头货，成立了各种消费者组织，出现了"保护消费者利益"的运动，迫使政府制定法律，制止企业生产和销售质量低劣、影响安全、危害健康等劣等品，要企业对提供的产品质量承担法律责任和经济责任。制造者提供的产品不仅要求性能符合质量标准规定，而且要保证在产品售后的正常使用期限中，使用效果良好，可靠、安全、经济，不出质量问题。这就是在质量管理中提出了质量保证和质量责任的问题，要求制造厂建立贯穿全过程的质量保证体系，把质量管理工作转到质量保证的目标上来。

3.3.3 质量管理大师

1. 威廉·爱德华兹·戴明

威廉·爱德华兹·戴明（W.Edwards.Deming，1900～1993 年）博士是世界著名的质量管理专家，他因对世界质量管理发展做出的卓越贡献而享誉全球。以戴明命名的"戴明品质奖"至今仍是日本品质管理的最高荣誉。作为质量管理的先驱者，戴明学说对国际质量管理理论和方法始终产生着异常重要的影响。他认为，质量是一种以最经济的手段，制造出市场上最有用的产品。一旦改进了产品质量，生产率就会自动提高。

威廉·爱德华兹·戴明 1900 年 10 月 14 日生于伊阿华州苏城，几次搬家后定居于怀俄明州的鲍威尔。戴明就读于怀俄明大学，1921 年获工程学士学位。1925 年他继续在科罗拉多大学深造并获数学及物理学硕士学位。1928 年获耶鲁大学物理学博士学位。在 1940 年人口统计的准备工作中，统计过程控制代替了正常的办公运作，这样把一些过程的生产效率提高了 6 倍。

1946 年日本科学家与工程师联盟（JUSE）成立后，他开始与此组织建立联系，戴明由此逐渐成名并应 JUSE 之邀为日本人讲述他的统计方法。

1950 年，戴明对日本工业振兴提出了"以较低的价格和较好的质量占领市场"的战略思想。80 年代初，他受命于福特汽车公司首席执行官唐纳德·彼得森（Donald Peterson），来到底特律。那时的福特汽车公司由于日本竞争对手的冲击而"内出血"，正步履维艰地挣扎出"Pinto"质量事故的厄运。Pinto 事件是福特汽车公司在现在的轮胎质量事件之前的一次最大的质量事故。戴明提出长期的生产程序改进方案、严格的生产纪律以及体制改革。戴明博士将一系列统计学方法引入美国产业界，以检测和改进多种生产模式，从而为后来杰克·韦尔奇等人的六个西格马管理法奠定了基础。1956 年，美国质量协会授予戴明"休哈特奖章"。

20 世纪 70 年代末，戴明开始同美国主要组织合作，但是直到 1980 年 6 月，"如果日本可以，为什么我们不能？"一文被国家广播电台（NBC）广播之前，戴明的著作相对来讲还是默默无闻。戴明因此一举成名，在质量界享有很高的声誉。1986 年他的第一本畅销书《转危为安》（Out of Crisis）出版。

同当今许多质量管理法不同的是，戴明不仅仅是在科学的层面来改进生产程序。戴明用他特有的夸张语言强调："质量管理 98% 的挑战在于发掘公司上下的知识诀窍。"他推崇团队精神，跨部门合作，严格的培训以及同供应商的紧密合作。这些观念远远超前于八十年代所奉为经典的"能动性培养"。然而，戴明一直自觉地保持着一个局外人的身份。正因为如此，他的观念和方法才那么有效，同时又富有争议。个头很高的戴明往往会不假思索地在大庭广众下对业界大腕出言不逊，可工人和工程师们却对他崇敬有加。业余时间，戴明喜欢谱写教会礼拜歌曲。戴明赢得了众多首席执行官的欣赏，但也常遭白眼。

著名企业改造专家约翰·惠特尼（John O. Whitney）说："美国需要戴明这种震荡疗法。多亏了戴明，现在美国的首席执行官才真正理解程序的重要性。"许多质量管理专家认为，戴明的理论帮助日本从一个衰退的工业国转变成了世界经济强国。

戴明学说简洁易明，其主要观点"十四要点"成为本世纪全面质量管理的重要理论基础。其内容如下：

（1）创造产品与服务改善的恒久目的：最高管理层必须从短期目标的迷途中归返，转回到长远建设的正确方向。也就是把改进产品和服务作为恒久的目的，坚持经营，这需要在所有领域加以改革和创新。

（2）采纳新的哲学：必须绝对不容忍粗劣的原料，不良的操作，有瑕疵的产品和松散的服务。

（3）停止依靠大批量的检验来达到质量标准：检验其实是等于准备有次品，检验出来已经是太迟，且成本高而效益低。正确的做法是改良生产过程。

（4）废除"价低者得"的做法：价格本身并无意义，只是相对于质量才有意义。因此，只有管理当局重新界定原则，采购工作才会改变。公司一定要与供应商建立长远的关系，并减少供应商的数目。采购部门必须采用统计工具来判断供应商及其产品的质量。

（5）不断地及永不间断地改进生产及服务系统：在每一活动中，必须降低浪费和提高质量，包括采购、运输、工程、方法、维修、销售、分销、会计、人事、顾客服务及生产制造。

（6）建立现代的岗位培训方法：培训必须是有计划，且必须是建立在可接受的工作标准上。必须使用统计方法来衡量培训工作是否奏效。

（7）建立现代的督导方法：督导人员必须要让高层管理知道需要改善的地方。当知道之后，管理当局必须采取行动。

（8）驱走恐惧心理：所有同事必须有胆量去发问，提出问题，表达意见。

（9）打破部门之间的围墙：每一部门都不应只顾独善其身，而需要发挥团队精神。跨部门的质量圈活动有助于改善设计、服务、质量及成本。

（10）取消对员工发出计量化的目标：激发员工提高生产率的指标、口号、图像、海报都必须废除。很多配合的改变往往是在一般员工控制范围之外，因此这些宣传品只会导致反感。虽然无需为员工订下可计量的目标，但公司本身却要有这样的一个目标：永不间歇地改进。

（11）取消工作标准及数量化的定额：定额把焦点放在数量，而非质量。计件工作制更不好，因为它鼓励制造次品。

（12）消除妨碍基层员工工作顺畅的因素：任何导致员工失去工作尊严的因素必须消除，包括不明何为好的工作表现。

（13）建立严谨的教育及培训计划：由于质量和生产力的改善会导致部分工作岗位数目的改变，因此所有员工都要不断接受训练及再培训。一切训练都应包括基本统计技巧的运用。

（14）创造一个每天都推动以上 13 项的高层管理结构。

戴明最早提出了 PDCA 循环的概念，所以又称其为"戴明环"。PDCA 循环是能使任何一项活动有效进行的一种合乎逻辑的工作程序，特别是在质量管理中得到了广泛的应用。

1993 年 12 月 20 日，戴明博士以 93 岁的高龄在华盛顿的家中与世长辞。

2. 约瑟夫·莫西·朱兰

约瑟夫·M·朱兰（Joseph M. Juran，1904～2008 年）博士是举世公认的现代质量管理的领军人物。他于 1904 年 12 月 24 日生于罗马尼亚布勒伊拉的一个贫苦家庭。1912 年随家庭移民美国，1917 年加入美国国籍，曾获电器工程和法学学位。在其职业生涯中，他做过工程师、企业主管、政府官员、大学教授、劳工调解人、公司董事、管理顾问等。到 1925 年，他获得电力工程专业理学士学位并任职于著名的西方电气公司芝加哥霍索恩工作室检验部。早在 1928 年，他已经完成了一本叫《生产问题的统计方法应用》的小手册。到了 1937 年朱兰已经是纽约西方电气公司总部工业工程方面的主席。

1951 年，第 1 版《朱兰质量控制手册》的出版为他赢得了国际威望。他于 1954 年抵日并召开中高级管理者专题研讨会。

他是朱兰学院和朱兰基金会的创建者，前者创办于 1979 年，是一家咨询机构，更利于广泛传播他的观点，朱兰学院如今已成为世界上领先的质量管理咨询公司。后者为明尼苏达大学卡尔森管理学院的朱兰质量领导中心的一部分。进入 19 世纪 90 年代后，朱兰仍然担任学院的名誉主席和董事会成员，以 90 多岁的高龄继续在世界各地从事讲演和咨询活动。

朱兰博士在质量管理领域有着赫赫声名。他协助创建了美国马尔科姆·鲍得里奇国家质量奖，他是该奖项的监督委员会的成员。他获得了来自 14 个国家的 50 多种嘉奖和奖章。如同质量领域中的另一位大师戴明博士一样，朱兰对于日本经济复兴和质量革命的影响也受到了高度的评价，因此日本天皇为表彰他对于日本质量管理的发展以及促进日美友谊所作的贡献而授予他"勋二等瑞宝章"勋章。美国总统为表彰他在为企业提供管理产品和过程质量的基本原理和方法从而提升其在全球市场上的竞争力方面所做的毕生努力而颁发国家技术勋章。

在他所发表的 20 余本著作中，《朱兰质量手册》被誉为"质量管理领域的圣经"，是一个全球范围内的参考标准。

朱兰于 2008 年 2 月 28 日去世，享年 103 岁。

朱兰传授的质量改进法是通过逐个项目，有针对性地解决问题和以团队合作的方式进行的，是高层管理所必备的。他坚信质量不是偶然产生的，它的产生必定是有策划的，并断言质量改进是用逐个项目的方法进行。

朱兰的《质量策划》一书中可能是对他的思想和整个公司质量策划的构成方法明确的向导。朱兰的质量策划是公司内部实现质量管理方法三步曲中的第一步。除此还有质量控制，它评估质量绩效用已经制定的目标比较绩效，并弥合实际绩效和设定目标之间的差距。朱兰将第三步质量改进作为持续发展的过程，这一过程包括建立形成质量改进循环的必要组织基础设施。他建议使用团队合作和逐个项目运作的方式来努力保持持续改进和突破改进两种形式。

他对实行组织内部质量策划的主要观点包括：识别客户和客户需求；制定最佳质量目标；建立质量衡量方式；设计策划在运作条件下满足质量目标的过程；持续增加市场份额；优化价格，降低公司或工厂中的错误率。

朱兰大部分近期著作主要是引起人们对质量危机的关注，建立起新方法进行质量策划、培训以及帮助企业重新策划现有过程，避免质量缺陷，并建立公司在质量策划过程中的管理权以免出现新的长期问题。在第 5 版的《朱兰质量手册》中，"大 Q"与"小 q"概念在对比图表中列出。"小 q"将质量视为技术范畴，而"大 Q"将质量与商业范畴联系在一起。

朱兰认为大部分质量问题是管理层的错误而并非工作层的技巧问题。总的来说，他认为管理层控制的缺陷占所有质量问题的 80% 还要多。

他首创将人力与质量管理结合起来，如今这一观点已包含于全面质量管理的概念之中。朱兰观念的发展过程是逐步进行的。最高管理层的参与，质量知识的普及培训，质量实用性的定义，质量改进逐个项目的运作方法，"重要的少数"与"有用的多数"及"三步曲"（质量策划、质量控制、质量改进）之间的区别。朱兰就是以这些观点而闻名的。

朱兰博士的至理名言：质量是一种合用性，即产品在使用期间能满足使用者的要求。

3. 菲利浦·克劳士比

菲利浦·克劳士比（Philip Crosby），1926 年 6 月 18 日出生于西弗吉尼亚州的惠灵市。他曾参与二次大战和韩战，其间在一所医疗学校待过。克劳士比的职业生涯始于一条生产线的品管工作，当时尝试多种方法向主管说明他的理念："预防更胜于救火"。

1952 年任克罗斯莱（Crosley）公司质量部初级技术员、质量工程师，他对与质量相关的知识努力学习不遗余力，几乎遍读当时所有的质量书籍，并加入美国质量学会（ASQ）。

1957 年加入马丁玛瑞埃塔（Martin-Marietta）公司，分别任高级工程师和质量经理。

1961 年提出"零缺陷（Zero Defects）"的概念。

1964 年荣获美国政府"杰出公民服务勋章"。

1965 年任著名的 ITT 公司质量总监，1968 年升任 ITT 公司副总裁。

1975 年担任 ASQ 总裁，因对质量运动的杰出贡献荣获 ASQ 的"爱德华奖"。

1979 年出版惊世巨著《质量免费》，奠定大师的地位，标志着质量管理学的诞生。

1979 年他在佛罗里达创立了 PCA 公司（Philip Crosby Associates，Inc.）和克劳士比质量学院，并在其后的十年时间里把它发展成为一家在世界 32 个国家用 16 余种语言授课、全球最大的上市质量管理与教育机构。每天都有全世界各行各业的企业管理人员蜂拥而至，接受训练。因为他所倡导的质量改善方法经过世界上成千上万优秀企业的验证，被认为是最有效的方法。让更多的人和组织分享成功的理念，是他创办质量学院的初衷，也是最负责任的做法。IBM 是 PCA 的第一个客户。1981 年 PCA 设立"灯塔奖"。1984 年出版《质量无泪》，成立"质量书苑"，启动"校友会"制度。1985 年 PCA 在美国证券交易所上市，开创了全球管理咨询机构资本化运作的先河。1986 年被美国筹款执行委员会（SFE）评为"年度杰出慈善家"。1995 年世界最大的专业组织之一"美国竞争力协会"（American Society for Competitiveness，ASC）专门设立了"克劳士比奖章"用于奖励全球在质量与竞争力方面具有杰出成就的企业和个人。IBM、GE、米利肯、可口可乐、SCI 系统、朗讯科技和福特汽车等都曾经因为卓越贡献而获得该奖章。后来他卖掉了 PCA 的一些股份,专心于"领导学"的写作与演讲。1997 年,他又买回了全部的股份,成立了现在的 PCA II。PCA II 服务的对象包括多国籍企业集团与小型制造公司与服务业公司,协助他们执行质量改善过程。1991 年他自 PCA 退休,另行创立一家以提供演讲和研讨会以协助目前与未来的公司主管成长的公司 Career IV,如今在全球的 20 余个国家成立质量学院。

2000 年 5 月 28 日,由于四十年亲身经历的管理经验以及作为质量管理家的杰出贡献,克劳士比先生荣获麦克菲里奖。该奖旨在颁给为国际管理委员会(IMC)和在管理界的教育与训练领域有杰出贡献的个人。历史上获得此殊荣的还有威廉·爱德华兹·戴明、彼得·杜拉克、汤姆·彼得斯以及彼得·圣吉等。

2001 年,克劳士比先生获美国质量界最高荣誉——美国质量学会"ASQ 终身荣誉会员"。

克劳士比于 2001 年 8 月 18 日在北卡罗林纳州高地市家中病逝,享年 75 岁。

2002 年,美国质量学会设立以克劳士比命名的"克劳士比奖章"以提携、表彰质量管理方面的优秀作家。

菲利浦·克劳士比对世人有卓越贡献及深远影响,被尊为"本世纪伟大的管理思想家"、"品质大师中的大师"、"零缺陷之父"、"一代质量宗师"。克劳士比先生至今在全球已出版 15 本畅销书,《质量免费》由于引发一场美国以及欧洲的质量革命而备受称赞,该书的销量已超过 250 万册,被译成 16 种文字。下面简单介绍一下克劳士比的几种质量理论。

(1)克劳士比论质量。

质量是免费的,它不是礼品,但它是免费的。

从事质量管理的全部过程就是要建立习惯,使得职员和供应商们做他们所承诺过的事,亦即是要符合已同意的要求。

对一个组织的最终产品或服务不满就叫做"质量有麻烦"。

质量的定义必须是"符合要求"。这使企业的营运不再只是依赖意见或经验。这说明,公司中所有的脑力、精力、知识都将集中于制定这些要求,而不再浪费于解决争议之上了。

(2)克劳士比论战略质量。

质量并不是只要用一种特殊的方式就可以达到的。人们必须接受帮助,以使他们知道他们可以适应要求"行动正确、工作圆满"的企业文化。避免混战的方法便是"无火可救"。

质量管理是一种理念和哲学上的训练和纪律,它能把所有这些带入一种人们能欣赏和运用的舒畅文化。

质量是一种可以获得的、可以衡量的并且可以带来效益的实体。一旦你对它有了承诺和了解,并且准备为之付出艰苦努力时,质量便可以获得。

(3)克劳士比论零缺陷。

第一次就把工作做对总是较便宜的。

"零缺陷"就是缺陷预防的呐喊,它意味着"第一次就把事情做对"。所谓第一次就做对,是指一次就做到符合要求,因此,若没有"要求"可循,就根本没有一次就符合"要求"的可能了。

我们基本的工作哲学便是预防为主,坚持"第一次就把事情做对"的态度,使质量成为一种生活方式。

思考题

1. 质量的含义是什么？
2. 什么是软件？什么是质量？什么是软件质量？
3. 讨论现代质量管理的历史，比如：朱兰、石川馨、田口宏一的质量观点是什么？
4. 软件质量特性包括哪些？有哪些质量属性？
5. 请画出通用的软件质量模型。
6. 常见的软件质量模型有哪些？并就一种类别进行模型分析。
7. 什么是质量管理？
8. 简述质量管理的发展历史。

第4章　质量管理体系

4.1　质量管理体系基础

在国际标准 ISO8402 中，对质量管理体系（Quality Management System，QMS）的定义是为了实施质量管理的组织结构、职责、程序、过程和资源的一种特定体系。

质量管理体系的要素可以分为两大类：一是质量体系的结构要素；二是质量体系的选择要素。前者是构成组织质量体系的基本要素；后者是质量体系涉及产品生命周期的全部阶段，从最初需求识别到最终满足需要的所有过程的质量管理活动。

贯彻质量管理体系的意义有以下几点：

- 提高 IT 公司管理水平，增强公司抗风险能力。
- 提高软件产品质量，增强企业市场竞争能力。
- 树立公司的良好形象，巩固和不断扩大市场份额。
- 与国际接轨，有利于国际市场的开拓。

4.1.1　质量方针和质量目标

建立质量方针和质量目标为组织提供了关注焦点。两者确定了预期的结果，并帮助组织利用其资源达到这些结果。质量方针为建立和评审质量目标提供了框架。质量目标需要与质量方针和持续改进的承诺相一致，其实现需要是可测量的。

1. 质量方针

质量方针是由组织的最高管理者正式发布的该组织总的质量宗旨和方向。质量方针是企业经营总方针的组成部分，是企业管理者对质量的指导思想和承诺。企业最高管理者应确定质量方针并形成文件。

不同的企业可以有不同的质量方针，但都必须具有明确的号召力。"以质量求生存，以产品求发展"、"质量第一，服务第一"、"赶超世界或同行业先进水平"等这样一些质量方针（服务企业称之为服务宗旨）很适于企业对外的宣传，因为它是对企业质量方针的一种高度概括而且具有强烈的号召力。但是，就对企业内部指导活动而言，这样的描述、概括就显得过于笼统，因此需要加以明确，使之具体化。

（1）基本要求。

质量方针的基本要求应包括供方的组织目标和顾客的期望和需求，也应作为供方质量行为的准则。

通常质量方针与组织的总方针相一致并为制定质量目标提供框架。

（2）具体内容。

质量方针一般包括：产品设计质量、同供应厂商关系、质量活动的要求、售后服务、制造质量、经济效益和质量检验的要求、关于质量管理教育培训等。详述如下：

1）关于产品设计质量。确定企业产品所要达到的质量水平，即确定产品的设计质量，不同的企业可以有不同的质量方针：

①设计质量跃居领先水平，在国际市场上具有竞争能力，产品在一段时间内可以高价出售（优质优价），使企业获得超额利润；

②产品具有较高的可靠性，在国内市场具有竞争能力，与竞争对手的售价相同，而以提高服务质量使销售额超过竞争对手；

③产品保持一定的质量水平，大幅度地降低制造成本，适当降低销售价格，以求薄利多销；

④产品质量水平一般，但兼有其他多种功能，能做到一机多用，满足用户要求。

每个企业必须根据市场需求信息和本企业的人员素质、技术、资源、环境、生产能力等条件，确定应当采取的设计质量方针。

2）关于同供应厂商关系。规定同供应厂商的合作形式，例如确定供货验收方法，为长期合作的供应商提供各种技术与物资援助，协助供应商开展质量保证活动，定期对其质量保证能力进行调查和评价等。

3）关于质量活动的要求。一般企业的质量活动要求是：

①各个环节均应贯彻以预防为主、为用户服务的原则；

②技术部门必须向质量控制部门提供解决质量关键、改进产品质量的方案和具体措施；

③建立制定和落实质量目标、质量计划所需的质量保证组织机构及其职能；

④各部门对其承担的质量职能应提出书面的工作程序和做法；

⑤协调各种质量活动；

⑥定期检查各种技术组织实施的完成就情况等。

4）关于售后服务。确定销售和为用户服务的总则，例如，企业的经营方针、接受订货和销售方式、技术服务要求、产品的"三包"与"三保"等。

5）关于制造质量、经济效益和质量检验的要求：

①规定提高合格率或降低废品率的要求；

②质量成本分析与控制的要求；

③适应性判断的程序与权限；

④对制造成本和价格及利润的提高水平等进行计算等。

6）其他。如关于质量管理教育培训等。

（3）要求。

ISO9000 标准要求管理者将质量方针正式地文件化，以保证所有有关的人员理解该方针，并且采用适当的步骤全面地实施。在确定质量方针时，管理者应该明确，该企业的主要目标之一是让用户完全满意，因为企业的生存任何时候都离不开消费者的支持。管理者对质量方针的保证也应该明确地表示出来。

良好的质量是集体合作努力的结果，而不是靠命令和厂长（或总经理）的指令，所以，质量方针应该是全部有关人员的共识并参与制定，而且还应把企业的背景、文化、技术和市场走向及管理者的长期目标考虑进去。

质量方针应该由厂长（或总经理）签发，它表明了企业对质量的承诺，并且将正确的信息传达给下级岗位的员工，以确保质量方针的有效实施。在企业内部，还应该用通俗易懂的语言向尽可能多的人宣传质量方针，应该让员工意识到企业目标和为达到这些目标而始终如一地执行质量方针的必要。

培养职工树立质量意识的最好方法是各级管理者以身作则。最高管理者应该坚持执行质量方针，尽管在其实施过程中，可能出现产品拒收、原材料作废或成本的暂时增加。如果最高管理者在实施质量方针时态度不坚决，不彻底，将给企业造成严重的长期影响，员工可能从此不再严格执行质量方针。

（4）企业制定质量方针的意义。

每个企业在建立、发展过程中都有自己特定的经营总方针，这个方针反映了企业的经营目的和哲学。在总方针下又有许多子方针，如战略方针、质量方针、安全方针、市场方针、技术方针、采购方针、环境方针、劳动方针等。由于全社会人们对质量意识的不断提高，质量方针在企业总方针中的地位日益重要，相当多的企业直接把质量方针作为企业的总方针来对待。企业质量方针是企业所有行为的准则。企业设立目标、制定和选择战略、进行各种质量活动策划等，都不能离开企业质量方针的指导。

1）企业质量方针是企业质量文化的旗帜。

质量是事物的固有属性，任何事物都存在质量问题，人们如何认识质量问题，怎样对待质量问题，也就是人们的质量意识问题，是企业质量文化的重要组成部分，"态度决定一切"。企业员工有什么样的质量意识，就有什么样的质量管理体系，就有什么样的过程，就会产出什么样质量的产品。在没有企业质量方针作指导时，企业员工的质量意识也许是杂乱的、各行其是的，其生产的产品难以满足顾客的需求和期望。因此，提高员工的质量意识，企业领导需要擎起质量文化的大旗，将企业员工的质量意识统一在一个较高的意识水平，这面大旗就是企业的质量方针。最高管理者的质量意识，往往决定着企业的质量意识水平，而最高管理者的质量意识正是通过质量方针进行反映的，你的质量方针的大旗举多高，你的企业的质量意识水平就会有多高，你的员工的质量意识就会被统一在多高的质量意识水平上。

2）企业质量方针是企业解决质量问题的出发点。

企业在生产经营过程中，质量问题无处不在，无时不有，如生产的产品是否合格、工作是否依据程序进行、出现不合格应怎么处理等。质量管理就是在质量方面所进行的指导、协调、控制和处置等，当然也包括对质量问题的解决。质量方针是进行这些活动的依据和出发点。

因为人们对事物的看法各不相同，所以，在处理问题时也各有所异，往往会出现矛盾和冲突。你要这样，他要那样，这时质量方针及体现质量方针的有关文件将会成为大家达成共识、解决问题的依据，质量方针会使大家在这些问题上有一个统一的认识。符合质量方针的事情和做法就对，不符合质量方针的事就不能做。即使文件或程序有规定，或是哪位领导决定，都应当按质量方针的要求修改或纠正，不能允许其与质量方针长期抵触和背离。在企业生产经营中经常会出现生产管理部门单纯追求产量，不顾质量；销售部门只考虑扩大销售将有缺陷的产品推向市场等。这些都应当依据质量方针进行纠正。

3）企业质量方针是制定和评审企业质量目标的依据。

质量方针和目标是一对联系在一起的孪生姐妹，质量方针提供了制定和评审质量目标的框架，质量目标是在质量方针的指导下建立起来的。企业是否合理地进行了资源的分配和利用以达到质量目标所规定的结果，要看其是否符合质量方针这个大方向的要求。

4）企业质量方针是企业建立和运行质量管理体系的基础。

质量方针是企业运行的行动纲领，其作为一种指导思想，指导质量管理体系的建立，包括进行质量职能分解、组织机构设置、过程的确定、资源的分配等都要在质量方针这个大框架下统一进行。特别是企业文件化质量管理体系的建立，更是质量方针在其中的体现和具体化。质量方针是检验质量管理体系是否有效运行的最高标准。

2. 质量目标

质量目标的定义是：在质量方面所追求的目的。从质量管理学的理论来说，质量目标的理论依据是行为科学和系统理论。质量目标就是以行为科学中的"激励理论"为基础而产生的，但它又借助系统理论向前发展。按照系统论的观点，一个企业是一个目的性系统，它又包括若干个带有目的性的子系统，子系统又包括若干个带有目的性的子子系统，子子孙孙系统无穷尽也。以系统论思想作为指导，从实现企业总的质量目标为出发点，去协调企业各个部门乃至每个人的活动，这就是质量目标的核心思想。

（1）质量目标的理论依据和来源。

西方著名的哲学家马斯洛（A.B.Maslow）提出人类的"需求层次论"，即人的需求可分层为：生理需求、安全需要、归属与爱的需要、尊重需要、自我实现的需要。他认为当一个人的生理需求和安全需要都得到很好的满足之后，就逐步将关注的重点转向归属与爱的需要、尊重需要和自我实现的需要等高层次方面的需求。到这个时候，作为企业的员工，希望能得到企业的认同和接受，希望自己能够胜任所担负的工作并能有所成就和建树，希望得到他人和企业的高度评价，获得一定的名誉和成绩，甚至能达到自我发挥和完成的境界。因此作为企业的最高管理者，要调动和激励员工的创造性和积极性，就必须引导全体员工通过自身质量目标的成功实现而使其高层次需求得到满足。

（2）企业如何建立具有魅力的质量目标。

烽火猎头总经理认为企业质量目标是企业在质量方面追求的目的。企业质量目标的建立为企业全体员工提供了其在质量方面关注的焦点，同时，质量目标可以帮助企业有目的地、合理地分配和利用资源，以达到策划的结果。一个有魅力的质量目标可以激发员工的工作热情，引导员工自发地努力为实现企业的总体目标做出贡献，对提高产品质量、改进作业效果有其他激励方式不可替代的作用。那么，如何建立企业的质量目标呢？

要想使质量目标真正地符合企业的实际情况，在管理中起到作用，需要对质量目标涉及到的问题进行综合考虑，这是质量策划的内容之一。制定质量目标应考虑的问题如下：

第一，确保质量目标与质量方针保持一致。质量方针为质量目标提供了制定和评审的框架，因此，质量目标应建立在质量方针的基础之上。我们可以采用从质量方针引出质量目标的方法，即在充分理解质量方针实质的基础上，将具体目标引出来，如质量方针是：开拓创新，可以导出在一定时期内开发多少种新产品；质量方针是：顾客满意，可以导出顾客投诉率应控制在多少等。

第二，应充分考虑企业现状及未来的需求。既不能好高骛远，经过努力也达不到，也不能不用费劲轻松实现，这样的目标都没有激励作用。应考虑"谋其上，得其中；谋其中，得其下"，以不断激励员工的积极性和创造性，实现其增值效果。

第三，考虑顾客和相关方的要求。要使企业的质量目标具有前瞻性，应必须关注市场的现状和未来，充分考虑顾客和相关方的需求和期望，考虑各方的要求是否得到满足及满足的程度，才能使质量目标有充分的引导作用，并与市场需求相吻合。

第四，考虑企业管理评审的结果。如果企业已经建立了质量管理体系，并进行了管理评审，那么，就需要在管理评审的过程中发现问题，经过对质量目标适宜性、充分性和有效性进行评审，提出纠正措施，以改进质量目标，使更有针对性，更好地发挥作用。

（3）制定质量目标的过程。

质量目标按时间可分为中长期质量目标、年度质量目标和短期质量目标；按层次可分为企业质量目标、各部门质量目标以及班组和个人的质量目标；按项目可分为企业的总的质量目标、项目质量目标和专门课题的质量目标。要制定合理的企业质量目标，首先要明确企业存在什么问题，知道企业的强项和弱项，针对目前现状和市场未来的前景来制定企业目标。制定企业质量目标的过程如下：

第一，找出企业目前的弱项和存在的问题。我们可以通过顾客投诉、质量审核的结果、管理评审结果、统计分析结果、不合格出现的情况、纠正或预防措施等来发现企业的问题，找出企业的弱项。从而找出质量目标所要解决的包括不合格、缺陷、不足和与先进的差距等问题。

第二，对问题进行分析，确定问题的范围。在一个企业中也许存在许许多多的问题，但是，那些重要的，必须解决的，我们需要通过考虑其对企业的影响程度，来确定是否将其制定在企业质量目标当中，同时考虑这些问题所影响的时间、人员以及资源配置情况，从而将那些对企业影响大的问题找出来制定质量目标。

第三，由所存在的问题引导出质量目标。依据企业存在的问题制定的质量目标才具有针对性和挑战性，才能在实施过程中具有可操作性。例如，我们发现企业产品不能满足市场需求，这就需要我们对产品进行创新，据此我们可制定出"开发若干新产品"的质量目标；发现产品的合格率较低，可以产生一个新的合格率水平点；发现企业质量损失率太高，可以制定一个新的质量损失率标准。

第四，为了使企业质量目标便于实施并真正起到作用，我们制定的质量目标必须满足以下要求：①包括满足产品要求所需的内容。即应当包括对产品的不低于顾客和法律法规规定的质量要求；②质量目标应是可测量的。只有这样，质量目标是否完成或完成到什么程度才可以得到有效地评价，也才能对其完成的好坏进行考核；③质量目标应具有挑战性。轻而易举就能达到的目标，往往难以有激励作用，过分保守，就失去了制定质量目标的意义。但是，也不能脱离企业实际情况，而一味定得越高越好。质量目标要有一定的挑战性，要通过努力才能实现。这样，才能使质量目标成为促进产品持续改进的动力，才能实现其"增值"作用。

（4）质量目标的分解与展开。

1）如何实施。

企业质量目标一经制定，就要考虑如何进行实施，我们需要对其进行展开，从而使质量目标纵到底横到边，做到"千斤重担大家挑，人人肩上有指标"。将质量目标分解落实到各职能部门和各级人员，使质量目标更具有操作性，同时，各部门、各级人员只有明确了自己的质量目标，知道了努力的方向，明白了应该干什么，什么时候干，怎样去干，干到什么程度，才能够充分调动其积极性，以确保质量目标的完成。质量目标层层展开以后，各级目标的实现也就保证了企业总质量目标的实现。

2）具体负责到人。

质量目标展开后，具体负责实施的部门及负责人，对每项质量目标应编制实施计划或实施方案。在活动计划书或措施计划表中，应详细列出实现该项质量目标存在的问题、当前的状况、必须采取的措施、将要达到的目标、什么时间完成、谁负责执行等。从而使质量目标的实现步骤一目了然，以确保其顺利实现。

（5）绩效考核是实现质量目标的有力保证。

绩效考核是把双刃剑，搞不好是会自伤的，但企业要想实现自己的理想目标，不搞绩效考核是不行的，因为绩效考核体系就像钟表的发条，发条不上紧，钟表的动力就会不足，甚至不会转动。从我国的企业来看，绩效管理体系运转良好的并不多，据有关专家估测，比例上不会超过 10%，更令人担心的是，国内大部分企业，甚至不少于 60%的企业，还没有建立起像样的绩效考核体系，基本上处于老板的人治状态，这样的企业要想按照企业意愿来实现其目标体系是不可能的。

在建立绩效考核实现质量目标时应考虑以下几个问题：

第一，要教育在先，上下同欲，不能急于求成。许多企业的领导者把绩效考核看得太简单化，认为只要设计一套较为完善的考核体系，并强行推行下去就行了。事实上考核远没有这么简单。绩效考核成功与否的关键点在于企业全体员工的思想是否过关，首先要教育员工绩效考核是不仅有利于公司发展，同时也有利于员工的职业生涯发展的，是一箭双雕的好事。你能想象：企业员工都认为绩效考核是企业领导在玩的管理游戏，其目的在于整人，这样的体系能够有效地运行吗？因此，在搞绩效考核之前，要像企业质量目标一样，要通过上上下下的几次同欲沟通，要进行多方面多层次的教育培训，使大家的意识首先到位，广大员工能正确理解了我们制定质量目标和实施质量目标绩效考核的目的和意义，只有在此基础上所进行的绩效考核才有可能获得成功。

第二，绩效考核应考虑正负激励同时进行，激励应考虑员工多层次的需求和期望。许多企业的绩效考核体系只和企业质量目标挂钩，而不与员工的薪酬及发展相联系。这些企业的领导往往有意无意地犯一个错误：只想马儿跑得快不想让马儿多吃草，言而无信。

第三，特别是高层管理者应加强这方面思想理念的修养。和企业质量目标的制定一样，绩效考核的许多内容也是由企业的最高管理者来决定的，因此，企业主要领导者的素质要过关，意识要到位，否则，企业质量目标绩效考核的目的也是难以实现的。在我们许多企业中，中层管理人员水平比高层还高很多，高层管理者又不努力提高，结果很可悲，最终难逃众叛亲离的厄运。从这个意义上来讲，高层管理者应该首先加强培训，加强学习，中国不缺老板，缺的是能够游刃于世界市场经济的企业家。

例如，北京某科技公司是经铁路总公司认定的信号设备生产企业及发改委认定的城市轨道交通设备供应商，是铁路信息化领域内著名的高新技术企业，其质量方针是："务实创新　技术领先　安全可靠　顾客满意"。其质量目标是：过程产品一次检测合格率 95%以上；顾客满意率 95%以上，不发生重大投诉事件；产品生命周期内 100%可溯源；重大质量安全事故为零。

4.1.2　质量管理体系中使用的文件类型

文件的多少和详略，取决于组织的类型、规模、过程和产品的复杂性、顾客要求、适用的法律法规要求等。

（1）在质量管理体系中使用下列几种类型的文件：

1）质量手册（Quality Manual）：向组织内部和外部提供关于质量管理体系符合性信息的文件。质量手册内容至少包括：质量管理体系的范围，包括任何删减的细节与理由；为质量管理体系建立的形成文件的程序或对其引用；质量管理体系过程之间的相互作用的表达。

2）质量计划（Quality Plan）：表述质量管理体系如何应用于特定产品、项目或合同的文件。

3）规范（Specification）：阐明要求的文件。

4）指南（Guideline）：阐明推荐的方法或建议的文件。

5）程序（Procedure）、作业指导书（Work Instruction）、图样（Drawing）：提供使过程能始终如一完成的信息的文件。

6）记录（Record）：为完成的活动或得到的结果提供客观证据的文件。

每个组织确定其所需文件的数量和详略程度及采用的媒介取决于以下因素：组织的类型和规模、过程的复杂性和相互作用、产品的复杂性、顾客要求、适用的法规要求、经证实的人员能力以及满足质量管理体系要求所需证实的程序。

（2）一般公司 ISO9001 质量管理体系文件设计为以下四种：

1）一级：质量手册，等同于以上所述的质量手册；

2）二级：程序文件，等同于以上所述的质量计划；

3）三级：工作指引，包括以上所述的规范（包括工程规格书，检验标准等）、作业指导书（包括各类生产、操作、检验类指引）、图样（包括客户提供的图纸、工程制定的图纸）等文件以及国家国际标准等外来参考文件；

4）四级：记录表格，等同于以上所述的记录，包括各式各样的生产、采购、仓存用的表格和一切品质检验相关的记录报表。

例如，彦哲科技（上海）有限公司的质量管理体系文件分为以下四类：质量手册；程序文件；作业文件：即第三层次的质量管理体系文件（含技术文件），如管理文件、工艺文件、企业标准、作业指导书、检验指导书等；外来文件：顾客提供图纸、文件、业务指导性质的来函；行业主管部门下发的指导性文件；国家及行业有关标准、法规。

4.1.3　质量管理体系评审

1. 为什么要评审质量管理体系

质量管理体系建立起来了，也运行了，但事情并没有完结。建立起来的质量管理体系是否合适，运行效果怎样，是否达到预期目标，这就需要通过质量管理体系评审来解决。没有评审这一步，前面的工作很可能是白做，后面的改进也就无从说起。按照 PDCA 循环的原则，评审实际上是 C（检查）阶段。做任何事，都要经过这一过程。

评审质量管理体系的作用有以下几点：

（1）检验质量方针是否正确，应当不应当修改。

（2）检验质量目标是否合适，应当不应当修改。

（3）获得某种结果，使顾客或组织内部的有关方面产生信任，提供质量保证。

（4）发现未达到规定的目标，便于及时采取纠偏措施，包括返工、返修等。

（5）检查有关文件，包括计划和程序等是否合适，应当不应当修改。

（6）检查有关资源，包括人员是否符合要求，应当不应当调整。

（7）发现过程中出现的问题，及时进行改进。

（8）发现可以节约的地方，采取措施以求降低成本。

（9）发现可以改进的机会，为质量改进提供课题或项目。

（10）为今后的活动和工作提供经验和教训，使质量管理体系运行得更好。

2. 质量管理体系评审的基本问题

质量管理体系评审在范围上可以有所不同，既可以只针对某一个或几个过程进行，也可以针对多个活动的全过程进行；既可以针对某一个部门或单位进行，也可以针对全组织进行评审。即使是针对全过程或全组织进行的评审，实际上对其组成部分也需要进行评审。评审质量管理体系时，应对每一个被评审的过程提出如下四个基本问题：

（1）过程是否已被识别并适当规定。

评审是针对过程进行的，那么评审的是什么过程？这个过程识别出来没有？怎样规定的？这是评审所面临的首要问题。假如不能确定，一方面说明评审者未能识别，只是在模糊行事；另一方面也说明质量管理体系不明确，未能将过程明确予以规定。

（2）职责是否已被分配。

任何一个过程，都会形成特定的质量职能。质量职能的落实，就是职责。没有职责，过程的进行就成了空话。假如过程只涉及到一个部门或某个人员，或涉及到多个部门或多个人员，他们是否知晓？各自的职责是否明确？有没有无人管的事？

（3）程序是否被实施和保持。

检查评审过程是否按规定在进行。违反规定的程序，就可能遗漏某一步骤（子过程），导致事情未做完，或者可能留下质量隐患，给以后造成严重后果。所有部门和人员，其所有的工作，本质上都是在实施程序。规定的程序没有实施，不能保持，质量管理体系在这一过程中实际就是失效的。

（4）在事项所要求的结果方面，过程是否有效。

这一步是要害，但它只能在前三步的基础上才能获得。结果与要求不一致，例如，达不到要求，过程就是无效的或低效的；结果超过了要求，情况又有两种，一种是过程的投入可以适当降低，另一种是促使相关的过程进行改进，以满足本过程的发展需要。

3. 质量管理体系评审的形式

质量管理体系评审的形式有多种，ISO9000 簇标准规定了三种：质量管理体系审核、管理评审和自我评定，它们是层层递进的关系，前者是后者的基础。

（1）质量管理体系审核。

质量管理体系审核是一种对质量管理体系是否达到和多大程度达到规定要求的评审，是一种对质量管理体系满足质量要求和目标方面的有效性评审。ISO9001 提供了对质量管理体系的规定要求，组织的质量管理体系和这些规定相比，符合性如何，就是一种质量管理体系审核。审核用于确定符合质量管理体系要求的程度。审核发现用于评定质量管理体系的有效性和识别改进的机会。

所谓审核，是指为获得审核证据并对其进行客观评审，为确定满足审核准则的程度所进行的系统的、独立的并形成文件的过程。所谓"系统的"，是指对整个质量管理体系（当然可能有不同侧重点，也可能是某一方面、某一项目或某一产品）进行审核；所谓"独立的"，是指参与审核的人员与被审核的对象之间没有直接的利害关系，是"局外人"；所谓"形成文件的"，是指审核结束后，需要有书面的审核结论。

审核是采取抽样方式，通过对文件、现场实况、人员的检查、询问、评审、判定来进行。通过审核，可以发现存在的问题，从而可以用于识别改进的机会。

质量管理体系审核可以有三种形式：

1）第一方审核。

第一方审核用于内部目的，由组织自己或以组织的名义进行，可作为组织自我合格声明的基础。例如，提供内部的质量保证，在第二方或第三方审核前纠正不足，为管理评审提供依据或信息，改进质量管理体系等。通过第一方审核，组织可以以此为基础，向外作自我合格声明，即自己公布自己的质量管理体系是合格的。这种自我合格声明是大多数组织应当采用的形式，中小型组织更应加以考虑。

2）第二方审核。

第二方审核由组织的顾客或由其他人以顾客的名义进行。由组织的顾客、顾客委托的人员或其他人（如政府机关、协会之类）以顾客名义进行的审核。其目的是将组织作为供方，以此确认供方是否能够满足自己的需要，作为选择、评审、认可的依据，并促进其进行改进。

3）第三方审核。

第三方审核由外部独立的组织进行。这类组织通常是经过认可的，提供符合（如GB/T19001）要求的认证或注册。由组织和顾客之外的独立的审核机构进行审核。这些审核机构要经过权威部门认可。第三方审核的依据是 ISO9001，ISO19011 提供审核指南。假如结果符合标准的要求，审核机构将提供认证注册，从而使组织提高信誉和市场竞争力。

（2）管理评审。

管理评审是最高管理者的一项重要职责，是对质量管理体系关于质量方针和质量目标的适宜性、充分性、有效性和效率进行系统的评审。通常情况下，每年或每半年应当进行一次。

质量管理体系审核所形成的审核报告是管理评审的重要依据。但是审核报告往往只有符合性和有效性的评审，而缺乏适宜性、充分性的评审。此外，组织内外环境也是在变化着的，例如，顾客反馈及其他相关方的需求和期望的变化、产品的质量状况、预防措施和纠正措施的状况等。通过管理评审，可以对治理体系（包括质量方针和质量目标）进行修改，以适应变化了的内外环境。按 ISO9001 和 ISO9004 的规定，管理评审的输出包括：

1）质量管理体系及其过程的改进。

2）与顾客和其他相关方有关的产品的改进。

3）对未来所需的资源进行策划。

（3）自我评定。

自我评定的要求更高，它是组织自己进行的，其评定的标准可能已经超过了 ISO9001 族标准的要求，可能是一种优秀模式或者是一种创新模式。将本组织的质量管理体系与这种较高水平的模式进行全面的、系统的对比评审，发现差距，提供进一步改进的机会，使组织水平永不停步，永远向前争先。

自我评定方法可以提供对组织质量管理体系是否成熟、是否先进的看法；提供对组织的业绩是否先进、有无继续改进可能的机会。这说明 ISO9001 簇标准是开放的，组织不能以满足ISO9001 的要求而自我沉醉，停滞不前。

最高治理者的任务之一是就质量方针和质量目标，有规则的、系统的评审质量管理体系的适宜性、充分性、有效性和效率。这种评审可包括考虑修改质量方针和质量目标的需求以响应相关方需求和期望的变化，持续改进质量管理体系。

4.1.4 质量管理体系认证的主要活动内容

1. 申请与受理

申请的必要条件是：

（1）按《标准》建立了质量管理体系并运行三个月以上。

（2）质量管理体系试运行期间能够正常开展职业技能鉴定活动，并有一定的鉴定规模。

（3）进行了内部审核和管理评审，并且能够为现场审核提供充分的运行证据。

（4）体系文件符合要求。

鉴定机构应首先向省级或行业职业技能鉴定主管部门进行申报，然后填写《认证申请表》，在认证前 20 个工作日向认证机构提出认证申请。

申请提交的信息资料包括：

（1）有效的《职业技能鉴定许可证》。

（2）质量手册和程序文件等体系文件。

（3）内部审核和管理评审的书面情况报告。

（4）体系试运行期间鉴定实施情况的一般信息。

认证机构接到申请后，依据要求以及规定的相关信息资料，对申请进行审查，并根据体系文件审查结果做出是否受理的决定，且在 15 个工作日内以《认证申请受理通知书》一式两份的方式回复。同意受理的，说明审核时间和准备工作要求；不同意受理的，说明不受理的理由。

2. 认证前的准备

认证机构同意受理认证申请后，应指定审核组长和成立审核组。审核组的规模与鉴定机构的级别及质量活动的复杂程度有关。一般由 2～4 名审核员组成，其中至少有一名熟悉职业技能鉴定业务的审核员。

认证机构在现场审核前应将审核组成员名单送交申请认证的鉴定机构确认。如该鉴定机构认为审核组成员与本机构有利益冲突，可提出更换审核组成员的要求。认证机构应对此进行核查，并做出是否更换的决定。

审核员（含审核组长）应满足工作流程的要求，并履行相应职责。

审核组长的职责如下：

（1）对审核工作进行策划，包括制定审核计划、分配审核任务。

（2）组织和指导审核员开展审核工作。

（3）主持首/末次会议，组织审核组内部沟通。

（4）控制和协调审核活动，适时地与受审核鉴定机构或认证机构沟通。

（5）组织审核组评审审核发现，得出审核结论，编制审核报告。

（6）履行和完成审核员的职责和任务。

审核员的职责如下：

（1）根据承担的审核任务，做好审核前的准备。

（2）独立完成所承担的审核任务，包括沟通及参加首/末次会议、收集审核证据、报告审核发现等。

（3）参与审核发现的评审和审核结论的准备。

（4）配合并支持审核组长的工作。

（5）完成首/末次会议人员签到工作。

受审核鉴定机构应对质量管理体系文件（以下简称体系文件）及记录按过程或质量活动顺序进行准备，包括提供必要的现场审核的工作条件等。

3. 体系文件审查

现场审核之前，审核组长应审查受审核鉴定机构的体系文件（包括质量方针、质量目标、质量手册、程序文件、组织结构、质量职责等），了解其质量保证能力是否满足《标准》要求，以便策划现场审核。

体系文件审查结论为"达标"的，审核组长应形成书面的《体系文件审查报告》，记录审查中的问题，并提交认证机构。认证机构确认后，在现场审核前 10 天通知受审核鉴定机构，同时要求其在现场审核之前对体系文件进行纠正。

体系文件审查结论为"未达标"的，审核组长也应形成书面的《体系文件审查报告》，并提交认证机构。认证机构确认后，将未达标结论通知受审核鉴定机构，并通知审核组停止现场审核准备。

4. 现场审核准备

审核组长确定现场审核时间，利用体系文件审查中获得的信息确定审核方案，并编制《现场审核计划》一式两份，明确审核的目的、范围、准则、分工和日程安排。《现场审核计划》经认证机构负责人批准后，于审核前7天通知受审核鉴定机构。

实施现场审核活动前，审核组长应组织审核组进行内部沟通，内容包括：

（1）审核组长向审核员介绍受审核鉴定机构概况，说明注意事项。

（2）由熟悉受审核鉴定机构的审核员介绍鉴定机构服务过程的特点及控制要点，对其他审核员进行适当的专业知识培训。

（3）审核组长说明审核计划，对审核员进行分工。

审核员应根据所承担的审核工作，了解和熟悉受审核鉴定机构质量管理体系信息，对现场审核进行策划并编制《检查、记录表》，并经审核组长批准。

例如，彦哲科技的质量管理体系审核检查单如表4-1所示。

表 4-1　质量管理体系检查、记录表

编　　　号：YIMA/C-01-2014
依据标准：GB/T19001—2008

组　别	受审核部门	审核员签字	页　数
第　小组			

共发现：　一般不符合____项；严重不符合____项。

审核组长确认：　　　共计：____小组　总页数合计：____

质量管理体系检查内容

受审核部门：管理层　　　面谈人员：　　　　　审核日期：　　年　月　日

序号	检查内容	标准条款
1	介绍公司当前经营概况、人员状况	1.2
2	一年来公司 QMS 范围有无变化？过程有无变化？如有，怎样保持其完整性？是否持续保持有效运行？公司变化最大的是什么？当前最薄弱的环节是什么？	4.1 8.5.1 5.4.2
3	公司的质量手册、程序文件等 QMS 文件有无变化？对公司的经营管理作用如何？	4.2.1 4.2.2
4	公司在提高员工满足顾客和法律法规要求的重要性方面做了哪些工作？效果如何？公司在资源上有哪些新的投入？能否满足公司经营管理需要？	5.1 6.1
5	顾客和法规要求有无变化？在增强顾客满意方面有何举措？效果如何？是否发生过顾客投诉？如何解决的？是否进行过监督抽查？结果如何？	5.2
6	质量方针制定以来是否进行过修订？质量方针对制定和评审质量目标起到什么作用？员工在理解和执行质量方针上有哪些提高？	5.3

序号	检查内容	标准条款
7	质量目标是否进行过修订？是否体现质量方针的要求？如何体现满足要求及持续改进？如何体现满足产品要求？分解落实和实施情况？查有关文件。	5.4.1
8	① 对机构和职责是否进行过调整？目前机构运行是否有效？职责是否落实？ ② 管代在确保 QMS 所需的过程得到建立、实施和保持方面做了哪些工作？效果如何？如何评价公司 QMS 的运行状态？如何评价公司全体员工满足顾客要求的意识？准备进一步采取什么措施？ ③ 内部沟通过程是否有效？对公司质量目标的完成、重大质量事件、顾客投诉等是否向员工进行沟通？	5.5.1 5.5.2 5.5.3
9	是否按规定进行管理评审？评审的输入、输出是否符合标准规定？得出什么结论？提出哪些改进措施？是否跟踪验证？（有关记录在质检部查）	5.6
10	策划了哪些改进过程？实施效果如何？	8.1
11	如何对公司策划的过程进行监视和测量？对改进起到何作用？	8.2.3

质量管理体系内部检查记录

受审核部门：

序号	检查记录	标准条款	结果*判定

　*：A—严重不符合，B—一般不符合，C—观察项（书面/口头），符合可不加标识。

5. 现场审核

现场审核是在受审核鉴定机构现场实施的审核活动。包括召开首次会议、现场收集证据、形成审核发现、做出审核结论、沟通（审核组内部沟通、审核组与受审核鉴定机构以及与认证机构沟通）、召开末次会议。审核组通过这一系列活动收集客观证据，以评定受审核鉴定机构质量管理体系的运行与体系文件的规定是否一致，证实其质量管理体系符合《标准》要求的程度，并做出审核结论。现场审核流程如下：

（1）召开首次会议。会议按规定议程进行，参加会议的人员为：审核组全部成员和受审核鉴定机构管理层人员。审核组长主持并介绍审核组成员及其分工以及现场审核活动的相关事宜，受审核鉴定机构介绍管理层成员及其职务，并且在《会议签到表》上签到。

（2）实施现场审核。首次会议以后，审核员按《检查、记录表》查阅、收集、验证与审核准则有关的、能够证实的记录、客观事实、陈述等信息作为审核证据并进行记录（包括能够证实受审核鉴定机构质量管理体系有效运行的信息和涉及到未达标事实的信息）。

（3）审核情况交流。每天现场审核活动结束后，审核组长主持对当天的审核情况进行内部沟通，评价收集的审核证据。当全部审核活动完成以后，审核员对审核证据进行全面的汇总、比较和分析，以确定审核发现。

（4）对体系有效性评价。审核组在汇总、分析所有审核发现的基础上，对受审核鉴定机构质量管理体系的符合性、有效性做出评价。包括：

1）体系文件与《标准》的符合程度以及删减的合理性。

2）质量管理体系的实施现状及其有效程度。

3）质量管理体系持续改进机制是否建立。

（5）形成审核结论。根据评价的结果做出"推荐通过认证"、"有条件推荐通过认证"或"不推荐通过认证"三种审核结论。

（6）通报审核结论。审核组在未正式公布审核结论之前，应与受审核鉴定机构领导层进行沟通，通报审核发现和审核结论，以澄清疑问，解决分歧，并商定完成纠正和纠正措施的时限。如果受审核鉴定机构对审核结论有不同意见，且不能与审核组达成共识，审核组应当记录所有的意见。

（7）召开末次会议（参加人员与首次会议同）。由审核组长总结审核情况，宣读《未达标报告》和《审核报告》，提出实施纠正和纠正措施的要求以及其他说明，并给予受审核鉴定机构对审核结果和说明提出质疑的机会。

6. 审核报告

现场审核结束后，审核组长（或组长授权审核员）编制《审核报告》。报告内容应包括审核的目的、范围、准则、成员、日期与地点、审核发现、审核结论、潜在问题以及改进方向。必要时还可包括审核计划、受审核鉴定机构代表名单、审核过程综述、跟踪活动的安排、审核组与受审核鉴定机构之间未解决的分歧意见等。

审核结束后一周内（包括限期整改并要再次验证的），审核组长向认证机构提交《审核报告》以及相关审核记录，包括《体系文件审查报告》、《现场审核计划》、《检查、记录表》、《未达标报告》复印件等。

除非有法律要求或得到受审核鉴定机构批准，审核员不得向任何他方泄漏与审核有关的信息，包括《审核报告》中的内容或审核中获得的商业、管理等方面的信息。

7. 跟踪实施

受审核鉴定机构针对《未达标报告》所列的内容，实施防止未达标项再次发生的纠正措施后，向审核组长（或认证机构）报告实施情况，审核组长（或认证机构）对上述措施的完成情况进行跟踪验证，并做出判断和记录，填写《纠正和预防措施处理单》，如表 4-2 所示。一般三个月内完成整个审核过程。

表 4-2　纠正和预防措施处理单

编号：YIMA/C-57-2014　　　　　　　　　　　　　　　　序号：

序号	报告人	报告日期	工作环节	质量问题摘要	预警等级	责任部门	原因分析	纠正或预防措施	负责人	完成日期	验证人

制表：质量部

注：预警等级分为三级，电子版文档从高到低分别用颜色标识为红色、橙色、黄色，预警解除用绿色标识。

8. 审批颁证

认证机构对《审核报告》和相关资料进行评审后，对审核结论的公正性、客观性进行评定，并做出审定结论。认证机构负责人根据审定结论报劳动和社会保障部培训就业司批准后，做出准予注册颁证的决定，并由认证机构将审批结论及时以书面形式通知受审核鉴定机构及其鉴定主管部门，在 30 个工作日内颁发职业技能鉴定机构质量管理体系认证证书（以下简称认证证书）。

北京交大微联科技有限公司的质量管理体系认证证书如图 4-1 所示。

图 4-1　质量管理体系认证证书

9. 监督审核和管理

认证证书有效期为三年。其间认证机构负责对受审核鉴定机构质量管理体系进行年度监督审核和管理，以督促该体系有效实施和保持。监督审核原则上每年一次。认证证书有效期内进行的历次监督审核，应覆盖《标准》涉及的全部过程及部门（允许删减的除外）。

认证证书有效期届满时，根据获证机构的重新认证申请，认证机构按照初次审核的程序和方法对获证机构质量管理体系进行再次认证。

若受审核鉴定机构的鉴定范围发生变化，再次认证时的审核范围应与初次审核不同；若鉴定范围不变，再次认证时抽查的样本可略少于初次审核，审核时间也可适当减少，大约相当于初次审核的 2/3。

本着精简节约的原则，认证经费由受审核鉴定机构与认证机构协商确定，并由双方共同承担。

4.2   八项质量管理原则

国际标准化组织质量管理与质量保证委员会（TC/176）花了 1 年的时间埋头整理和研究，参考了 QS9000 许多理念，总结和归纳出质量管理八大原则：以顾客为关注焦点；系统管理；领导作用；持续改善；全员参与；基于事实的决策方法；过程方法；互利供方关系。被誉为二十一世纪所有提供产品和服务的组织指导质量管理的八大法宝。

原则一：以顾客为关注焦点

组织依存于顾客。因此，组织应当了解顾客当前的和未来的需求，满足顾客要求并争取超越顾客期望。这是组织存在的根本宗旨。

企业应平衡顾客和其他利益相关者的需要，使这些需求和期望在企业内得到充分的沟通和协调；测量顾客的满意度，并对与顾客的关系进行管理。

顾客的需求包括：

（1）订单/合同上规定的要求（明示的要求）：品名/规格/数量；质量；价格；交货期/运输方式/付款方式；包装要求/标识要求/可追溯性要求等。

（2）还可能有：检验要求；质量体系要求；质量保证书；现场验货要求等。

（3）隐含的要求（已知的用途或已知的预期用途所必须的要求）：行业规范；行业标准；行业惯例，如手表、布匹、糖果食品的 Erh（平衡相对湿度）。

（4）与产品有关的法律法规要求：使用时不适、不舒服的；危害使用者的人身安全的；危害社会公众的；危害环境的。

（5）果冻食品的警示性标识、食品的保质期标识、有害化学毒物的含量限制、有害微生物的个数等。

注意：收集相关的法律法规，必须追溯到最终使用者所在的国家，地区甚至州、省等。

顾客的含义包括两个层面：一是我们的供货对象——外部顾客。外部顾客还可分为不同层次，如：代理商、中间商、最终消费者。二是内部的部门间/工序间——内部顾客。

处理部门间、工序间工作关系的原则有以下三点：下一工序就是顾客；以顾客为中心；每个部门既是供应商又是顾客。部门间、工序间工作关系如图 4-2 所示。

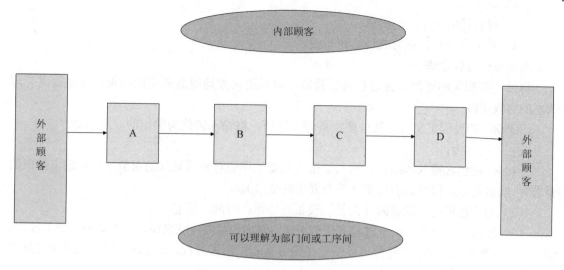

图 4-2　部门间、工序间工作关系

原则二：领导作用

领导者应确立组织统一的宗旨及方向。他们应当创造并保持使员工能充分参与实现组织目标的内部环境。这是质量管理体系持续有效运作的根本保证。领导的职责包括：

（1）领导者在全企业建立统一的意图。

（2）领导者指明企业统一的方向，好比企业大船的船长。

（3）领导者需建立一个让员工充分投入去完成企业目标的环境，最重要的是坚持以顾客为关注焦点的宗旨。

最高管理者是指在最高层指挥和控制企业的一个人或一组人，不仅仅指总经理。

领导者发挥领导作用应做到：

（1）作好企业的领路人。领导者需要预测环境的未来变化，考虑相关方的需求（包括员工及社会），为企业的未来指定明确的目标，制定具有挑战性的目标和指标，制定战略以达成所指定的目标和指标。

（2）与员工建立互信的关系。领导者要正确评估企业的各阶层的员工，对员工的贡献给予充分的肯定，建立彼此的信任及排除员工的恐惧心理，促进诚实开放的沟通方式，能够听取员工的意见，为员工提供适当的教育、训练和辅导，使其明白其自身工作与满足顾客要求的相关性和重要性，提供必需的资源。

原则三：全员参与

各级人员都是组织之本，只有他们的充分参与，才能使他们的才干为组织带来收益。这是实现以顾客为关注焦点的前提条件之一。

员工的职责：

（1）以为顾客创造附加值为中心。

（2）积极寻求强化人员能力、知识和经验的机会。

（3）接受自我责任去解决问题。

（4）积极寻求持续改进的机会。

（5）使企业的长远目标能够达成并进行创新。

（6）将企业的优势展示给顾客、社区和社会团体。

（7）对自己的工作感到满意。

（8）对于自己是企业的成员感到骄傲。

原则四：过程方法

将活动和相关的资源作为过程进行管理，可以更高效地得到期望的结果。这是提高管理效率的有效手段。

ISO9001 把过程定义为：通过使用资源和管理，将输入转化为输出的一组活动。

过程的特点为：

（1）一定包含输入和输出。输入是指我们要工作的对象或处理的对象（针对输出提出的要求）；输出是指过程最后的结果（符合要求的成果）。

（2）必须运用适当的资源（人员、设备、场地、时间、信息等）。

（3）过程必须由若干个子过程或流程组成。例如，对供应链来说，企业就是一个大过程，但对企业内部来说，这个大过程可以依顺序细分为若干个子过程，如设计开发过程就是产品实现过程中的一个子过程。

（4）前一个过程的输出就是下一个过程的输入。

（5）过程必须考虑增值（满足要求）。

确定过程的步骤：

第一步：确定输入与输出。

确定一个过程的输入与输出，如人力资源管理过程的输入：全公司不同的工作岗位对人力资源的资格、教育、经验、技能的要求；输出：提供满足上述要求的各类人员。再如，与顾客相关的过程的输入：代表顾客要求的各类信息；输出：经供需双方共同确认的要求或承诺。

第二步：识别流程。

确定一个过程由哪些子过程/流程构成，这些子过程/流程的先后顺序如何，它们之间的关系如何。

第三步：识别职责。

确定每个过程/子过程/流程的职责部门。

第四步：设定规范和准则。

设定每个过程/子过程/流程的运作的规范和准则。

第五步：设计监控点。

设计监控点与检查点，适当地对过程进行测量，确保输出是增值的，并进行持续改善。

原则五：系统的管理方法

将相互关联的过程作为系统加以识别、理解和管理，有助于组织提高实现目标的有效性和效率。

系统的管理方法要求：

（1）任何的组织必须有它的追求，即设立目标。

（2）目标有赖于组织同仁的支持和努力，所以必须把目标分解到部门，甚至个人。

（3）定出目标的完成期限。

（4）必须把目标的含义、统计方法公布，并广泛宣传，使各个阶层的人员均理解，并为之努力奋斗。

（5）制定达成目标的可行的措施，并予以实施。

（6）设定目标的统计和检讨频率，并做定期的统计和检讨。

（7）通过目标的检讨，寻找差距，制定新措施，再实施，再检讨，直至达成目标。

（8）达成了目标，把实施的措施文件化，然后再定更高的目标，更上一层楼。

原则六：持续改进

持续就是指"只有起点，没有终点"。持续改进总体业绩应当是组织的一个永恒目标。ISO9001 标准就是根据持续改善的原则编写的。持续改进质量管理体系的目的：增加顾客和其他相关方满意的机会。持续改进，套用一句广告语就是"没有最好，只有更好"。

持续改进包括以下活动：

（1）分析和评价现状，以识别改进的区域。

（2）确定改进目标。

（3）寻找可能的解决办法以实现目标。

（4）评价这些解决办法并作出选择。

（5）实施选定的解决办法。

（6）测量、验证、分析和评价实施的结果。

（7）正式采纳更改。必要时，对结果进行评审。

强调纠正及预防措施，消除产生不合格或不合格的潜在原因，防止不合格的再发生，从而降低成本；强调不断地审核及监督，达到对企业的管理及运作不断地修正及改良的目的。具体做法为：

（1）系统性的改进：对质量方针、目标的评审与修订；审核结果；数据分析。

（2）日常性的改进：纠正与预防措施的实施；质量例会。

原则七：基于事实的决策方法

有效决策是建立在数据和信息分析的基础上。对数据和信息的逻辑分析或直觉判断，是有效决策的基础。这就要求我们测量和搜集数据，并使用统计技术分析，做到基于事实进行决策。

原则八：互利的供方关系

组织与供方是相互依存的，互利的关系可增强双方创造价值的能力。通过互利的关系，提升组织及其供方创造价值的能力。

与供方的伙伴关系是指：识别和选择主要的供应商；建立伙伴关系；充分的信息沟通，共享信息；共同改进产品和过程；认可供应商的改进和成就。

思考题

1. 在质量管理体系中使用哪几种类型的文件？
2. 质量管理体系认证的主要活动内容是什么？
3. 八项质量管理原则是什么？

第5章　项目质量管理

5.1　项目质量管理概述

质量管理是项目管理的重要组成部分，是一个项目的性能（功能）、成本、进度三项指标实现的重要领域。质量管理主要就是监控项目的可交付产品和项目执行的过程，以确保它们符合相关的要求和标准，同时确保不合格项能够按照正确方法或者预先规定的方式处理。

在项目管理中，质量管理的既定方向就是通过项目范围界定管理体制，必须将暗示的需求变为明示需求。

项目质量管理要求保证该项目能够兑现它的关于满足各种需求的承诺。它包括在质量体系中，与决定质量工作的策略、目标和责任的全部管理功能有关的各种活动，并通过诸如质量计划、质量保证和质量改进等手段来完成这些活动。这些工作过程相互影响，并且与其他知识领域中的过程之间也存在相互影响。依据项目的需要，每个过程都可能包含一个或更多的个人或团队的努力。在每个项目阶段中，每个过程通常都会至少经历一次。

项目质量管理必须兼顾项目生产。在任何一方面未满足质量要求都可能导致对部分或全部的项目相关人员产生严重的负面效果。例如，通过项目小组的超量工作来满足客户的要求，可能会造成不断上升的雇员跳槽率的负面效果。通过加快完成列入计划的质量检验工作来满足项目进度计划目标，则当错误因未被发现而放过时，就可能产生负面效果。

质量是一个实体的性能总和，它可以凭借自己的能力去满足对它的明示或暗示的需求。在项目管理中，质量管理的既定方向就是通过项目范围界定管理体制，必须将暗示的需求变为明示需求。

项目管理小组必须注意，不要把质量与等级相混淆。等级是一种具有相同使用功能，不同质量要求的实体的类别或级别。质量低通常是个问题，级别低就可能不是。例如，一个软件产品可能是高质量（没有明显问题，具备可读性较强的用户手册），低等级（数量有限的功能特点），或者是低质量（问题多，用户文件组织混乱），高等级（无数的功能特点）。决定和传达质量与等级的要求层次是项目经理和项目管理小组的责任。

项目管理小组还应该注意，现代的质量管理是现代的项目管理的补充。例如，这两种管理原则都明确了以下几点的重要性：

（1）满足客户——理解、管理和引导需求，从而达到或超越客户的期望。这就要求项目产品与说明书配合一致（项目必须生产它所承诺生产的产品），并且适于实用（项目提供的产品或服务必须能满足实际需要）。

（2）通过检验防止错误——避免错误的费用通常比纠正它们低得多。

（3）管理责任——成功需要团队全体成员的合作，但提供成功所需要的资源则是管理人员的职责。

（4）各阶段的过程——戴明和其他人所描述的那种重复的"计划-执行-检验-行动"工作循环同"不同阶段和过程之间的配合"是高度一致的。

　　此外，由执行组织主动采取的质量提高措施（例如，整体质量管理、可持续发展等）既能够提高项目管理的质量，也能提高项目生产的质量。

　　然而，项目管理小组必须明确重要的一点——项目的暂时性特征，意味着在产品质量提高上的投资，尤其是缺陷的预防和鉴定评估，常常有赖于执行组织的支持，因为这种投资的效果可能在项目结束以后才得以体现。

5.2　项目质量计划编制

　　质量计划包括确定哪种质量标准适合该项目并决定如何达到这些标准。在项目计划中，它是程序推进的主要推动力之一，应当有规律地执行并与其他项目计划程序并行。例如，对管理质量的要求可能是成本或进度计划的调节，对生产质量的要求则可能是对确定问题的详尽的风险分析。比 ISO9000 国际质量体系的发展更进一步的是，这里作为质量计划所描述的工作是作为质量保证的一部分而进行广泛讨论的。

　　这里所讨论的质量计划技巧是在项目中最常用的一部分。还有许多其他的质量计划技巧可能在一些特定的项目或者一些应用领域中应用。

　　项目小组还应注意现代质量管理中的一项基本原则——质量在计划中确定，而非在检验中确定。

　　质量工作计划是对特定的项目、服务、合同规定专门的质量措施、资源和活动顺序的文件。质量工作计划的工作内容包括：实现的质量目标；应承担的工作项目、要求、责任以及完成的时间等；在计划期内应达到的质量指标和用户质量要求。具体指计划期内质量发展的具体目标、分段进度、实现的工作内容、项目实施准备工作、重大技术改进措施、检测及技术开发等。

　　质量计划的目的主要是确保项目的质量标准能够得以满意的实现，其关键是在项目的计划期内确保项目按期完成，同时要处理与其他项目计划之间的关系。

　　1. 质量计划的依据

　　（1）质量方针：质量方针是对项目的质量目标和方向所作出的一个指导性文件，因此项目管理工作组应制定自己的质量工作方针，同时项目的质量方针应与项目的投资者完全共享。

　　（2）范围陈述：项目的范围陈述说明了投资者的需求以及项目的主要要求和目标，因此范围陈述是项目质量计划确定的主要依据和基础。

　　（3）产品描述：尽管产品描述的相关要素可能在范围描述中予以强调，然而产品的描述通常包含更加详细的技术要求和其他的内容，它对于项目质量计划的制定非常有用。

　　（4）标准和规则：项目质量计划的制定必须考虑到任何实际应用领域的特殊的标准和规则，这些都将影响项目质量计划的制定。

　　（5）其他工作的输出：除了上述范围陈述、产品描述之外，其他方面的工作输出也会对项目计划的制定产生影响，比如说采购计划就要说明承包人的质量要求，从而影响到项目质量管理的计划。

　　2. 质量计划制定的方法和技术

　　（1）利益/成本分析：质量计划必须综合考虑利益/成本的交换，满足质量需求的主要利益是减少重复性工作，这就意味着高的产出、低的支出及增加投资者的满意度。满足质量要求的基本费用是辅助项目质量管理活动的付出，其基本原则是利益与成本之比尽可能的大。

（2）基准：基准主要是通过比较实际或计划项目的实施与其他同类项目的实施过程，为改进项目实施过程提供思路和一个实施的标准。

（3）流程图：流程图是一个由任何箭线联系的若干因素关系图，流程图在质量管理中的应用主要包括如下两个方面：

1）因果图（又称石川图或鱼刺图）：主要用来分析和说明各种因素和原因如何导致或者产生各种潜在的问题和后果。例如，用户不能进入 YIMA EAM 系统的原因分析，如图 5-1 所示。

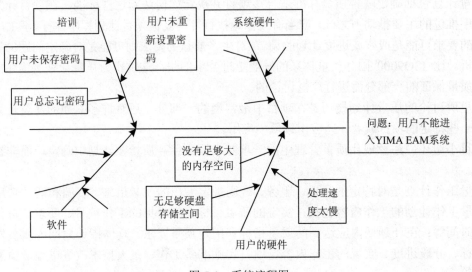

图 5-1   系统流程图

2）系统流程图：主要用来说明系统各种要素之间存在的相互关系，通过流程图可以帮助项目组提出解决所遇质量问题的相关方法。

（4）试验设计：试验设计对于分析辨明对整个项目输出结果最有影响的因素是很为有效的，但该方法的应用存在着费用进度交换的问题。例如，汽车设计人员希望确定怎样的组合隔振弹簧和轮胎才能以合理的成本获得最理想的汽车行驶性能。

3．质量计划的结果

（1）质量管理计划：质量管理计划主要描述项目管理组织应该如何实施它的质量方针。

（2）具体操作说明：对于一些特殊条款需要附加的操作说明，包括对它们的解释及在质量控制过程中如何度量的问题。比如满足项目进度日期不能足以说是对项目管理质量的度量，项目管理组还必须指出每一项工作是否按时开始或者按时结束，各个独立的工作是否被度量或者仅是做了一定的说明等类似情况。

（3）检查表格：检查表格是一种用于对项目执行情况进行分析的工具，其可能是简单的也可能是复杂的，通常的描述包括命令和询问两种形式，如"开始招标"或"招标工作已经完成了吗？"。许多组织已经形成了标准的确保工作顺利执行的体系。

（4）其他过程的输入：质量计划过程也有助于对其他领域工作的开展。

5.3　项目质量保证

质量保证是为了提供信用，证明项目将会达到有关质量标准，而在质量体系中开展的有计划、有组织的工作活动。它贯穿于整个项目的始终。比 ISO9000 质量体系的发展更进一步的是，在质量计划部分所描述的活动从广义上说，也是质量保证的组成部分。一般地，项目质量保证包括：质量管理方法、有效的工程技术、整个过程采用的正式复审技术、多层次的测试技术、对文档及其修改的控制、项目的标准及规格等。

这种保证可以向项目管理小组和执行组织提供（内部质量保证），或者向客户和其他没有介入项目工作的人员提供（外部质量保证）。

建立项目达到有关质量标准的信心而制定的计划，以及项目质量系统内系统地加以实施的所有活动，称质量保证。质量保证实质上是对质量计划和质量控制过程的控制。

质量保证是所有计划和系统工作实施达到质量计划要求的基础，为项目质量系统的正常运转提供可靠的保证，它应该贯穿于项目实施的全过程之中。在 ISO9000 系列实施之前，质量保证通常被描述在质量计划之中。

质量保证通常是由质量保证部门或者类似的组织单位提供，但是不必总是如此。

1．质量保证的依据

（1）质量管理计划。

（2）质量控制度量的结果：质量控制度量是为了比较和分析所做的质量控制测试的记录和度量。

（3）操作说明。

2．质量保证的工具和方法

（1）质量计划。

（2）质量审核：质量审核是确定质量活动及其有关结果是否符合计划安排，以及这些安排是否有效贯彻。通过质量审核：保证项目质量符合规定要求；保证设计、实施与组织过程符合规定要求；保证质量体系有效运行并不断完善，提高质量管理水平。

（3）质量审核的分类包括：质量体系审核、项目质量审核、过程（工序）质量审核、监督审核、内部质量审核、外部质量审核。

质量审核可以是有计划的，也可以是随机的，它可以由专门的审计员或者是第三方质量系统注册组织审核。

3．质量保证的结果

质量改进：质量改进包括达到以下目的的各种行动：增加项目有效性和效率以提高项目投资者的利益。在大多数情况下，质量改进将要求改变不正确的行动以及克服这种不正确行动的过程。

5.4　项目质量控制

信息系统项目的质量控制包括监控特定的项目成果，以判定它们是否符合有关的质量标准，并找出方法消除造成项目成果不令人满意的原因。它应当贯穿于项目执行的全过程。项目成果包括生产成果，如阶段工作报告和管理成果；成本和进度的执行。质量控制通常由质量控制部门或有类似名称的组织单位执行，当然并不都是如此。

项目管理小组应当具备质量控制统计方面的实际操作知识，尤其是抽样调查和可行性调查，这可以帮助他们评估质量控制成果。在其他课题中，他们应区分：

- 预防（不让错误进入项目程序）和检验（不让错误进入客户手中）。
- 静态调查（其结果要么一致，要么不一致）和动态调查（其结果依据衡量一致性程度的一种持续性标准而评估）。
- 确定因素（非常事件）和随机因素（正态过程分布）。
- 误差范围（如果其结果落入误差范围所界定的范围内，那么这个结果就是可接受的）和控制界限（如果其成果落入控制界限内，那么该项目也在控制之中。）

质量控制主要是监督项目的实施结果，将项目的结果与事先制定的质量标准进行比较，找出其存在的差距，并分析形成这一差距的原因，质量控制同样贯穿于项目实施的全过程。项目的结果包括产品结果（如交付）以及管理结果（如实施的费用和进度）。

1. 质量控制的依据

（1）工作结果：包括实施结果和产品结果。

（2）质量管理计划。

（3）操作规范。

（4）检查表格。

2. 质量控制的方法和技术

（1）帕累托分析：指确认造成系统质量问题的诸多因素中最为重要的几个因素，也称为80/20法则。意思是，80%的问题经常是由于20%的原因引起的。例如，用户抱怨 YIMA EAM 系统问题有如下几方面：登录问题、系统上锁、系统太慢、系统难以使用、报告不准确。经统计，第一、二类抱怨占总抱怨数的80%。因此，应集中力量解决系统登录和系统上锁问题。

（2）检查：包括度量、考察和测试。

（3）控制图：控制图可以用来监控任何形式的输出变量，它用的最为频繁，可用于监控进度和费用的变化，范围变化的量度和频率，项目说明中的错误，以及其他管理结果。控制图如图5-2所示。

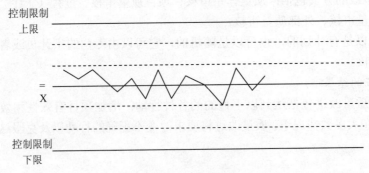

图 5-2　控制图

（4）统计样本：对项目实际执行情况的统计值是项目质量控制的基础，统计样本涉及到了样本选择的代表性，合适的样本通常可以减少项目控制的费用。样本的大小取决于想要的样本有多大的代表性。决定样本大小的公式：

$$样本大小=0.25\times(可信度因子/可接受误差)^2$$

表 5-1　常用的可信度因子表

期望的可信度	可信度因子
95%	1.960
90%	1.645
80%	1.281

根据决定样本大小的公式，并结合表 5-1，可以得出以下结论。

若要有 95%的可信度，则样本大小为：

样本大小=0.25×(可信度因子/可接受误差)^2 =0.25 ×(1.960/0.05)^2 =384

若要有 90%的可信度，则样本大小为：

样本大小=0.25×(可信度因子/可接受误差)^2 =0.25 ×(1.645/0.10)^2 =68

若要有 80%的可信度，则样本大小为：

样本大小=0.25×(可信度因子/可接受误差)^2 =0.25 ×(1.281/0.20)^2 =10

（5）标准差：测量数据分布中存在多少偏差。一个小的标准差意味着数据集中聚集在分布的中间，数据之间存在很小的变化。正态分布如图 5-3 所示。标准差在质量控制上很重要，因为它是一个决定有缺陷个体的可接受数目的关键因素。

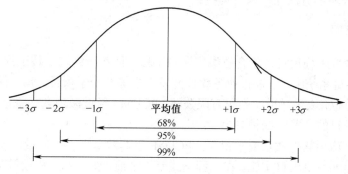

图 5-3　正态分布图

（6）6σ：一些公司（如摩托罗拉、通用电气、宝丽来等）使用 6σ 作为质量控制标准。6σ 被认为是美国对质量改进的最杰出的贡献之一。

表 5-2　σ 和有缺陷的单位数

规范范围（+/– σ）	在范围内的样本百分比	每 10 亿中有缺陷的单位数
1	68.27	317300000
2	95.45	45500000
3	99.73	2700000
4	99.9937	63000
5	99.999943	57
6	99.9999998	2

（7）流程图：通常被用于项目质量控制过程中，其主要目的是分析问题产生的原因及要素间的关系。

（8）趋势分析：趋势分析是应用数学的技术根据历史的数据预测项目未来的发展，趋势分析通常被用来监控：

1）技术参数：多少错误或缺点已被识别和纠正，多少错误仍然未被校正。

2）费用和进度参数：多少工作在规定的时间内被按期完成。

3．质量控制的结果

（1）质量改进措施。

（2）可接受的决定：每一项目都有被接受和拒绝的可能，不被接受的工作需要重新进行。

（3）重新工作：不被接受的工作需要重新执行，项目工作组的目标是使得返工的工作最少。

（4）完成检查表：当检查的时候，应该完成对项目质量的记录及完成检查表格。

（5）过程调整：过程调整包括对质量控制度量结果的纠正以及预防工作。

思考题

一、简答题

1. 编制质量计划的依据是什么？
2. 进行质量控制的方法和技术有哪些？

二、案例分析题

某银行信息系统工程项目，包含省级广域网工程、储蓄所终端安装工程、主机系统工程、存储系统工程、备份系统工程、银行业务软件开发工程等若干子项目。此工程项目通过公开招标方式确定承建单位，太平洋世纪数码有限公司（PCDM）经过激烈竞标争夺，赢得工程合同。合同约定，工程项目的开发周期预算为 36 周。

由于银行对于应用软件质量要求很高，PCDM 也非常重视工程质量，安排有资深资历的高级工程师张工全面负责项目实施。在工程正式开工之前，张工对工程项目进行了分解，根据工程分析，张工认为此工程项目质量、进度的关键在于银行业务定制应用软件的开发。除工程整体的开发计划外，张工还针对应用软件开发制定了详细的开发计划，定制应用软件的开发周期为 36 周。网络工程、终端安装工程、主机系统工程、存储系统工程、备份系统工程等与应用软件开发并行实施。

张工对工程项目在需求分析、概要设计、详细设计、编码、单元测试、集成测试等各个环节要求均非常严格。根据张工安排，需求分析、概要设计均安排有多年工作经验的高级软件工程师担任，各个阶段的阶段成果均组织了严格的评审，以保证各个阶段成果的质量。

在软件编码及单元测试工作完成之后，张工安排软件测试组的工程师编制了详细软件测试计划、测试用例，包括集成测试、功能测试、性能测试、安全性测试等。

张工在安排软件测试任务的时候，在动员软件开发小组时宣讲："软件测试环节是软件系统质量形成的主要环节，各开发小组，特别是测试小组，应重视软件系统测试工作"。因此，张工安排给测试组进行测试的时间非常充足，测试周期占整个软件系统开发周期的 40%，约 14.5 周。在软件系统测试的过程中，张工安排了详细的测试跟踪计划，统计每周所发现软件系统故障数量，以及所解决的软件故障。根据每周测试的结果分析，软件系统故障随时间的推移呈明显的下降趋势，第 1 周发现约 100 个故障，第 2 周发现约 90 个故障，第 3 周发现 50 个故障，……，第 10 周发现 2 个故障，第 11 周发现 1 个故障，第 12 周发现 1 个故障。于是张工断言软件系统可以在完成第 14 周测试之后顺利交付给用户，并进行项目验收。

1．请问张工的软件开发计划中是否存在问题？为什么？

2．张工根据对定制软件系统测试的跟踪统计分析结论，得出项目可于计划的测试期限结束后达到验收交付的要求，你认为可行吗，为什么？

3．若你是本项目的总工，你将怎样改进工作，以提高软件系统开发的质量，保证工程项目按期验收？

第 6 章　软件质量保证

6.1　软件质量保证概述

6.1.1　软件质量保证概念

软件不是物质实体，它的存在依赖于环境。软件开发的软硬件环境发展非常迅速，并且软件开发过程中软件需求也存在不确定性，容易由于客户的原因导致软件需求不断发生变化，鉴于软件的这些特殊性，一般将软件质量分为两个方面：一方面是设计质量，另一方面是制造质量。我们都知道软件开发过程中，需求分析、设计、实现、测试和维护是五个必经的阶段。这五个阶段中需求分析和设计阶段的质量属于设计质量，设计质量主要关注于获取满足用户需求的软件规约，为主观性较强的过程，管理和控制起来比较复杂，需要灵活掌握。而软件实现、测试和维护阶段的质量属于制造质量，该阶段只需要按照已经获取的软件规约生产符合要求的软件产品即可，该阶段是传统的软件工程的用武之地，是软件质量保证充分发挥作用之处。

前面了解了软件质量的有关内容，下面再介绍一下软件质量保证。软件质量保证是为软件产品满足已指定的技术需求提供充分证据，而开展的有计划的和系统的活动。软件质量保证的目的是为了向组织内部以及向客户或第三方提供信任保证，对内证明组织的质量管理处于良好的状态，所有的质量活动均在有效运行中，对外向客户或者第三方证明组织有能力保证软件产品满足其需求，有能力提供符合软件质量要求的产品及服务。软件质量保证是贯穿于整个软件开发过程中的第三方独立审查的活动，它是一个活动，向所有有关的人提供证据以确立质量功能正在按需求运行的信心，它提供开发出满足用户要求产品的软件过程的能力证据。软件质量保证是面向消费者的活动，站在用户立场上来掌握产品质量，以保证产品最终满足用户的要求。其最终目的就是向用户提供高质量的满意的软件产品。

软件质量保证工作和软件质量保证活动是通过软件质量保证人员来执行的，软件质量保证人员在软件质量保证过程中充当非常重要的角色。软件质量保证人员对软件过程进行全面监控，参与软件产品的评审和审计，检查日常活动，对问题进行跟踪以确保问题得到妥善处理，并在必要时将问题汇报给高级领导，在执行这些质量活动的同时，还进行改进建议的收集，为过程改进提供支持。

6.1.2　软件质量保证目标

软件质量保证是为了减少并纠正实际的软件开发过程和软件开发结果与预期的软件开发过程和软件开发结果的不符合情况，软件质量保证的总体目标如下：

（1）软件质量保证工作应系统并有计划的进行。

（2）客观的检查软件产品和工作是否遵循适当的标准和流程。

（3）保证软件开发过程中各部分的有效沟通。

（4）保证工作成果的版本和输出物的正确性，以及保证项目组成员适时、正确的获取恰当的版本，并保证成果物的分发范围的适宜性。

（5）确保项目中的不合格问题能够被记录，并有效解决。

（6）确保项目过程的可追溯性。

在软件开发过程中，必经的需求分析、设计、实现、测试和维护这五个阶段中对软件质量保证目标有更进一步的要求。

1. 需求分析阶段的软件质量保证目标

本阶段软件质量保证的目标是确保客户所要求的系统是可行的，确保开发者和客户对需求理解的一致性，确定能够按照用户需求提供适当的软件系统。

2. 设计阶段的软件质量保证目标

本阶段软件质量保证的目标是确定设计符合行业标准，设计规格与需求保持一致性，并能够充分实现需求的要求，设计规格中所确定的软件架构应具备灵活性、可维护性并且能够满足需求的性能要求，保证此阶段需求跟踪的完整性以及该阶段的技术评审和日常活动检查是按照要求进行的，对于设计的变更应通过正式的变更规程进行管理。

3. 实现阶段的软件质量保证目标

本阶段软件质量保证的目标是确保有可遵照的编码规范，并且代码按照编码规范规定的风格、结构和要求进行编写，确保关键模块进行走查，并且模块的修改得到适当的标识。

4. 测试阶段的软件质量保证目标

本阶段软件质量保证的目标是确保测试计划已经建立，以及测试计划对于需求规格测试的充分性，并且软件测试是按照测试计划规定的流程执行的。确保测试后修改的软件的正确性，明确测试验收标准、再测试标准及测试修改过程的控制流程。

5. 维护阶段的软件质量保证目标

本阶段软件质量保证目标是确保代码和文档的一致性，变更控制过程被正确执行并保留相关记录，保证交付软件版本的正确性，修改经过评审和验证，并且未造成对其他功能和性能的影响。

6.1.3　软件质量保证的组织结构

一般组织应组建独立的软件质量保证（Software Quality Assurance，SQA）部门，以确保SQA 人员的独立性和客观性。软件项目立项或者正式启动后由 SQA 部门派驻 SQA 人员进驻项目组，对项目进行指导、检查和辅助。

推荐的 SQA 组织结构模型如图 6-1 所示。

通过该结构图可以看到，每个软件项目组均配备了专职的 SQA 人员，该 SQA 人员由独立的 SQA 部门派出，这种结构能够保证 SQA 工程师的独立性和客观性，使 SQA 工程师能够深入项目以发现关键问题，并且有利于项目资源的共享。同时有利于 SQA 之间的沟通和交流，以统一和完善软件质量保证过程。

SQA 与项目经理的关系：SQA 和项目经理之间是合作和辅助的关系，帮助项目经理了解项目中过程的执行情况、过程的质量、产品的质量、产品的完成情况等，并将项目中遇到的问题反馈给项目经理。可以说 SQA 人员是项目经理监督项目最好的帮手。

SQA 人员与项目中的开发工程师应保持良好的沟通及合作，指导开发工程师按照既定的规范进行开发，监督开发工程师的开发过程和开发产品，以确保软件产品的质量。

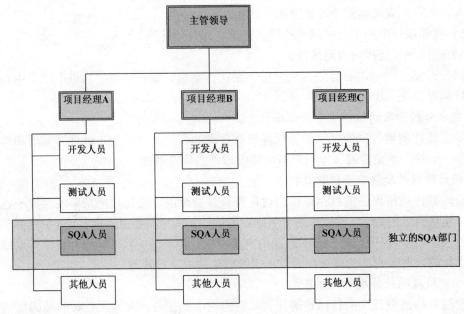

图 6-1　SQA 组织结构模型

SQA 人员与测试工程师都充当第三方检查人员的角色，但是 SQA 主要对流程进行监督和检查，而测试人员是对产品本身进行测试，同时 SQA 人员还要检查测试人员的工作，以确保测试流程的正确性和测试的充分性。

SQA 人员来自独立的 SQA 部门，对项目履行监督和检查的职责，所以 SQA 人员不能同时担任开发、测试或者配置管理的工作，以保持其客观性。

例如，某 IT 公司的质量保证体系结构图如图 6-2 所示。其中，质检员就是担任 SQA 人员的角色，行使软件质量保证的职责。

6.1.4　软件质量保证人员素质要求

软件质量保证工作涉及多个部门之间的协作，而 SQA 人员是这些协作的纽带，所以作为 SQA 人员应具备如下素质，以确保能够胜任项目的 SQA 工作。

（1）SQA 人员应具备很强的沟通能力和捕捉问题的能力，及时发现项目中的不符合项，并且通过沟通和协调，确保不合格项被妥善解决。

（2）SQA 人员应熟悉软件开发过程，这样才能确保对过程指导的正确性。并且 SQA 人员应能依照 SQA 部门制定的通用软件质量保证规范，并结合项目自身特点为项目裁减适合的过程。

（3）SQA 人员应具备很强的计划性，能够独立完成软件质量保证计划的编写工作，并且确保计划的合理性和可执行性，该计划将作为 SQA 后面工作的依据。

（4）SQA 人员应具备处理繁杂工作的能力，作为 SQA 人员，需要制定自身的工作计划，检查项目过程和产品，协调相关部门处理问题，面对的人员众多，这就需要 SQA 人员能够耐心细致的处理好每一项工作。

（5）SQA 人员应该有责任心，并能够客观的监督软件过程，对于项目内部不能解决的问题，应该能够客观的向高层领导汇报，使问题得到解决，以完成 SQA 的使命。

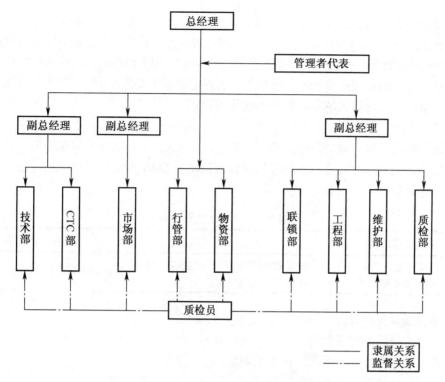

图 6-2 某 IT 公司质量保证体系结构图

（6）SQA 人员还应具备很强的学习能力，在项目中不断增强专业能力，并主动学习新知识，以不断提高自身水平，适应迅速发展的行业要求。

除此之外，SQA 人员在进入项目组前，还应接受相关产品的培训，使之具备该产品的 SQA 能力。

对于 SQA 人员的角色，有一个很形象的比喻，SQA 人员集教师、医生和警察三大角色于一体。作为教师应具备学习和培训的能力，要对项目人员进行过程的指导和培训；作为医生，要对项目过程进行诊断，帮助分析过程中遇到的各种问题并开处方使过程更加合理；作为警察，要定期检查项目是否符合既定的规程，是否有偏离。通过这个比喻，大家应该对软件质量保证人员的工作有了一定的认识，后面的章节还会详细讲解软件质量保证人员的具体工作和内容。

6.2 软件质量保证的主要任务及活动

6.2.1 软件质量保证的主要任务

通过前面的学习，大家已经了解了软件质量保证的初步概念，下面开始将具体讲述软件质量保证在软件过程中的各项工作。

软件质量保证主要通过监控软件开发过程来保证软件产品的质量，提高项目的透明度，确保项目过程中发现的问题得到及时的处理，因而从根本上保证软件的质量。它从第三方的角度监控软件开发过程，检查软件项目是否遵循既定的过程、标准，并且向管理者提供反映软件质量的信息和数据。

在软件开发中容易出现一种错误的认识就是重结果、轻过程，认为通过对软件进行测试就能够保证软件的质量。软件测试虽然也是一种有效提高软件质量的手段，但测试毕竟是一种事后的、检验性的行为，而软件质量保证是预防性和实时纠正的行为，软件质量保证人员在软件过程中尽可能早的预期和检测不符合情况，来防止错误的发生，并减少纠正错误的成本，错误发现得越早，造成的损失越小，修改的代价也就越小。

在软件过程中，软件质量保证的主要任务是：编制软件质量保证计划，根据软件质量保证计划实施软件质量保证活动，记录和汇报软件质量保证结果。软件质量保证的任务主要通过质量保证活动来完成，而应进行的软件质量保证活动是 SQA 人员在项目前期计划并记录在软件质量保证计划中的。如表 6-1 所示。

表 6-1   SQA 的主要任务

SQA 工作依据	SQA 工作实施	SQA 工作结果
软件质量保证计划，该计划中明确了 SQA 的主要质量活动	依照软件质量保证计划实施软件质量保证活动	软件质量保证记录和报告

软件项目质量保证包括以下几个方面的内容：

- 质量方针的制定和贯彻。
- 质量保证方针和质量保证标准的制定。
- 质量保证体系的质量保证工作。
- 明确各阶段的质量保证工作。
- 各阶段的质量评审。
- 确保设计质量。
- 重要质量问题的提出与分析。
- 总结实现阶段的质量保证活动。
- 整理面向用户的文档、说明书等。
- 产品质量鉴定、质量保证系统鉴定。
- 质量信息的搜集、分析和使用等。

6.2.2   软件质量保证计划

项目前期，确定了项目计划和范围后，SQA 人员即可以编写软件质量保证计划，软件质量保证计划将作为后续软件质量保证活动的依据。软件质量保证计划应该至少包括如下几部分内容。

1. 引言部分：背景、目的、范围等

该部分主要介绍项目背景及软件质量保证计划编写的背景，介绍该计划编写的目的，使用的范围和约束条件，面向的读者对象，并说明该计划文档更新的频率和方法流程以及负责更新的人员职责。

2. 参考资料及规范标准

该部分应该介绍本计划编制时所参照的相关标准和规范，如 ISO9001 标准等，同时还应列出本计划编制时所参考的其他文件以及项目中的文件，如项目计划、软件编码规范等。对于所参照的标准应该说明标准的发布日期或者版本，对于内部文件也应给出文件的版本号。

3. 定义及缩略语

将本计划文档中所涉及的全部定义和缩略语在这里统一进行说明，以方便后文的直接引用。

4. 软件质量目标

软件质量保证计划中应该明确软件项目的质量目标，该质量目标在后面部分还会进行分解，分解为各个阶段的要求，以确保满足总的目标。软件质量目标应确定能够体现软件质量的度量标准，而不只是空泛的口号。

5. 管理部分：组织结构、人员资质、阶段定义及任务

软件质量保证计划中应该明确软件的组织结构及 SQA 人员，并且为了确保软件质量，还应该对人员资质有一定的要求，确保参与项目的人员能力能够满足项目的要求。同时应该明确各部分人员的职责。

另外，软件质量保证计划中还应该明确软件项目开发的过程和阶段的定义，明确各个阶段进入和退出的准则，明确各阶段的任务和输入输出以及项目的里程碑。对于项目阶段的定义可以根据项目的特点和要求选择适用的开发模型，如 V 模型、瀑布模型等。

6. 软件质量管理体系

本部分可以简单的介绍组织的软件质量管理体系，或称为软件质量保证体系，从而进一步说明软件质量保证计划编写的背景条件和约束限制。

关于软件质量保证体系，在后面的章节会做详细的介绍。

7. 软件质量保证活动

此部分应该明确 SQA 人员进入和退出项目的准则，同时应该定义在项目各个阶段应该进行的主要质量活动。这些质量活动主要包括：日常活动检查、阶段评审和检查、计划文档的控制、文档检查、代码检查、测试结果审核、交付控制、变更控制、配置管理审计、可追溯性管理、问题跟踪、纠正和预防行为等。

日常活动检查主要包括不定期对项目过程进行检查，如会议流程及记录的检查、日常工作的检查等。

阶段评审和检查主要是参与各个阶段的评审过程，对项目输出物进行检查，确保项目各阶段的输出物满足项目要求。

计划文档的控制主要是负责编制和维护软件质量保证计划，参与其他计划文件的评审，确保计划文件随着项目进展而实时更新，保持与项目的一致性。

文档检查主要是检查项目交付文档的可读性，文档与项目实际情况的符合性，文档的编写是否符合组织的编写规范等。

代码检查主要是检查所编写的代码与软件编码规范的符合性，代码的完整性，注释的规范性。

测试结果审核是检查测试过程的正确性和规范性，测试结果的完整性，确保测试问题均被关闭并且测试资料正确归档。

交付控制是监控软件和文档的递交、处理和储存，检查所交付的软件和文档能够被正确识别，并且项目成员获取的为正确的版本。

变更控制主要是对软件及文档的变更规定合理的变更过程，包括变更的申请、批准、修改、验证和提交控制，从而确保软件和文档的变更是在可控条件下进行的。

配置管理审计是定期检查配置管理状态和报告，确保配置管理过程按照规定的要求进行，

并且得到完整的记录和报告，确保项目成员能够按照各自权限获得正确的项目资料。

可追溯性管理主要包括需求的可追溯性以及文档和记录的可追溯性，应该建立追溯表格进行管理并持续更新记录。

问题跟踪主要是确保项目问题得到记录和有效跟踪，并确保问题妥善处理和关闭。

纠正和预防行为主要是采取纠正和预防措施识别潜在问题的原因，监督纠正行为的有效执行。

8. 阶段评审和检查

此部分说明各阶段应该进行的评审和检查，对于评审应说明评审的具体流程、评审方式、评审预期进行的时间、参加的人员、评审输入条件等。对于检查应编制检查表，并明确何时进行何种检查。

9. 文档管理

说明文档的编制、复核、审批和发布过程、文档的度量标准以及外来资料的管理方法等。

10. 变更控制

变更控制包括两方面：软件的变更控制和文档的变更控制。对于这两方面的变更，均应严格定义其变更的过程并进行变更记录。

一般对于软件变更应该经历变更申请、变更方案制定及影响分析、变更审批、变更的实施、变更的验证及发布几个阶段。

文档的变更则是经历变更申请、批准、实施、复核、再批准和发布这几个阶段。

软件变更和文档变更均应被记录下来，并且变更流程推荐采用流程图进行描述。

11. 测试和验收

说明软件过程中应该进行哪些测试，这些测试应该遵循怎样的过程，说明测试的范围、目的、方法和验收准则以及再测试标准等。

12. 项目输出物

本部分定义软件项目最终交付的产品和资料，包括文档、源代码等，列出全部交付物的清单和计划的交付日期，从而作为过程检查的依据。

13. 问题报告和处理

该部分定义问题的报告和处理流程，主要包括发现问题、记录问题、处理问题、问题处理的验证和关闭几个过程。问题的处理可能涉及多个部门的工作，所以何种问题应该通过何种过程由何部门进行处理检查等均应被清楚定义。SQA 人员负责监督问题的最终关闭。

14. 工具、技术和方法

说明项目过程中采用了哪些软件质量保证技术、方法和工具，以辅助 SQA 工作。

15. 分包商/供应商管理

如果软件存在分包商/供应商，应说明如何对其软件质量保证过程进行管理，软件分包商/供应商可以根据此软件质量保证计划编制自己的软件质量保证计划，也可以直接遵循本软件质量保证计划。

16. SQA 记录和报告

SQA 的工作成果通常体现为 SQA 记录和报告，本部分说明在软件过程中应该输出的软件质量保证记录和报告。

17. 附录

附录中主要将质量保证活动中需要使用的记录表格进行规定并给出示例。

　　SQA 计划应尽可能详尽的定义各阶段的质量活动、检查重点，标识出检查和评审的工作产品对象，以及检查和评审后 SQA 的工作输出。SQA 计划越详细，对于 SQA 今后工作的指导意义就越强，同时也便于软件项目经理和 SQA 负责人对于 SQA 人员工作的检查和监督。

　　SQA 计划编写完成后应该组织对该计划的评审，SQA 评审的参与成员包括项目经理，开发、测试人员及其他相关人员，评审完成后应形成评审报告并由项目经理批准后正式生效作为 SQA 工作的依据。

6.2.3　软件质量保证活动的实施及记录

　　软件质量保证活动的实施要求与软件过程相关的人员全员参与，以达到对产品形成的全过程进行质量管理和监督。

　　软件质量保证计划中已经定义了为了达到软件质量目标，SQA 人员应该实施的软件质量保证活动，所以只需按照软件质量保证计划执行各项活动。本节对一些核心的质量保证活动的实施进行更加细化的说明。

　　1. 阶段评审和检查

　　软件质量保证计划中通常已经定义了软件过程中各阶段需要进行的软件评审和检查，这些评审和检查应至少包括如下内容：

　　（1）软件需求评审。

　　（2）软件设计评审，包括概要设计评审和详细设计评审。

　　（3）软件验证与确认评审。

　　（4）功能检查。

　　（5）物理检查。

　　（6）综合检查。

　　（7）管理评审。

　　评审一般有正式的技术评审、一般会议评审和邮件评审三种方式。可以根据项目实际情况选取合适的评审方式。

　　对于正式的技术评审，一般由 SQA 人员负责评审会议的组织工作，确定正式技术评审会议的时间、地点、评审人员和其他参会人员。评审人员应该具备相应的资质，并且应由一名评审主席负责主持评审会议并完成评审报告。在此评审过程中 SQA 人员主要负责以下工作：

　　（1）组织评审会议。

　　（2）检查评审材料，确保材料的完整性。

　　（3）检查并保证评审会议和评审资料提前通知和分发给评审人员，以保证评审人员有充足的时间阅读材料。

　　（4）参与评审会议，从软件过程角度检查评审会议过程的正确性和有效性，检查会议签到和记录的完整性。

　　（5）评审会议后应该形成评审报告并经过评审主席批准。SQA 人员应对评审报告进行检查。

　　（6）跟踪评审问题并确保评审问题被关闭。

　　（7）监督和检查评审资料被正确归档。

　　对于会议评审，基本过程同正式的技术评审，只是会议形式更加灵活，会议过程可以适当简化。

对于邮件评审，需要提前将评审材料通过邮件发送给评审人员，评审人员阅读后填写评审报告，最后由评审主席汇总评审报告，并给出最终的评审结论。

上面讲述的是阶段的评审过程，对于软件过程中阶段产品的检查，SQA 人员的主要任务是检查阶段输出的产品是否满足计划的要求，是否完整并且符合相关规范，SQA 对于阶段产品的检查一般不负责正确性的检查，对于阶段产品的正确性是通过阶段评审来完成的。SQA 人员参与阶段产品的评审过程，从软件过程角度检查评审流程的正确性和有效性。

SQA 人员进行的阶段评审和检查工作，最终应该形成 SQA 检查报告以记录其工作成果并汇报给上级领导。对于过程中的问题应该填写问题跟踪记录，并且跟踪问题直至问题关闭。

2. 测试与验收

软件质量保证计划中应该对软件的测试与验收有明确的定义，包括需要进行哪些测试，这些测试的内容、范围、目标、方法以及再测试要求等均应有比较清晰的定义。还应该定义测试问题的修改方法和流程。

在软件质量保证活动中涉及的测试一般包括如下内容：

（1）单元测试。

单元测试主要就是模块测试，关注模块具体功能的实现，也包括一些关键模块的代码走读，属于白盒测试。该测试的目标通常使用模块覆盖率来衡量，主要包括语句覆盖率、分支覆盖率等。此处应对模块的测试目标进行量化的定义，并且明确测试的通过准则，如果需要再测试，明确再测试的进入条件及测试范围，一般再测试的测试范围应该通过评审确定。

（2）集成测试。

主要包括软件集成测试和软硬件集成测试，关注于接口的测试，也属于白盒测试的一部分。

（3）确认测试。

确认测试属于黑盒测试，主要针对软件的功能，是从用户角度进行的测试。该测试需要在目标环境下实施，测试目标是确定软件的功能和性能满足需求规格的要求，具备交付用户的条件。

以上测试是基本的测试，一般测试前应该编写相关的测试计划和测试用例，并且计划和用例应通过评审确定其充分性和完整性。测试人员使用通过评审后的测试用例实施测试，并记录测试结果，对于测试出的问题应该记录并反馈给开发人员进行修改，修改后重新进行相关部分的测试。此过程中 SQA 人员的主要任务包括：

（1）检查测试计划和用例，确保计划和用例的充分性和合理性。

（2）检查测试过程，确保测试工作正确、有序的进行。

（3）检查测试记录，确保测试完整无误。

（4）跟踪测试问题的解决情况，确保测试问题均被关闭。

（5）完成 SQA 报告，汇报检查结果。

3. 日常活动的检查

SQA 人员日常主要工作内容包括项目日常活动的符合性检查，随时检查项目过程，确定项目过程是否符合既定的规范，及早发现不符合项，确保问题及时得到纠正和解决，把问题控制在最小范围内。

4. 配置管理审计

SQA 人员应该监督和检查配置管理工作是否按照配置管理计划有序的进行，是否定期汇报了配置管理状态，项目相关人员是否及时得到有效版本的产品和资料，开发人员的开发是否在受控状态下进行，配置管理库是否安全可靠并得到了定期的备份等。

5. 问题报告和处理

对于项目中发现的问题，SQA 计划中应有相关内容定义其处理机制。一般发现问题后应该及时将问题记录在问题跟踪记录中，然后汇报给相关人员进行问题的修正，问题修正后应有相关人员确认问题修改的正确性然后在问题跟踪记录中关闭该问题。SQA 人员负责检查和跟踪问题的状态，对于不能解决的问题，SQA 人员应该及时汇报给上级领导以使问题得到妥善处理。

6. 收集过程改进建议

SQA 人员在进行 SQA 工作的同时，应该及时收集各方面反馈上来的建议、方法，并负责汇总这些内容，为项目的过程改进提供支持和依据。

7. 软件质量保证记录和报告

SQA 活动的一个重要内容就是报告对软件产品或软件过程评估的结果，并提出改进建议。SQA 人员在实施任何检查前，应该编制适用于该检查的检查表，以确保检查的全面性，并用来记录检查的结果，SQA 人员应定期整理质量记录形成报告以对项目阶段的实施情况和过程进行总结，作为项目经理了解项目的一个窗口。

例如，彦哲科技（上海）有限公司的软件质量保证检查表如表 6-2 所示。

表 6-2　软件质量保证检查表

单据号：FM-IT-028-20131010-01

检 查 项 目：	YIMA EAM 项目			
检 查 人 员：	李彦哲			
检 查 日 期：	2013-10-10			
检 查 过 程：	项目定义阶段、项目设计阶段			
检查项	**状态**	**不合格**	**说明**	
1.（PP）工作范围说明书、项目实施总体计划、项目实施资源计划是否确认并签署？	合格	/	此三项内容合在《项目计划书》中，已签署。 路径如下： N:\YIMA EAM 项目\项目管理\CR010－项目计划	
2.（PP）可交付物完成矩阵是否及时更新并经过 YIMA EAM 项目负责人检查？	不合格	YIMA EAM-D001	检查发现：在提交的《可交付物矩阵》中，有交付物的计划完成日期未有明确。 路径如下： N:\YIMA EAM 项目\项目管理\CR010－项目计划	
3.（PP）资源分配计划是否提交？	合格	/	在《项目计划书》中提交。	
4.（PP）项目进展报告是否按时提交？	合格	/	按周、月提交。 N:\YIMA EAM 项目\项目管理\CR070－进度报告	
5.（PP）项目进度会议是否按时举行并提交报告？	合格	/	按时。 N:\YIMA EAM 项目\项目管理\会议纪要	
6.（PP）发生的变更是否符合相关流程？	合格	/	未有变更发生。	

续表

检查项	状态	不合格	说明
7.（PP）配置项清单是否提交并随时更新？	TBD	/	尚未提交。
8.（PP）识别的风险是否采取了必要措施？	合格	/	检查发现：项目进展过程中发现了一项风险，该风险经 PSC 会议讨论，将风险等级由高降至可控。 N:\YIMA EAM 项目\项目管理\CR040－风险报告
9.（PP）项目准备阶段发现的问题是否进行记录和跟踪？	合格	/	记录并跟踪。 N:\YIMA EAM 项目\项目管理\CR050－问题报告
10.（FA）CRP1.0 业务流程测试案例、测试结果是否提交？	不合格	YIMA EAM-D002	检查发现：CRP1.0 阶段仅对用户进行了系统的介绍和培训，并未按照项目计划书中所要求的"方法论"进行真正意义上的 CRP1.0 测试（匹配）。故未提交。
11.（FA）CRP1.0 过程中发现的业务模式例外情形是否研讨并提交 CRP1.0 的业务流程定稿或相应解决方案？	不合格	YIMA EAM-D003	同上。
12.（FA）CRP1.0 阶段系统参数和代码定制是否完成并提交签署？	TBD	/	完成。尚未签署。 N:\YIMA EAM 项目\项目实施\CRP1
13.（FA）CRP2.0 阶段客户划需求是否提交并获得 BSMG 和 BJMTR 项目经理的签署？	TBD	/	CRP2.0 阶段的客户划需求提交，等待签署。
14.（FA）CRP2.0 业务流程测试案例、测试结果是否提交？	不合格	YIMA EAM-D004	未提交。
15.（FA）集成管理计划是否提交？	TBD	/	原计划于 2008 年 9 月初提交初稿。目前尚未提交（预计下周一提交），该项延期。
16.（FA）集成功能设计是否提交？	TBD	/	原计划于 2008 年 9 月初提交初稿。目前尚未提交（预计下周一提交），该项延期。
17.（FA）CRP2.0 阶段系统参数和代码定制是否完成并提交签署？	TBD	/	完成。尚未签署。 N:\YIMA EAM 项目\项目实施\CRP2

签 署

质量检查人员签署：

年 月 日

被检查项目/部门负责人签署：

年 月 日

信息技术部签署：

年 月 日

6.3　软件质量保证体系

我们知道，质量体系又称质量管理体系，是在质量方面指挥和控制组织的管理体系，而软件质量保证体系，是针对软件领域的质量管理体系。

一般生产软件产品的组织均应建立软件质量保证体系，以保证组织所交付的产品和服务的质量能够满足用户的需求，并规范各软件项目的开发过程。组织所建立的软件质量保证体系应形成文件，并作为组织软件质量保证工作的依据。软件质量保证体系建设的主要内容如下。

1. 明确软件质量保证体系遵循的标准和规范

现在多数组织都是依据 ISO9000-2008 标准的基本要求并结合组织的实际情况，制定符合组织需求的软件质量保证体系。组织按照 ISO9000 标准制定并实施软件质量保证体系有着非常重要的意义，可大力加强软件的质量管理，使影响软件产品质量的全部因素在软件过程中始终处于受控状态，从而最终保证软件产品的质量。

当然也可以借鉴其他国内外通行的标准。但是在软件质量保证体系文件中需要说明制定该体系所遵循的标准以及标准的版本。

2. 建立软件质量保证组织

一般组织应该建立独立的软件质量保证部门，该部门直接在管理者代表的领导下工作，以保证其工作的独立性和客观性。SQA 部门统一负责执行软件质量保证的各项活动。

组织内各软件项目，从项目启动起，由独立的软件质量保证部门派遣 SQA 人员进驻项目组，对项目实施检查和审核。并且软件质量保证活动是涉及多个部门的活动，SQA 人员也要负责一部分协调和沟通工作，以确保 SQA 工作的顺利执行。

关于项目中 SQA 的组织结构，前面已经给出了建议的组织结构模型。

建立这种软件质量保证组织结构具备以下优势：

（1）项目 SQA 人员来源于独立的 SQA 部门，保证了其工作的独立性和客观性。

（2）SQA 人员从属于 SQA 部门，可以最大的加强资源和信息的共享，加强 SQA 工作的一致性，防止重复劳动。

3. 明确部门间的分工、协作及沟通

SQA 人员是项目经理最直接的助手。在软件质量保证组织结构中应该明确各个部分及涉及人员的职责、义务和应具备的资质。这样可以明确工作流程，明确负责方和协助方，使各项工作能够有效落实。在该结构中还应该清晰的定义 SQA 人员的权利和义务，明晰 SQA 人员与项目组的关系和沟通方式等。

4. 明确软件质量目标的确定方法和原则

软件质量保证体系中还应该明确对于软件项目的质量目标的确定方法和原则，确保软件项目所制定的软件质量目标是有效的、可达到的和可度量的。软件质量目标根据不同的项目可能会略有差别，但是整体指标应该是一致的。

软件质量目标主要确保所交付的软件的质量，确保其可以通过具体的度量判断符合性。在项目结尾时，需要对软件质量目标进行度量，确定其真正满足了要求。

通常的软件质量目标包括功能、性能指标、测试通过率、开发流程符合性等诸多方面。

5. 明确软件开发基本过程和阶段

不同的软件项目的开发过程略有差别，但是组织可以根据项目的特性制定通用的软件开发过程和阶段，并给出裁剪的标准。在各个具体的软件项目中，根据通用过程进行裁剪。

一般通用的软件过程和阶段的必须包括需求分析、设计、实现、测试和维护五个阶段。需求分析前会有项目前期工作和项目定义，测试过程包含对软件的验证和确认等。

根据以下针对五个阶段进行基本的介绍，组织可以参照该部分内容定义组织自己的软件开发基本过程和阶段。对于各个阶段，应明确阶段的进入和退出准则、阶段的输入和输出、阶段的质量活动、参与人员、应进行的评审检查等内容。

需求分析阶段，一般认为项目范围和目标确定后即可进入该阶段，该阶段的主要工作是形成需求规范和需求测试规范。需求规范和需求测试规范形成后 SQA 人员需要进行初步的检查，检查通过后组织评审。

设计阶段，确定需求阶段的产出完备，设计阶段的输入条件具备时即可进入本阶段，本阶段主要是根据需求阶段的产出进行软件的概要设计和详细设计，形成设计文档，设计文档完成后 SQA 人员进行检查并组织评审。对于设计的评审主要关注软件的架构是否合理，是否能够满足需求的功能和性能要求，并且是可行的。

实现阶段，结束了设计阶段的工作后可以进入实现阶段，该阶段主要是根据设计规范进行软件的实现，在软件实现过程中 SQA 人员应该重点关注软件版本的控制和分发，并且检查软件实现过程是否符合要求。在软件实现基本完成后，SQA 人员应该进行代码走查，检查代码的编写是否符合既定的软件编码规范的要求。软件实现后开发人员还应该进行基本的自测试，确保所编写的软件的正确性。对于关键模块，开发人员应该进行交叉走读机制，检查代码的正确性。开发人员完成代码开发，形成代码支持文档，并且代码通过自测试，SQA 人员完成代码的检查后该阶段的工作基本结束，SQA 人员判断是否可以进入下一阶段的工作。

测试阶段，实现阶段结束后，SQA 人员检查测试输入满足则可以进入该阶段。测试阶段的工作实际上分为两部分，一部分是编写测试计划和测试用例，另一部分是测试实施。测试计划和用例在设计阶段结束后可以和实现阶段同步进行，而测试实施需要在实现阶段结束后进行。测试计划和用例编写后由 SQA 人员进行检查并组织评审，检查计划的合理性、测试的充分性，通过评审后可作为后面测试的依据。测试的实施依据通过评审后的测试计划和用例进行，测试人员对测试结果进行记录，将测试问题记录在测试问题跟踪中，并反馈给开发人员进行修改，开发人员修改后测试人员需重新执行相关测试，对修改影响到的部分也需进行再测试，测试通过后关闭问题。SQA 人员检查该过程的执行，对过程中不符合项进行提示和监督修正。测试要确保软件的功能和性能充分满足要求。测试最终需完成测试报告，测试报告通过评审则测试阶段结束。

维护阶段是软件交付后的工作，通常由于软件功能性能需要升级或者软件存在缺陷需要修正而引发的。软件维护工作从软件交付后启动，持续到软件退役。对于维护过程需要严格按照流程进行控制，以保证修改是在受控条件下进行的，保证用户获取的是正确的版本，保证维护过程全部被记录并可以追溯。

软件过程各阶段的产出物评审通过后，SQA 人员需再次检查本阶段的输入输出是否完备，过程是否符合，以判断可以结束该阶段进入下一阶段。SQA 的检查和监督过程应该体现为 SQA 报告，对于上面五个阶段，各阶段应至少形成一份软件质量保证报告。

软件的需求分析、设计、实现、测试和维护是软件开发过程的最小集合，是不能进行裁剪的。各组织应该根据组织的实际项目状态，并参照国内外标准，制定适合组织的软件开发过程，该过程应该包括如上五个阶段，并在此基础上进行扩充，对于各种类型的项目应该进行分类，并给出各类的裁剪标准。

6. 规定必要的评审、检查和审计

在上面的软件开发过程中已经对过程中需要进行的评审和检查进行了说明，本部分再次把评审、检查和审计单独进行讲解，主要为了强调该过程的重要性，以加强重视度。同时对这部分工作给出更加详细的指导。此部分还是在上面五个阶段的基础上进行阐述。

评审，一般分为三种形式进行，即正式的技术评审、一般会议评审和邮件评审。对于重要的阶段产物，如需求阶段的需求规范和需求测试规范，设计阶段的设计规范，测试阶段的测试计划和用例以及测试报告等，需要通过正式技术评审会议进行。其他产品可以根据其重要性和技术难点选择评审形式。

对于正式的技术评审过程通过图 6-3 的流程图进行说明。

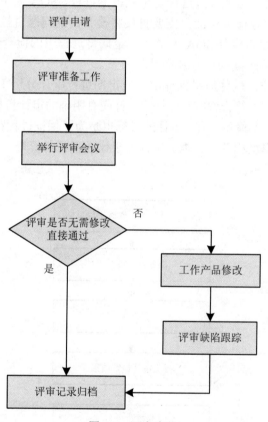

图 6-3　评审流程

项目组完成相关工作产品，通过 SQA 人员检查后可以提交评审申请，SQA 人员确定评审条件具备，开始组织评审，明确评审的时间、地点、评审主席和成员，评审会参加人员，并将评审材料提前发送给评审相关人员。在确定的时间召开评审会，评审会应该进行签到，会议内容记录并最终形成评审报告明确评审结果。如果评审结论为无需修改直接通过，则评审记录归档。对于需要修改的工作产品，将问题记录入评审问题跟踪记录，然后安排相关人员进行修改，修改经过验证后关闭评审问题，进行评审资料归档。评审资料归档后 SQA 人员检查归档资料的完整性，结束本次评审。

对于一般会议评审，没有正式技术评审那么复杂，工作产品通过 SQA 人员检查后即可组织相关会议对工作产品进行评审，形成评审结论。会议评审需要具备会议的签到、记录等作为评审证据。后续问题的处理同正式技术评审。

对于邮件评审，则是将工作产品通过邮件形式发送给评审人员，评审人员将个人评审结论填写在评审记录中，最后评审主席汇总评审记录，给出最终的评审结论。

检查，项目中全部正式产品、文档和其他交付物以及软件开发全过程，均应该通过 SQA 人员的检查，并具备 SQA 人员的签署意见。SQA 应对软件开发过程进行检查，项目的所有过程均应在 SQA 的检查范围内。SQA 的检查通常包括文档的检查、代码的检查、会议和评审过程的检查，阶段和里程碑的检查等。SQA 人员的检查分为定期检查和随机检查。各类检查前 SQA 人员应该编制检查单，明确检查的内容，检查通过的指标，然后依据检查单实施检查，并将检查结果记录在检查单中，对于遗留的问题还应该记录在问题跟踪记录中，以检查问题的解决状态。当然，这个检查过程是个规范的过程，SQA 人员可以根据各次检查的目的和重要度实施裁剪，部分检查可能只需要直接将检查出的问题直接记录在问题跟踪记录中也是可行的。对于阶段性的检查 SQA 人员应该定期将过程中的检查结果汇总，并形成 SQA 阶段检查报告，判断项目阶段的过程和产品的质量。

审计，对于审计工作，软件质量保证部门应定期进行审计分析工作，并提交审计报告。对于不符合项应该记录在不符合跟踪记录中。审计应有明确的审计目标，如配置管理审计，应该明确对其审计的周期、步骤和内容。审计的目标也是为了保证过程符合标准的要求，保持与标准的一致性，并能够提供相关的证据。审计属于比较正式的检查。

审计步骤如图 6-4 所示。

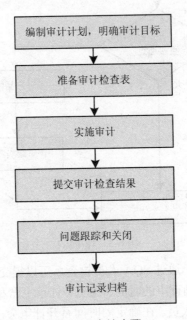

图 6-4　审计步骤

首先，审计前应编制审计计划，明确审计的目标，审计参加人员，审计的时间、阶段、关注内容以及预期的结果。确定了要实施的审计后就要编写审计检查表，明确本次审计的关键点，然后依照审计计划和检查表实施审计。审计完成后提交审计检查结果，对于审计出的问题，应该记录入审计问题记录中进行跟踪并监督其关闭。最后将审计资料归档，SQA 人员负责检查归档资料的完整性。

7. 规定问题报告和跟踪机制

应该明确项目中的各类问题的报告和跟踪问题。对于不同的问题，应该由哪些部门负责解决，如何确保这些问题最终得到解决，并且问题解决过程中的沟通如何进行等都是该部分需要关注的内容。

对于项目中的各类问题，统一的处理流程如图 6-5 所示。

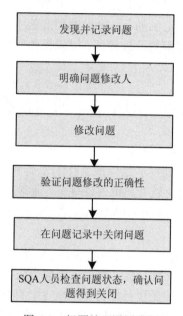

图 6-5　问题处理通用流程

问题处理的流程是一致的，只是不同的问题负责处理和验证的人员不同，SQA 人员应该帮助项目经理确定各类问题的负责方和解决状态的监督。

8. 明确纠正预防措施

软件质量保证体系的作用是为了使软件项目更加良好的运作，那么对于项目过程中通用的问题我们就需要建立纠正和预防机制，防止同类错误的重复出现，使经验和教训得到共享，避免重复的劳动。

不同的组织纠正预防措施实施的方法不同，有的采用纠正预防措施单跟踪和共享纠正预防行为，有的采用纠正预防系统，但是无论哪种方式，其根本目的是相同的，就是组织必须重视纠正和预防在体系中的重要性，并加强这部分的管理工作。

9. 规定应该形成的质量记录和报告

SQA 人员的工作成果通过质量记录和报告的形式体现，在软件开发过程中，SQA 人员一般会形成如下软件质量保证记录和报告：

（1）对于软件文档的检查，应形成文档检查报告，记录检查出的问题和问题的处理意见，并最终在该记录上关闭相关问题。

（2）对于过程的检查，应形成软件质量保证报告，记录过程中的不符合项及不符合项的处理意见，并最终关闭该问题。

（3）对于阶段和里程碑的检查，应该形成阶段检查报告，对该阶段的整体工作进行汇报，确定阶段输入输出的完整性，确定阶段是否具备关闭条件。

（4）对于检查出的问题，SQA 人员还应该完成问题跟踪记录，将各类问题汇总，方便问题的监督和处理，确保没有问题被遗漏。

10. 其他支持过程

SQA 人员的工作还包括其他支持性过程，如文档和记录的管理、设计开发过程的管理、过程的监视和测量等，这部分内容比较灵活，由组织根据组织的实际情况自行定义。

最后需要说明的是软件质量保证体系是软件质量保证工作的基础，后续的软件项目的质量保证过程都是在此基础上进行定制的。在项目过程实施中，SQA 人员还需要实时收集软件质量保证体系和软件质量保证过程的改进建议，以确保组织的软件体系和过程能够满足组织软件项目的发展需要。

6.4　SQA 活动通用框架

SQA 活动的通用框架如图 6-6 所示。

组织的软件质量保证体系是软件质量保证工作的基础和根本指导，软件项目在组织的软件质量保证体系基础上建立项目的软件质量保证规范，通常应该遵循体系中规定的要求，同时针对项目特殊性增加项目软件质量保证的内容和工作。组织的良好的质量保证体系是软件质量保证工作的基本保障。

软件项目启动后，独立的 SQA 部门会指派 SQA 人员进驻项目，SQA 人员在项目前期的主要工作是识别软件质量需求，以用户要求或项目要求为依据，对质量需求准则、质量设计准则的各质量特性设定质量目标，该质量目标会被记录在软件质量保证计划中。

同时 SQA 人员需要帮助项目经理完成项目计划，负责项目计划、标准和规程的咨询和指导，并参与项目计划的评审工作，验证项目计划符合标准规范和项目实际情况，保证项目计划的可执行性。

项目计划完成后，SQA 人员开始编写软件质量保证计划，该计划是软件质量保证人员的工作依据。软件质量保证计划的编写要求在 5.2.2 节中有详细的说明。软件质量保证计划中记录了前面确定的软件的质量目标，并确定了软件项目成员、组织及各部分职责，明确 SQA 工作的要求。SQA 人员根据项目确定适合软件开发的评审和检查项目，确定保证质量目标的方法和措施。软件质量保证编写完成后应组织项目经理、项目组成员、配置管理人员等对该计划进行评审，确保软件质量保证计划的全面性、正确性和可操作性。SQA 计划通过评审后正式成为 SQA 人员的工作规范，后面的 SQA 活动均依照该计划执行。如果在项目实际过程中发现与计划中的规定不相符合的地方，需要讨论和评审以确定是计划的不合理还是项目过程的不正确，如果是计划的不合理，那么应该重新更新计划文件以满足实际要求并重新发布，如果是项目过程不符合则需要纠正项目过程，按照计划实施。软件质量保证计划应实时更新，以保证与项目实际情况的一致性。

软件质量保证计划确定后，SQA 人员就可以依照该计划实施各项软件质量保证活动了。通常进行的软件质量保证活动包括：日常活动的检查，阶段评审和检查，计划文档控制，配置管理审计，测试、验收与测试结果审核，可追溯性管理，问题报告和处理，收集过程改进建议以及其他支持性活动，如产品交付控制、变更管理等。这些质量活动在 5.2.3 节中均有比较详细的说明，此处就不再赘述了。

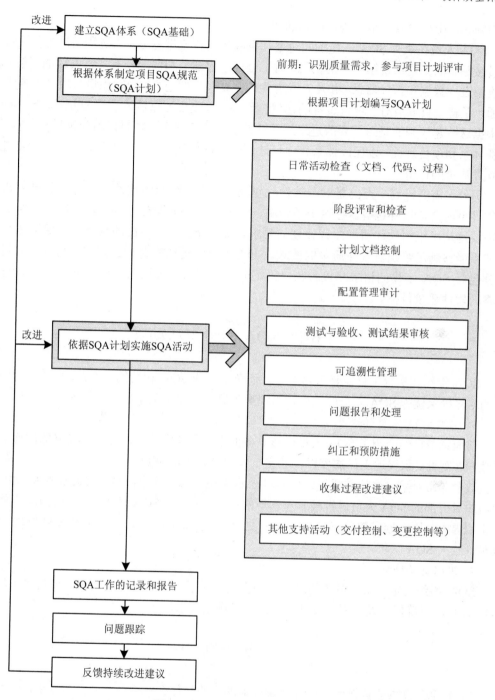

图 6-6　SQA 活动的通用框架

SQA 人员执行各项软件质量保证活动，均需要在工作完成后将工作结果记录下来，可以以 SQA 记录或者 SQA 报告的形式体现。SQA 的质量记录和报告将作为软件质量保证工作的证据呈献给机构领导或者用户，以加强组织和用户对项目的信心。

对于项目过程中的不符合项和检查出来的问题将分门别类的记录在问题跟踪记录中，问题跟踪记录将有专人负责维护，SQA 人员将检查和跟踪问题的状态，确定问题均得到关闭并且不会影响软件的质量。对于项目组无法解决的问题，SQA 人员有权利和责任将问题汇报给机构领导，由机构领导指导协调问题的解决。

SQA 人员在执行 SQA 工作的同时要注重收集过程改进意见，为过程改进提供支持。SQA 人员接触到的都是项目第一手的信息，对于过程中的细节和情况都有非常具体的了解，所以应该收集过程数据和指标信息，并及时发现各种需要改进的地方，同时积极与项目中各成员进行沟通，了解项目成员对于项目过程的建议，这些建议收集汇总后反馈给 SQA 部门，SQA 部门将根据这些建议判断是否需要改进组织的软件质量保证体系和项目质量保证过程，有需要的话更新体系和项目过程，以保证体系和项目过程能够符合项目实际，切实起到监督项目过程，提高软件质量的作用。

另外，需要提到一点的是对于软件分包商的控制，组织的软件不一定全部自主开发，部分软件可能会进行外包等，在这类项目中，组织就需要重视对分包商软件质量的控制。分包商需要遵从组织的软件质量保证计划的要求，或者分包商有自己的软件质量保证体系，但是该体系能够满足组织对软件质量的要求。SQA 人员应定期检查分包商的交付成果和过程，以及分包商 SQA 工作的记录和报告，以确定分包商的软件过程在受控下进行，能够满足组织最终的软件质量目标。

6.5　SQA 的组织活动

SQA 组织在执行项目监督工作之外，还负责一些 SQA 相关的组织活动，如组织 SQA 人员的培养确保优秀 SQA 人员的输出，组织员工培训确保员工了解并支持 SQA 工作。

1. 组织 SQA 人员的培养

前面章节已经介绍了 SQA 人员应该具备的素质，扎实的技术背景、良好的沟通能力、敏锐性和客观性、积极地工作态度以及独立工作的能力都是 SQA 人员不可缺少的。优秀的 SQA 人员数量非常有限，这就需要组织培养自己的 SQA 人员。根据 SQA 的素质要求，由 SQA 部门组织对内部的 SQA 人员进行技术和素质的培养，以保证 SQA 优秀人才的输出。当然也可以在组织内大范围的推广 SQA 人员的培养计划，进行培训和有意识的培养，以不断发现新的 SQA 人员，壮大 SQA 队伍。

2. 组织员工培训

SQA 组织应定时组织员工的培训，加强员工对于 SQA 过程的认识，使员工了解和熟悉 SQA 流程，以确保开发过程以及开发出的产品满足要求。

思考题

1. 什么是软件质量保证？软件质量保证的目的是什么？
2. 软件质量保证活动的依据是什么？在软件项目中主要需要开展哪些软件质量保证活动？
3. 假定你是一个软件项目的软件质量保证人员，请你为项目制定一份质量保证计划，以保证所交付软件的质量。

第 7 章　软件配置管理

7.1　什么是软件配置管理

配置管理的概念源于美国空军，为了规范设备的设计与制造，美国空军于 1962 年制定并发布了第一个配置管理的标准 "AFSCM375-1，CM During the Development & Acquisition Phases"。

而软件配置管理概念的提出则在 20 世纪 60 年代末 70 年代初。当时加利福利亚大学圣巴巴拉分校的 Leon Presser 教授在承担美国海军的航空发动机研制合同期间，撰写了一篇名为 "Change and Configuration Control" 的论文，提出控制变更和配置的概念，这篇论文同时也是他在管理该项目（这个过程进行过近一千四百万次修改）的一个经验总结。

Leon Presser 在 1975 年成立了一家名为 SoftTool 的公司，开发了配置管理工具：Change and Configuration Control（CCC），这是最早的配置管理工具之一。

随着软件工程的发展，软件配置管理越来越成熟，从最初的仅仅实现版本控制，发展到现在的提供工作空间管理、并行开发支持、过程管理、权限控制、变更管理等一系列全面的管理能力，已经形成了一个完整的理论体系。同时在软件配置管理的工具方面，也出现了大批的产品，如：最著名的 ClearCase；开源产品 CVS；入门级工具 Microsoft VSS；新秀 Hansky Firefly。

在国外已经有 30 多年历史的软件配置管理，但在国内的发展却是在 21 世纪这几年的事。但是通过专家们的介绍，我们感受到，国内的软件配置管理已经取得了迅速发展，并得到了软件公司的普遍认可。

软件配置管理（Software Configuration Management，SCM）是一种标识、组织和控制修改的技术。软件配置管理应用于整个软件工程过程。我们知道，在软件建立时变更是不可避免的，而变更加剧了项目中软件开发者之间的混乱。协调软件开发使得混乱减到最小的技术叫做配置管理。从某种角度讲，SCM 是一种标识、组织和控制修改的技术，目的是使错误降为最小并最有效地提高生产效率。界定软件的组成项目，对每个项目的变更进行管控（版本控制），并维护不同项目之间的版本关联，以使软件在开发过程中任一时间的内容都可以被追溯，包括某几个具有重要意义的组合。

软件配置管理作为 CMM2 级的一个关键域，在整个软件的开发活动中占有很重要的位置。正如 Pressman 所说的："软件配置管理是贯穿于整个软件过程中的保护性活动，它被设计来标识变更、控制变更、确保变更正确实现并向其他有关人员报告变更。" 软件配置管理指对工作成果（主要是代码和文档）进行版本管理，保证所有工作成果的完整性和可跟踪性。所以，我们必须为软件配置管理活动设计一个能够融合于现有的软件开发流程的管理过程，甚至直接以这个软件配置管理过程为框架，来再造组织的软件开发流程。

软件配置管理是一种 "保护伞" 活动，是对工作成果的一种有效保护，贯穿于整个软件生命周期，它为软件研发提供了一套管理办法和活动原则。软件配置管理无论是对于软件企业管理人员还是研发人员都有着重要的意义。整个机构应当统一使用配置管理软件（包括文档管理软件和代码管理软件）。任何项目成员都必须对自己的工作成果进行配置管理。

软件配置管理是在贯穿整个软件生命周期中建立和维护项目产品的完整性。它的基本目标包括：①软件配置管理的各项工作是有计划进行的；②被选择的项目产品得到识别、控制并且可以被相关人员获取；③已识别出的项目产品的更改得到控制；④使相关组别和个人及时了解软件基准的状态和内容。SCM 活动的目标是为了标识变更、控制变更、确保变更正确地实现并向其他有关的人报告变更。

（1）基线。

基线（Baseline）是软件生存期中各开发阶段末尾的特定点，又称里程碑。由正式的技术评审而得到的 SCI 协议和软件配置的正式文本才能成为基线。基线的作用是把各阶段工作的划分更加明确化，以便于检验和肯定阶段成果。如图 7-1 所示为软件开发各阶段的基线。

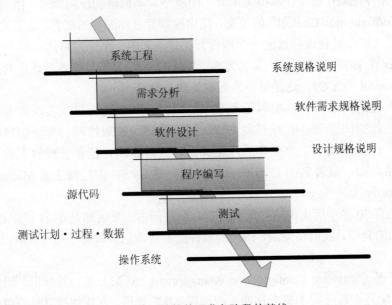

图 7-1　软件开发各阶段的基线

（2）项目数据库。

一旦一个 SCI 成为基线，就把它存放到项目数据库中。当软件组织成员想要对基线 SCI 进行修改时，把它从项目数据库中复制到该工程师的专用工作区中。例如，把一个名为 B 的 SCI 从项目数据库复制到工程师的专用工作区中。工程师在 B'（B 的副本）上完成要求的变更，再用 B'来更新 B，如图 7-2 所示。有些系统中把这个基线 SCI 锁定。在变更完成、评审和批准之前，不许对它做任何操作。

（3）软件配置项 SCI。

软件配置管理的对象就是软件配置项 SCI。例如：

● 系统规格说明

● 软件项目实施计划

● 软件需求说明

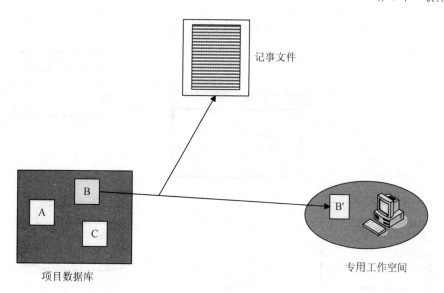

图 7-2　基线 SCI 和项目数据库

- 可执行的原型
- 初步的用户手册
- 设计规格说明
- 源代码清单
- 测试计划和过程、测试用例和测试结果记录
- 操作和安装手册
- 可执行程序（可执行程序模块、连接模块）
- 数据库描述（模式和文件结构、初始内容）
- 正式的用户手册
- 维护文档（软件问题报告、维护请求、工程变更次序）
- 软件工程标准
- 项目开发总结

除以上所列 SCI 以外，许多软件工程组织还把配置控制之下的软件工具列入其中，即编辑程序、编译程序、其他 CASE 工具的特定版本。因为要使用这些工具来生成文档、程序和数据，如果编译程序的版本不同，可能产生的结果也不同。

（4）配置对象。

在实现 SCM 时，把 SCI 组织成配置对象，在项目数据库中用一个单一的名字来组织它们。一个配置对象有一个名字和一组属性，并通过某些联系"连接"到其他对象。每个对象与其他对象的联系用箭头表示，箭头指明了一种构造关系，双向箭头则表明一种相互关系。如果对"源代码"对象作了一个变更，软件工程师就可以根据这种相互关系确定，其他哪些对象（或 SCI）可能受到影响，如图 7-3 所示。

（5）配置标识。

一方面随着软件生存期的向前推进，SCI 的数量不断增多。整个软件生存期的软件配置就像一部不断演变的电影，而某一时刻的配置就是这部电影的一个片段。为了方便对软件配置的各个片段（SCI）进行控制和管理，不致造成混乱，首先应给它们命名。

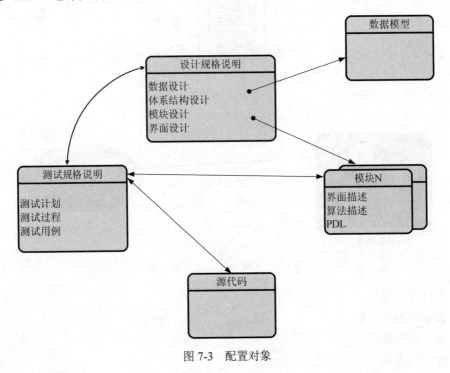

图 7-3   配置对象

（6）对象类型。

基本对象：是由软件工程师在分析、设计、编码和测试时所建立的文本单元。例如，基本对象可能是需求规格说明中的一节、一个模块的源程序清单、一组用来测试一个等价类的测试用例。

复合对象：是基本对象或其他复合对象的一个收集。

对象标识：包括名字、描述、资源、实现四个方面。对象的名字明确地标识对象。对象描述包括：SCI 类型（如文档、程序、数据）、项目标识、变更版本信息。资源包括由对象产生的、处理的、引用的或其他需要的一些实体。基本对象的实现是指向文本单元的指针，复合对象的实现为 null。

（7）命名对象之间的联系。

对象的层次关系：一个对象可以是一个复合对象的一个组成部分，用联系< is part of >标识。例如用 E-R diagram1.4 < is part of > data model；data model < is part of > Design Specification；就可以建立 SCI 的一个层次。

对象的相互关联关系：对象跨越对象层次的分支相互关联。这些交叉的结构联系表达方式如下：data model <interrelated> data flow model（两个复合对象之间的相互联系）；data model <interrelated> test case class m（一个复合对象与一个特定的基本对象之间的相互联系）。

（8）演变图。

整个软件工程过程中所涉及的软件对象都必须加以标识。在对象成为基线以前可能要做多次变更，在成为基线之后也可能需要频繁地变更。对于每一配置对象都可以建立一个演变图，用演变图记叙对象的变更历史，如图 7-4 所示。

在某些工具中，当前保持的只是最后版本的完全副本。为了得到较早时期（文档或程序）

的版本，可以从最后版本中"提取"出（由工具编目的）变更，使得当前配置直接可用，并使得其他版本也可用。

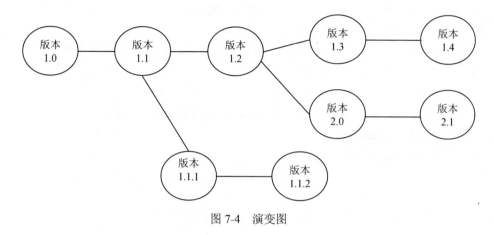

图 7-4　演变图

7.2　软件配置管理的任务与职责

软件配置管理的主要任务归结为以下几条：

（1）制定项目的配置计划；

（2）对配置项进行标识；

（3）对配置项进行版本控制；

（4）对配置项进行变更控制；

（5）定期进行配置审计；

（6）向相关人员报告配置的状态。

配置管理过程主要涉及项目经理、配置管理员、开发人员等角色，各个角色的权限和职责依据项目环境和组织环境具体确定。以下给出一般软件开发项目中角色权限和职责的定义，可以参考实际情况进行调整。

项目经理（Project Manager，PM）的职责是：

（1）审核批准配置管理计划；

（2）接收或拒绝小范围的变更申请；

（3）召集评估变更；

（4）提出配置管理的建议和要求；

（5）配合配置管理员的工作。

配置管理员（Configuration Management Officer，CMO）的职责是：

（1）编写配置管理计划；

（2）执行版本控制和变更控制方案；

（3）制定访问控制策略；

（4）负责项目的配置管理工作，包括搭建环境、权限分配、配置库的建立、配置项的控制等；

（5）配置管理工具的日常管理与维护；

（6）配置库的日常操作和维护；

（7）负责配置审核并提交报告；

（8）根据配置部署表单编译发布版本，并维护版本；

（9）对开发人员进行相关的培训；

（10）对配置审核中发现的不符合项，拟订纠正措施，要求相关责任人进行纠正；

（11）监督项目组成员规范的执行任务。

开发人员（Developer，DEV）的职责是：

（1）根据确定的配置管理计划和相关规定，提交配置项和基线；

（2）负责项目组内部测试；

（3）负责软件集成和版本生成；

（4）按照软件配置管理工具的使用模型来完成开发任务。

7.3 软件配置管理的过程

1. 概述

一个软件研发项目一般可以划分为三个阶段：计划阶段、开发阶段和维护阶段。然而从软件配置管理的角度来看，后两个阶段所涉及的活动是一致的，所以就把它们合二为一，成为"项目开发和维护"阶段。

2. 项目计划阶段

一个项目设立之初 PM 首先需要制定整个项目的软件配置管理计划研发计划之后，软件配置管理的活动就可以展开了，因为如果不在项目开始之初制定软件配置管理计划，那么软件配置管理的许多关键活动就无法及时有效的进行，而它的直接后果就是造成项目开发状况的混乱并注定软件配置管理活动成为一种"救火"的行为。所以及时制定一份软件配置管理计划在一定程度上是项目成功的重要保证。

在软件配置管理计划的制定过程中，它的主要流程是这样的：

（1）配置变更控制委员会（Configuration Control Board，CCB）根据项目的开发计划确定各个里程碑和开发策略；

（2）CMO 根据 CCB 的规划，制定详细的配置管理计划，交 CCB 审核；

（3）CCB 通过配置管理计划后交项目经理批准，发布实施。

3. 项目开发和维护阶段

这一阶段是项目研发的主要阶段。在这一阶段中，软件配置管理活动主要分为三个层面：

（1）主要由 CMO 完成管理和维护工作；

（2）由系统集成员（System Integration Officer，SIO）和 DEV 具体执行软件配置管理策略；

（3）变更流程。

这三个层面是彼此之间既独立又互相联系的有机的整体。

在整个软件配置管理过程中，它的核心流程是这样的：

（1）CCB 设定研发活动的初始基线；

（2）CMO 根据软件配置管理规划设立配置库和工作空间，为执行软件配置管理做好准备；

（3）开发人员按照统一的软件配置管理策略，根据获得授权的资源进行项目的研发工作；

（4）SIO 按照项目的进度集成组内开发人员的工作成果，并构建系统，推进版本的演进；

（5）CCB 根据项目的进展情况，审核各种变更请求，并适时地划定新的基线，保证开发和维护工作有序的进行。

这个流程就是如此循环往复，直到项目的结束。当然，在上述的核心过程之外，还涉及其他一些相关的活动和操作流程，下面按不同的角色分工予以列出：

（1）各开发人员按照项目经理发布的开发策略或模型进行工作；

（2）SIO 负责将各分项目的工作成果归并至集成分支，供测试或发布；

（3）SIO 可向 CCB 提出设立基线的要求，经批准后由 CMO 执行；

（4）CMO 定期向项目经理和 CCB 提交审计报告，并在 CCB 例会中报告项目在软件过程中可能存在的问题和改进方案；

（5）在基线生效后，一切对基线和基线之前的开发成果的变更必须经 CCB 的批准；

（6）CCB 定期举行例会，根据成员所掌握的情况、CMO 的报告和开发人员的请求，对配置管理计划作出修改，并向项目经理汇报。

7.4 软件配置管理的关键活动

1. 制定配置管理计划

项目经理指定一名项目成员担任配置管理员（可以是项目经理本人）。配置管理员根据《项目任务书》和《项目计划》，撰写《配置管理计划》，格式参见表 7-1。项目经理审批后，配置管理员将《配置管理计划》告知所有项目成员。

表 7-1　配置管理计划的格式

配置管理计划		
项目名称		
配置管理软件	说明文档管理软件，代码管理软件……	

1. 文档管理计划

文档库的目录结构	主要文档、负责人	预期完成时间

2. 代码管理计划

代码库的目录结构	主要代码和库	预期完成时间、负责人

3. 备份计划

备份内容、介质	备份频度、时间	责任人
配置管理员签字	签字、日期	
项目经理审批意见		

2. 代码管理

所有项目成员使用指定的配置管理软件来管理代码，具体内容如下：

（1）配置管理员创建代码库，其目录结构与开发环境的目录结构保持一致。

（2）配置管理员为每个项目成员分配代码库的操作权限。一般地，项目成员拥有 Add，Checkin/Checkout 等权限，但是不能拥有"删除"权限。具体操作视所采用的配置管理软件而定。

（3）项目成员根据自己的权限操作代码，例如 Add，Checkin/Checkout 等。项目组成员要保证代码及时 Checkin（建议时间间隔不能超过 1 天）。

（4）如果要修改已经发布了的代码，必须遵循"申请－审批－执行"的变更管理流程。在开发进度压力比较大的情况下，为了提高工作效率，允许省略"变更控制报告"，但是至少要得到项目经理的口头批准，并告知受影响的相关人员。

（5）有关责任人定期备份代码库（一般由配置管理员备份）。

3. 文档管理

文档管理具体内容如下：

（1）配置管理员创建文档库，至少确定文档库的第一级目录。

（2）配置管理员为每个项目成员分配文档库的操作权限。一般地，项目成员拥有 Add，Checkin/Checkout 等权限，但是不能拥有"删除"权限。具体操作视所采用的文档管理软件而定。

（3）项目成员根据自己的权限操作文档，例如 Add，Checkin/Checkout 等。项目组成员要保证文档及时 Checkin（建议时间间隔不能超过 1 周）。

（4）配置管理员用文件袋或文件柜妥善保管纸质文档（例如客户提供的纸质文件）。

（5）如果要修改已经发布了的重要文档（例如需求文档、设计文档、项目计划），必须遵循"申请－审批－执行"的变更管理流程。

（6）有关责任人定期备份文档库（一般由配置管理员备份）。

4. 配置项

Pressman 对于配置项 SCI 给出了一个比较简单的定义："软件过程的输出信息可以分为三个主要类别：

（1）计算机程序（源代码和可执行程序）。

（2）描述计算机程序的文档（针对技术开发者和用户）。

（3）数据（包含在程序内部或外部）。

这些项包含了所有在软件过程中产生的信息，总称为软件配置项。"

由此可见，配置项的识别是配置管理活动的基础，也是制定配置管理计划的重要内容。

软件配置项分类软件的开发过程是一个不断变化着的过程，为了在不严重阻碍合理变化的情况下来控制变化，软件配置管理引入了"基线"这一概念。IEEE 对基线的定义是这样的："已经正式通过复审核批准的某规约或产品，它因此可作为进一步开发的基础，并且只能通过正式的变化控制过程改变。"所以，根据这个定义，我们在软件的开发流程中把所有需加以控制的配置项分为基线配置项和非基线配置项两类，例如，基线配置项可能包括所有的设计文档和源程序等；非基线配置项可能包括项目的各类计划和报告等。

5. 配置项的标识和控制

所有配置项都应按照相关规定统一编号，按照相应的模板生成，并在文档中的规定章节（部分）记录对象的标识信息。在引入软件配置管理工具进行管理后，这些配置项都应以一定的目录结构保存在配置库中。所有配置项的操作权限应由 CMO 严格管理，基本原则是：基线配置项向软件开发人员开放读取的权限；非基线配置项向 PM、CCB 及相关人员开放。

6. 工作空间管理

在引入了软件配置管理工具之后，所有开发人员都会被要求把工作成果存放到由软件配置管理工具所管理的配置库中去，或是直接工作在软件配置管理工具提供的环境之下。所以为了让每个开发人员和各个开发团队能更好地分工合作，同时又互不干扰，对工作空间的管理和维护也成为了软件配置管理的一个重要的活动。

一般来说，比较理想的情况是把整个配置库视为一个统一的工作空间，然后再根据需要把它划分为个人（私有）、团队（集成）和全组（公共）这三类工作空间（分支），从而更好地支持将来可能出现的并行开发的需求。

每个开发人员按照任务的要求，在不同的开发阶段，工作在不同的工作空间上，例如，对于私有开发空间而言，开发人员根据任务分工获得对相应配置项的操作许可之后，他即在自己的私有开发分支上工作，他的所有工作成果体现为在该配置项的私有分支上的版本的推进，除该开发人员外，其他人员均无权操作该私有空间中的元素；而集成分支对应的是开发团队的公共空间，该开发团队拥有对该集成分支的读写权限，而其他成员只有只读权限，它的管理工作由 SIO 负责；至于公共工作空间，则是用于统一存放各个开发团队的阶段性工作成果，它提供全组统一的标准版本，并作为整个组织的知识库（Knowledge Base）。

当然，由于选用的软件配置管理工具的不同，在对于工作空间的配置和维护的实现上有比较大的差异，但对于 CMO 来说，这些工作是他的重要职责，他必须根据各开发阶段的实际情况来配置工作空间并定制相应的版本选取规则，来保证开发活动的正常运作。在变更发生时，应及时做好基线的推进。

7. 版本控制

版本控制（Version Control）是全面实行软件配置管理的基础，可以保证软件技术状态的一致性。我们在平时的日常工作中都在或多或少地进行版本管理的工作。比如有时我们为了防止文件丢失，而拷贝一个后缀为 bak 或日期的备份文件。当文件丢失或被修改后可以通过该备份文件恢复。版本控制是对系统不同版本进行标识和跟踪的过程。版本标识的目的是便于对版本加以区分、检索和跟踪，以表明各个版本之间的关系。一个版本是软件系统的一个实例，在功能上和性能上与其他版本有所不同，或是修正、补充了前一版本的某些不足。实际上，对版本的控制就是对版本的各种操作控制，包括检入检出控制、版本的分支与合并、版本的历史记录和版本的发行。

版本控制是软件配置管理的核心功能。所有置于配置库中的元素都应自动予以版本的标识，并保证版本命名的唯一性。版本在生成过程中，自动依照设定的使用模型自动分支、演进。除了系统自动记录的版本信息以外，为了配合软件开发流程的各个阶段，我们还需要定义、收集一些元数据（Metadata）来记录版本的辅助信息和规范开发流程，并为今后对软件过程的度量做好准备。当然如果选用的工具支持的话，这些辅助数据将能直接统计出过程数据，从而方便软件过程改进（Software Process Improvement，SPI）活动的进行。

对于配置库中的各个基线控制项，应该根据其基线的位置和状态来设置相应的访问权限。一般来说，对于基线版本之前的各个版本都应处于被锁定的状态，如需要对它们进行变更，则应按照变更控制的流程来进行操作。

版本控制是 SCM 的基础，它管理并保护开发者的软件资源。版本控制管理在软件工程过程中建立起配置对象的不同版本。版本管理可以把一些属性结合到各个软件版本上。通过描述所希望的属性集合来确定（或构造）所想要的配置。使用演变图来表示系统的不同版本，显示了软件的修改情况，如图7-5所示。

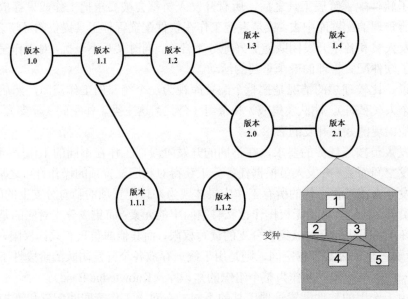

图 7-5　表示系统不同版本的演变图

图 7-5 中的各个结点都是聚合对象，是一个完全的软件版本。软件的每一版本都是 SCI（源代码、文档、数据）的一个收集，且各个版本都可能由不同的变种组成。例如，一个简单的程序版本由 1、2、3、4 和 5 等部件组成。其中部件 4 在软件使用彩色显示器时使用，部件 5 在软件使用单色显示器时使用。因此，可以定义版本的两个变种。

版本管理的主要任务有以下几点：

（1）集中管理档案，安全授权机制。版本管理的操作将开发组的档案集中地存放在服务器上，经系统管理员授权给各个用户。用户通过登入（check in）和检出（check out）的方式访问服务器上的文件，未经授权的用户无法访问服务器上的文件。

（2）软件版本升级管理。每次登入时，在服务器上都会生成新的版本。任何版本都可以随时检出编辑，同一应用的不同版本可以像树枝一样向上增长。

（3）加锁功能。目的是在文件更新时保护文件，避免不同用户更改同一文件时发生冲突。某一文件一旦被登入，锁即被解除，该文件可被其他用户使用。在更新一个文件之前锁定它，避免变更没有锁定的项目源文件。

在文件登入和检出时，需要注意登入和检出的使用：当需要修改某个小缺陷时，应只检出完成工作必需的最少文件；需要对文件变更时，应登入它并加锁，保留对每个变更的记录；应避免长时间地锁定文件。如果需要长时间工作于某个文件，最好能创建一个分支，并在分支上做工作。

如果需要做较大的变更，可有两种选择：将需要的所有文件检出并加锁，然后正常处理；为需要修改的所有分支创建分支，把变更与主干"脱机"，然后把结果合并回去。

8. 变更控制

进行变更控制（Change Control）是至关重要的。但是要实行变更控制也是一件令人头疼的事情。我们担忧变更的发生是因为对代码的一点小小的干扰都有可能导致一个巨大的错误，但是它也许能够修补一个巨大的漏洞或者增加一些很有用的功能。我们担忧变更也因为有些程序员可能会破坏整个项目，虽然智慧思想有不少来自于这些程序员的头脑。过于严格的控制也有可能挫伤他们进行创造性工作的积极性。但是，如果你不控制他，他就控制了你！

在对 SCI 的描述中，我们引入了基线的概念。从 IEEE 对于基线的定义中我们可以发现，基线是和变更控制是紧密相连的。也就是说在对各个 SCI 做出了识别，并且利用工具对它们进行了版本管理之后，如何保证它们在复杂多变的开发过程中真正的处于受控的状态，并在任何情况下都能迅速的恢复到任一历史状态就成为了软件配置管理的另一重要任务。因此，变更控制就是通过结合人的规程和自动化工具，以提供一个变化控制的机制。

SCI 分为基线配置项和非基线配置项两大类，这里所涉及的变更控制的对象主要指配置库中的各基线配置项。变更管理的一般流程是：

（1）（获得）提出变更请求；

（2）由 CCB 审核并决定是否批准；

（3）为（被接受）修改请求分配人员，提取 SCI，进行修改；

（4）复审变化；

（5）提交修改后的 SCI；

（6）建立测试基线并测试；

（7）重建软件的适当版本；

（8）复审（审计）所有 SCI 的变化；

（9）发布新版本。

变更控制过程如图 7-6 所示。

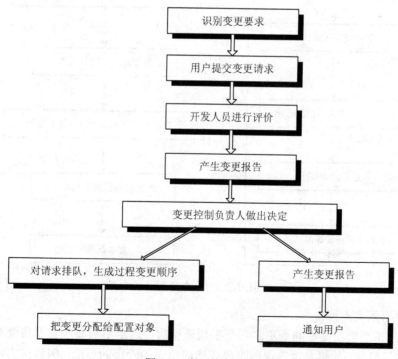

图 7-6　变更控制过程

在这样的流程中，CMO 通过软件配置管理工具来进行访问控制和同步控制，而这两种控制是建立在前文所描述的版本控制和分支策略的基础上的。

软件生存期内全部的软件配置是软件产品的真正代表，必须使其保持精确。软件工程过程中某一阶段的变更，均要引起软件配置的变更，这种变更必须严格加以控制和管理，保持修改信息。变更控制包括建立控制点和建立报告与审查制度。

在此过程中，首先用户提交书面的变更请求，详细申明变更的理由、变更方案、变更的影响范围等。然后由变更控制机构确定控制变更的机制、评价其技术价值、潜在的副作用、对其他配置对象和系统功能的综合影响以及项目的开销,并把评价的结果以变更报告的形式提交给变更控制负责人（最终决定变更状态和优先权的某个人或小组）。

对每个批准了的变更产生一个工程变更顺序（ECO），描述进行的变更、必须考虑的约束、评审和审计的准则等。要做变更的对象从项目数据库中检出，对其做出变更，并实施适当的质量保证活动。然后再把对象登入到数据库中并使用适当的版本控制机制建立软件的下一版本。工程变更顺序如图 7-7 所示。

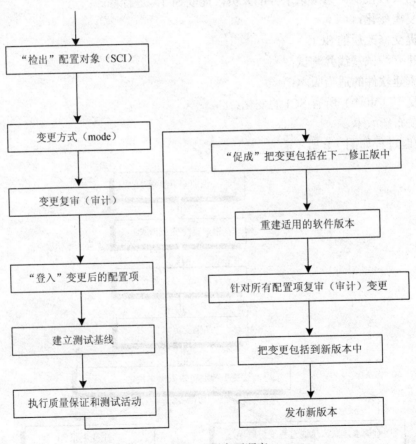

图 7-7   工程变更顺序

软件变更有两类不同情况：

（1）为改正小错误需要的变更。它是必须进行的，通常不需要从管理角度对这类变更进行审查和批准。但是，如果发现错误的阶段在造成错误的阶段的后面，例如在实现阶段发现了设计错误，则必须遵照标准的变更控制过程，把这个变更正式记入文档，把所有受这个变更影响的文档都做相应的修改。

（2）为了增加或者删掉某些功能、或者为了改变完成某个功能的方法而需要的变更。这类变更必须经过某种正式的变更评价过程，以估计变更需要的成本和它对软件系统其他部分的影响。

如果变更的代价比较小且对软件系统其他部分没有影响，或影响很小，通常应批准这个变更；如果变更的代价比较高，或者影响比较大，则必须权衡利弊，以决定是否进行这种变更；如果同意这种变更，需要进一步确定由谁来支付变更所需要的费用。如果是用户要求的变更，则用户应支付这笔费用；否则，必须完成某种成本/效益分析，以确定是否值得做这种变更。这种变更报告和审查制度，对变更控制来说起了一个安全保证作用。

在一个 SCI 成为基线之前，可以对所有合理的项目和技术申请进行非正式的变更；一旦某个 SCI 经过正式的技术评审并得到批准，它就成了基线。以后如果需要对它变更，就必须得到项目负责人的批准，或者必须得到变更控制负责人的批准。

9. 配置状态报告

为了清楚、及时地记载软件配置的变化，需要对开发的过程做出系统的记录，以反映开发活动的历史情况。这就是配置状态登录的任务。登录主要根据变更控制小组会议的记录，并产生配置状态报告。对于每一项变更，需要记录：发生了什么？为什么会发生？谁做的？什么时候发生的？会有什么影响？

配置状态报告就是根据配置项操作数据库中的记录来向管理者报告软件开发活动的进展情况。这样的报告应该是定期进行，并尽量通过 CASE 工具自动生成，用数据库中的客观数据来真实的反映各配置项的情况。

配置状态报告应着重反映当前基线配置项的状态，以作为对开发进度报告的参照。同时也能从中根据开发人员对配置项的操作记录来对开发团队的工作关系作一定的分析。

配置状态报告应该包括下列主要内容：

（1）配置库结构和相关说明；

（2）开发起始基线的构成；

（3）当前基线位置及状态；

（4）各基线配置项集成分支的情况；

（5）各私有开发分支类型的分布情况；

（6）关键元素的版本演进记录；

（7）其他应予报告的事项。

每次新分配一个 SCI，或更新一个已有 SCI 的标识，或一项变更申请被变更控制负责人批准，并给出了一个工程变更顺序时，在配置状态报告中就要增加一条变更记录条目。一旦进行了配置审计，其结果也应该写入报告之中。配置状态报告可以放在一个联机数据库中，以便软件开发人员或者软件维护人员可以对它进行查询或修改。此外在软件配置报告中新登录的变更应当及时通知给管理人员和软件工程师。配置状态报告避免了可能出现的不一致和冲突，对于大型软件开发项目的成功起着至关重要的作用。如图 7-8 所示为配置状态报告信息流。

10. 配置审计

软件的完整性，是指开发后期的软件产品能够正确地反映用户要求。软件配置审计的目的就是要证实整个软件生存期中各项产品在技术上和管理上的完整性。确保所有文档的内容变动不超出当初确定的软件要求范围，使得软件配置具有良好的可跟踪性。软件配置审计是软件变更控制人员掌握配置情况、进行审批的依据。

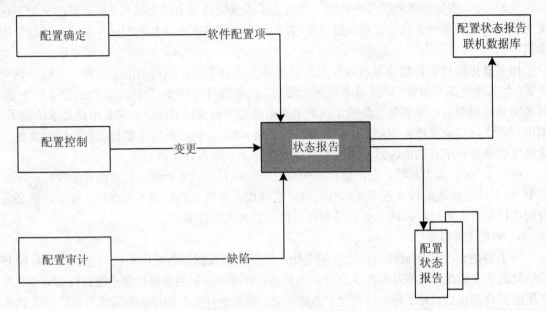

图 7-8　配置状态报告信息流

　　软件的变更控制机制通常只能跟踪到工程变更顺序产生为止。为确认变更是否正确完成一般可以用以下两种方法去审查：正式技术评审和软件配置审计。正式的技术评审着重检查已完成修改的软件配置对象的技术正确性，评审者评价 SCI，决定它与其他 SCI 的一致性，判断是否有遗漏或可能引起的副作用。正式技术评审应对所有的变更进行，除了那些最无价值的变更之外。软件配置审计作为正式技术评审的补充，评价在评审期间通常没有被考虑的 SCI 的特性。

　　配置审计的主要作用是作为变更控制的补充手段，来确保某一变更需求已被切实实现。在某些情况下，它被作为正式的技术复审的一部分，但当软件配置管理是一个正式的活动时，该活动由 SQA 人员单独执行。

7.5　软件配置管理的注意事项

1. 什么是良好的配置管理

　　配置管理与任何一位项目成员都有关系，因为每个人都会产生工作成果。配置管理是否有成效取决于三个要素：人、规范、工具，如图 7-9 所示。

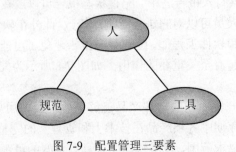

图 7-9　配置管理三要素

企业不必追究完美无缺的配置管理，而是让开发团队恰好够用就行，并将为配置管理所付出的代价控制在预算之内。

良好的配置管理特征是：

（1）任何项目成员都要对其工作成果进行配置管理，应当养成良好的习惯。不必付出过多的精力，最低要求是保证重要工作成果不发生混乱（版本混乱、变更混乱）。

（2）配置管理规范应当清晰明了，便于执行，不必在细节方面要求太多，不给项目人员添加过多的负担，不使人厌烦（防止物极必反）。

（3）选择配置管理工具应当综合考虑价格、易用性和功能因素，而不是购买或者盗用最先进的工具。令人满意的工具通常是价格低廉、简便易用、功能恰好够用。

2. 文档版本管理和代码版本管理的区别

代码版本管理的特点是：

（1）程序员可能在一天之内多次更新代码文件，可能对整个目录进行 Checkout /Checkin 操作，文件数量多，对实时性要求比较高。

（2）代码的版本结构比较复杂（例如产生分支），对版本管理工具的功能要求比较高。

（3）只有开发人员可以 Checkout /Checkin 代码，其他人不必（也不该）访问代码库。

文档管理的特点是：

（1）文档的主要用途是交流，交流越充分则文档的价值越高。所以除了开发人员，不少相关人员（例如领导、市场人员）都可以访问文档。

（2）人们一般不会频繁地修改文档，文档的版本结构很简单（线性增长就可以了，不会产生版本分支），对版本管理工具的功能要求不高。

（3）人们并不局限在办公室里使用文档，可能出差在外地、也可能在家里使用文档。

3. 如何选择代码版本管理工具

企业要综合考虑"功能、易用性、价格"三个因素来选择配置管理工具（代码版本管理工具）。目前国内用得最多的配置管理工具是 SVN、SourceSafe、CVS 和 ClearCase。

（1）SVN。

Subversion（简称 SVN）是一个自由、开放源代码的版本控制系统。在它的管理下，文件和目录可以超越时空。SVN 将文件存放在中心版本库里，这个版本库很像一个普通的文件服务器，不同的是，它可以记录每一次文件和修改的情况。这样我们就可以藉此将数据回复到以前的版本，并可以查看更改细节。也就是说，一旦一个文件被传到 SVN 上面，那么不管对它进行什么操作，SVN 都会有清晰的记录，即使它在多天前被删除了，也可以被找回来。所以，许多人将版本控制系统比做一种神奇的"时光机器"。

SVN 的特性如下：

1）版本化目录。SVN 实现的"虚拟"版本化文件系统可以跟踪目录树的变更。也就是说，在 SVN 中，文件和目录都是版本化的。

2）真实的版本历史。由于实现了文件和目录的版本化，SVN 可以记录文件复制、重命名这些常见操作带来的版本变更。即在 SVN 中，对文件或目录都可以进行增加、删除、复制、重命名等操作，并有版本历史记录。

3）原子化提交。一个变更集要么完整地被提交到仓库中，要么不做任何改变，从而避免发生不完整地提交变更的情况。

4）受控元数据。每一个文件和目录都有一个与其对应的属性集。

5）可选的网络层。SVN 仓库的存取是一个抽象概念，有利于其他人实现新的网络访问机制，SVN 可以作为一个外部模块插入到 Apache HTTP 服务器中。

6）一致的数据处理。SVN 使用一种二进制的比较算法来表示文件之间的区别。

7）高效的分支和标记。分支和标记所带来的开销与项目的规模并没有直接的关系，SVN 在创建分支和标记时使用类似"连接"的方式来复制整个项目。因此这些操作通常只会花费很少且固定的时间。

8）扩展能力。SVN 是由一组设计良好的 APIs 实现的，包含在 C 的共享库中，这使得它很容易维护。也很容易被其他应用程序或语言使用。

SVN 的使用注意事项如下：

1）及时提交更新（commit）。开发人员每次修改，或者新增、删除、拷贝工作区对象后，应该立刻提交到版本库，有效保持工作区与版本库的高度一致。

2）经常更新工作拷贝（update），保持与最新版本同步。在本地工作区内修改文件前必须先下载最新版本，这样可以尽量减少冲突、合并。

3）提交的内容。在提交前先本地进行测试，不允许将有明显错误的文件提交到服务器上。临时文件、无意义的草稿文件等不需纳入版本管理，不需提交到配置库。

4）每次提交要填写备注信息。备注有助于其他人（包括三个月后的你自己）理解你对文件所做修改。备注信息内容要简单说明该次更新的主要内容，确保信息的清晰、明了、可用。SVN 配置库增加"强制提交备注"的设置，如未录入足够长度的日志信息，commit 提示框中的 OK 按钮为灰色不可用。

5）提交文档按照规范命名。提交的文档必须按规范进行命名，命名规则为：PCO-项目简称-文档类型-文件名(-日期)。例如：PCO-CUCEHR-SCM-软件配置管理工具 SVN 手册.doc。需要特别标示日期信息的文件，如会议纪要在命名中才增加"日期"段，其他项目过程文档命名不需要日期，工具已记录。

6）适当使用加锁（get lock）功能。

由于 SVN 只支持二进制文件的合并功能，对于非二进制文件（如 Word、Excel）在编辑修改前建议采用加锁功能，减少冲突发生。但注意在修改完成，提交后，及时解锁（release lock）释放权限。

（2）SourceSafe。

SourceSafe 是 Microsoft 公司推出的配置管理工具，是 Visual Studio 的套件之一。SourceSafe 是国内最流行的配置管理工具。SourceSafe 的优点可以用 8 个字来概括"简单易用，一学就会"。虽然 SourceSafe 并不是免费的，但是在国内人们能以接近于零的成本得到它，网上到处可以下载。SourceSafe 的主要功能是创建目录、添加文件、check in、check out、查看版本历史等。与 ClearCase 相比，SourceSafe 的功能显得太简单了，但是对于大多数不是十分复杂的中小型项目而言，SourceSafe 的功能足够用了。如果团队使用 Microsoft 开发工具，那么使用 SourceSafe 管理代码最为方便。

SourceSafe 的主要局限性：

1）只能在 Windows 下运行，不能在 UNIX、Linux 下运行。SourceSafe 不支持异构环境下的配置管理，对用户而言是个麻烦事，这不是技术问题，是微软公司产品战略决定的。

2）适合于局域网内的用户群，不适合于通过 Internet 连接的用户群，因为 SourceSafe 是通过"共享目录"方式存储文件的。

（3）CVS。

CVS 是 Concurrent Version System（并行版本系统）的缩写，它是著名的开放源代码的配置管理工具。CVS 的官方网站是http://www.cvshome.org/。官方提供的是 CVS 服务器和命令行程序，但是官方并不提供交互式的客户端软件。许多软件机构根据 CVS 官方提供的编程接口开发了各色各样的 CVS 客户端软件，最有名的当推 Windows 环境的 CVS 客户端软件——WinCVS。WinCVS 是免费的，但是并不开放源代码。

与 SourceSafe 相比，CVS 的主要优点是：

1）SourceSafe 有的功能 CVS 全都有，CVS 支持并发的版本管理，SourceSafe 没有并发功能。CVS 服务器的功能和性能都比 SourceSafe 高出一筹。

2）CVS 服务器可以在任何操作系统和网络环境下运行。CVS 深受 UNIX 和 Linux 用户喜爱。JBuider 和 Eclipse 都提供了 CVS 的插件，Java 程序员可以在集成开发环境中使用 CVS 进行版本管理。

3）CVS 服务器有自己专用的数据库，文件存储并不采用 SourceSafe 的"共享目录"方式，所以不受限于局域网，信息安全性很好。

（4）ClearCase。

Rational 公司的 ClearCase 是软件行业公认的功能最强大、价格最昂贵的配置管理工具。ClearCase 主要应用于复杂产品的并行开发、发布和维护。ClearCase 通过 TCP/IP 来连接客户端和服务器。另外，ClearCase 拥有的浮动 License 可以跨越 UNIX 和 Windows NT 平台被共享。

ClearCase 的功能比 CVS、SourceSafe 强大得多，但是其用户量却远不如 CVS、SourceSafe 的多。主要的原因是：

1）ClearCase 价格昂贵，如果没有批量折扣的话，每个 License 大约 5000 美元。

2）用户只有经过培训后（费用同样很昂贵），才能正常使用 ClearCase。如果不参加培训的话，用户基本上不可能无师自通。

有个项目曾经向 Rational 公司要了一套 ClearCase 试用版，结果一位技术很强的软件工程师花了两天时间才安装起来，大家还是不知道怎么用，干脆放弃 ClearCase 改用 SourceSafe。在国内，盗版的 Rational Rose（面向对象分析设计工具）很多，但是盗版的 ClearCase 并不多，因为后者盗了也用不起来。

7.6　实施配置管理的收益

国内很多软件企业已经逐渐认识到配置管理的重要性，都希望通过实施配置管理来提高软件开发管理的水平，增强企业自身的竞争力，应对市场的压力。

针对市场的这些需求，Hansky 公司在中国市场推出了业界技术领先的软件配置管理解决方案，产品包括配置管理工具 Firefly 和变更管理工具 Butterfly。Firefly 是 Hansky 公司推出的软件配置管理系统，它可以轻松管理、维护整个企业的软件、代码和文档。Firefly 是一个高性能、运行速度极快的软件配置管理系统，支持不同的开发、运行平台，因此它能在整个企业中的不同团队、不同项目中都得以广泛的应用。Firefly 能够对团队开发提供有力的支持，开发团队一旦拥有了 Firefly，就可以非常准确的定义：软件将在什么时间发布；当前发布版本中有哪些功能，由哪些组件构成；当前版本中加入了针对哪些 Bug 的修改；软件的某个修改是谁认可的；如何建立新的发布版本等。

Butterfly 是 Hansky 公司提供的新一代的软件变更请求管理软件。它以软件产品为中心，有效的协调软件项目中各职位人员的工作，能够使软件项目在较短时间内高质量完成。

Butterfly 的主要功能如下：

（1）提供对开发过程中的缺陷、建议和任务的追踪管理；

（2）规划开发过程，完善源代码编写，提高软件重用率，最大限度保护企业知识财富；

（3）提供丰富的报表功能，以直观图形统计开发人员的工作进度和编码质量，客观评价员工表现；

（4）优化业务流程，科学的工作流系统使用户工作起来有条不紊，大大提高了工作效率，同时用户可以根据实际情况简单、快捷地定制自己的业务流程；

（5）掌握工作进度，在软件开发的各个阶段都可以进行强大的过程控制；

（6）开发人员可以明确地了解自己被分配的开发任务，并根据优先级依次完成；

（7）提供友好的人机界面，支持工作分配的电子邮件自动通知，方便各种类型的工作人员使用，增加沟通和交流；

（8）对软件的错误进行系统管理，从根本上提高软件产品竞争力，提高产品质量；

（9）加速开发进程，规范软件产品开发的各个阶段，避免浪费不必要的时间。

Hansky 公司的配置管理解决方案给公司带来的益处将是显而易见的：管理者能够轻松控制产品的进度、质量；开发人员将有更多的时间进行创造性的工作；测试人员将依照一个标准的流程高效完成日常工作；产品发布人员能够确保交到用户手中的产品的质量。具体而言，用户可以在资金、管理水平和保护知识财富等方面得到切实收益。

1. 节约用户资金

（1）Hansky 配置管理系统的总体实施成本低。

1）对硬件系统性能的要求低，可以跨平台使用，节约了用户的投资；

2）安装简单，易于维护，无需专职的系统管理员；

3）功能简洁、实用，易于学习和掌握，可以有效缩短配置管理系统投入实际使用的周期；

4）良好的扩展性和灵活的 License 管理方式，以及组件式的解决方案，使得我们的配置管理系统既支持小组模式的用户，也能够支持大规模团队的协同开发工作，并且能够方便地进行扩展，用户可以根据实际需要，灵活的配置，大大降低了初期投入的资金；

5）具有前瞻性，保护用户的投资。Hansky 公司的软件配置管理产品采用最新的技术（如纯 TCP/IP 技术、J2EE 技术、MS.NET 的开发环境等）和全新的应用模式（如三层结构、B/S 应用结构等），确保系统在较长的时间内不会落后于同类产品或不需要技术上的更新；

6）自带存储库增量备份/恢复功能，节约用户在备份方面的支出。

（2）缩短用户的产品开发周期。

利用 Hansky 的 Firefly 系统对开发资源进行版本管理和跟踪，可以建立公司级的代码知识库，保存开发过程中的所有历史版本，这样大大提高了代码的复用率，还便于同时维护多个版本和进行新版本的开发，最大限度地共享代码。利用 Butterfly 组建开发团体之间的问题跟踪及消息通讯机制，通过与电子邮件系统的结合大大增强了开发团体之间的沟通能力，通过丰富的报表功能可对发现的问题进行整理，以报表方式分类报出，作为开发的指导。通过使用 Hansky 的配置管理套件可以提高开发效率和产品质量，避免了代码覆盖、沟通不够，开发无序的混乱局面，大大缩短了产品的开发周期。

（3）降低产品的部署费用。

使用 Hansky 的软件配置管理解决方案后，用户可以在 Hansky 技术专家的帮助下建立规范的配置管理流程，所有的软件产品将得到统一有效的管理。借助 Firefly 和 Butterfly，工程人员可以通过访问服务器直接获取所需的最新版本，查找公司的知识库，提交变更请求，收集用户的反馈意见。开发人员无需到现场即可再现用户环境，集中解决问题，发布补丁。这样可以同时响应多个地点的项目，避免了开发人员分配到各个项目点、力量分散、人员不够的弊端，同时节约大量的差旅费用。

2. 提高软件开发管理的水平

（1）改进用户的开发工作模式。

使用 Hansky 的配置管理解决方案，可以有效地改进用户的软件开发模式和过程，提高企业软件能力成熟度的级别。

借助 Firefly 和 Butterfly，用户可以：

有效地管理工作空间，各个成员具有独立的工作空间，并能记录其变更集和整个生命周期中的完整变更历史；简便建立分支，支持分支之间的比较与合并、归并、管理基线；支持并行开发模式，提高开发效率；支持异地开发，Firefly 通过自动或手动同步不同开发地点的的存储库，为地理分布的开发团队提供很好的支持；集成变更请求管理与项目生存周期中的变更记录与追踪，优化测试流程；完善的发布管理，可以方便地回溯任意版本，为不同的用户定制应用程序的版本，促进系统的快速部署，提供发布版本内容的审计能力；支持变更集和原子事务，确保变更的一致性；支持离线的版本管理，帮助用户记录项目生命周期内的完整历史；内置 Defect、RFE、Task（问题、建议、任务）工作流，符合正规软件公司的软件开发流程。科学的工作流系统可以使公司人员工作起来得心应手，有条不紊，从而大大提高工作效率。

（2）加强项目管理能力。

通过浏览器，项目负责人可以方便地查看项目进展情况以及员工工作情况；利用 Web 界面即可实现代码复查和项目状态复查；丰富的图表、报告功能，可以自动生成变更统计报告、配置审计报告，支持过程管理与进度分析，能够帮助管理者进行决策。

（3）量化工作量考核。

传统的开发管理中，工作量一直是难以估量的指标。靠开发人员自己把握，随意性过大；靠管理人员把握，主观性又太强。采用 Firefly 和 Butterfly 管理后，系统能够客观的记录员工的工作内容和质量，可以作为工作量的衡量指标。

（4）规范测试流程。

Butterfly 和 Firefly 集成后，可以有效地跟踪和处理软件的变更，完整地记录测试人员的工作内容，测试有了实实在在的工作，测试人员根据修改描述细节对每一天的工作做具体的测试。对测试人员也具有相应的可考核性，这样环环相扣，有效地增强了对测试的管理。

（5）加强协调与沟通，增加团队竞争力。

使用 Firefly 保存公司的所有知识财富，利用 Butterfly 的 FAQ、检索以及 Email 自动通知功能，有效地加强了项目成员之间的沟通，做到有问题及时发现、及时修改、及时通知，却又不会额外增加很多的工作量，大大提高了开发团队的协同工作效率。

3. 保护企业的知识财富

从整个企业的发展战略来说，如何在技术日新月异、人员流动频繁的情况下，丰富本公司的知识库及经验库，把个人的知识及经验转变为公司的知识和经验，这对于提高工作效率、缩短产品周期以及提高公司的竞争力都具有至关重要的作用。采用科学的配置管理思想，辅之以先进的配置管理工具，可以帮助用户在内部建立完善的知识管理体系。

（1）代码对象库。

软件代码是软件开发人员脑力劳动的结晶，也是软件公司的宝贵财富，长期开发过程中形成的各种代码对象就像一个个零件一样，是快速生成系统的组成部分。然而长期以来的一个事实是：一旦某个开发人员离开工作岗位，其原来所编写的代码便基本成为垃圾，无人过问，或者由于文档不全，无从考究。究其原因，就是没有专门对每个开发人员的代码、组件和文档进行科学的管理，将其应用范围扩大到公司一级，进行规范化，加以说明和普及。Firefly 为代码管理提供了一个平台和仓库，有利于建立公司级的代码对象库，增进代码复用，提高开发重用率和软件质量。

（2）业务及经验库。

通过 Firefly 和 Butterfly，可自动生成完整的开发日志及问题集合，用文字记录开发的整个过程，不会因某人的流动而消失，有利于公司积累业务经验，无论对软件维护或版本升级，都具有重要的指导作用。此外，利用 Butterfly 内建的 FAQ 模块，可以建立检索方便的经验库，传播和共享集体的智慧。

（3）安全性和可靠性。

由于配置管理系统集中存储了企业的重要知识财富，因此对其安全性和可靠性有极高的要求。Firefly 可以对所有存储的文件进行冗余校验，使用 MD5 作为文件的校验和，并提供备份和恢复工具，确保了数据的可靠性。同时 Firefly 支持用户身份验证和访问控制，支持用户组，便于权限设置。访问控制可以针对分支、目录，甚至单个文件设置，采用类似 Windows NTFS 的权限管理方式，既灵活又安全。这些措施使得企业的知识财富得到了安全可靠的存储和保护。

另外，由于 Hansky 的产品采用了三层结构设计，其存储库完全不依赖于网络文件体统，无需共享存储目录，能够有效防止病毒攻击所导致的存储库瘫痪或损坏，同时杜绝网络非法访问。

思考题

1. 什么是软件配置管理？
2. 软件配置管理的任务是什么？
3. 软件配置审计有哪两种方法？

第8章 软件质量度量

8.1 软件质量的度量和评价

由一系列质量要素组成软件质量，每一个质量要素又由一些衡量标准构成，这些衡量标准是通过度量指标加以刻画而得到的。软件质量度量贯穿于软件工程开发的全过程，在软件交付之前的度量主要包括程序的复杂性、模块的有效性和总的程序规模，在软件交付之后的度量则主要包括残存的缺陷数和系统的可维护性等方面的内容。通过软件度量，实现有效管理产品质量、改进用户满意度、减少产品开发和售后服务支持费用。没有软件质量的度量，等于没有软件质量的标准！

与软件质量度量相关的概念有以下几个：

度量：对事物属性的量化表示，通过对过程或产品的某一属性（如质量、规模等）所给出的量化值，由一个或多个直接度量的数据项提取。

软件度量：是指计算机软件中范围广泛的测度，包括对软件系统、构建或生命周期过程具有的某个给定属性的度的一个定量度量。

项目级度量目标：根据组织级的度量基线，并分析项目特点，形成的项目的性能指标。

组织级度量基线：组织级的度量目标，从多个项目中提取度量数据而形成的符合公司能力和商业目标的公司的性能指标。

软件质量度量关注产品、过程和项目的质量方面，按照软件生命周期可分成三种类型：最终产品质量度量、过程中质量度量和维护质量度量。

本章着重讲述软件产品的度量和软件过程的度量。软件产品的度量主要针对作为软件开发活动成果的工作产品质量，独立于其开发过程。软件过程的度量主要针对执行某软件过程能够实现预期结果的程度，一个软件开发组织或者项目组的软件过程能力提供了一种预测该组织或项目组承担下一个软件项目时最可能的预期结果的方法。

软件质量度量是针对软件开发项目、过程及产品进行数据定义、收集以及分析的持续性定量化的过程。有效度量的作用在于能够帮助软件组织认清自身的能力，理解、评价、控制、预测和改进软件工作产品或软件过程。根据对度量数据结果的分析，进一步为人们的生产和服务制定出可行的计划，及时找到变化趋势，预测问题，发现或者采取有效手段预防缺陷，不断改进软件开发过程。

通过对数据度量项的收集、整理和分析，达到两个目的：一方面用量化数据对项目的过程性能进行衡量，从而实现对项目过程的监控；另一方面对度量数据进行积累，建立组织级的度量基线，为以后的新项目开发提供量化指标。

8.1.1 软件质量度量的实施

软件质量度量的实施过程主要有以下 5 个步骤：

1. 制定度量计划

首先，需要确定组织和项目的目标：高层管理者确定并修改组织级业务目标；工程改进小组（Engineering Process Group，EPG）根据组织级业务目标定义并修改组织业务目标的《度量定义表》，同时完善组织级的过程度量数据库；部门经理指导项目经理根据组织业务目标确定项目目标，项目经理制定《度量计划》。产生的文档有：《度量定义表》、《过程度量数据库》、《度量计划之度量目标》。

然后，需要确定度量数据集、数据收集途径和分析汇报频率。项目经理和质量人员根据项目目标，确定需要收集的度量数据集、数据的收集途径和数据分析汇报频率。质量人员根据实际情况更新度量计划。产生的文档有：《度量计划之度量数据集》、《数据收集途径和分析汇报频率》。

2. 收集数据

由项目组负责收集数据，质量人员定期汇总数据，形成《度量数据收集表》。需要确保收集的数据对项目、过程和质量管理提供有用的数据，且不至于成为开发团队的负担。

收集方法是：①建立数据收集的目标；②开发感兴趣问题的清单；③建立数据类别；④设计和检验数据收集形式；⑤收集并验证数据。

收集过程采用的基本形式有：报告表格、专访和使用计算机系统的自动收集。为使数据收集高效并产生效果，应当把它同配置管理或更改控制系统合并在一起。

收集缺陷类型数据的示例，如表 8-1 和表 8-2 所示。

表 8-1　缺陷类型的分类

序号	缺陷分类	错误类型	错误描述	备注
1		高层设计	1）使用错误参数 2）用户界面功能键的不一致使用 3）使用不正确消息	两个独立的逻辑片段通信的路线上的缺陷。它们是在下列实体之间的通信中的错误：部件、产品、同一部件的模块和子程序以及用户界面
2	接口缺陷	低层设计	1）丢失所需参数，错误参数 2）模块间接口：没有输入，以错误次序输入 3）模块内接口：向子系统例程传送值/数据 4）公共数据结构的不正确使用，向代码传送误用的数据	逻辑要完成的功能中引起不正确结果的缺陷
3		编码	1）向宏、应用程序接口（API） 2）模块的参数传送错误值 3）不正确建立由另一段代码使用的公共控制块	
4		高层设计	1）无效或不正确的屏幕流 2）评审包中通过部件的高层流丢失或不正确	
5	逻辑缺陷	低层设计	1）逻辑未实现 IO 设计 2）功能丢失或者过量	
6		编码	1）缺初始化 2）变量初始化不正确	

3. 分析和汇报数据

质量人员对数据进行分析，将结果写在《度量分析报告》中，同时要把分析报告结果汇报给项目经理、部门经理。

表8-2　文档缺陷级别表

开发阶段	文档缺陷1级	文档缺陷2级	文档缺陷3级	文档缺陷4级
需求文档	需求遗漏	需求描述错误，存在二义性	文档字面错误	冗述或过于简单
详细设计文档	遗漏需求	逻辑错误或描述不清，存在二义性	文档字面错误	冗述或过于简单
概要设计文档	遗漏需求	逻辑错误，或描述不清	文档字面错误	冗述或过于简单
用户手册	功能遗漏	操作描述方法错误或描述不清	文档字面错误	冗述或过于简单
测试文档	致命错误：重大需求遗漏；测试报告与结果不符	功能错误，用例描述错误	警告：文档字面错误；	建议：冗述或过于简单

4. 采取改进措施

项目经理根据分析结果，在项目内采取改进措施，解决项目内的问题；质量人员根据分析结果，识别组织级的改进事项，提出改进建议至 EPG；EPG 负责组织和协调组织级的改进措施。

5. 更新组织级数据库

项目经理和质量人员总结项目实际数据，上传到组织过程度量数据库中；项目经理和质量人员在项目的结项期间，把度量数据、经验教训和最佳实践等更新到组织级数据库中。

8.1.2　度量过程的常见问题

度量过程中有很多值得注意的问题，这里将一些常见的问题列出。

1. 典型问题

（1）数据收集不上来；

（2）无充分数据做分析；

（3）收集的数据及分析结果不能满足项目管理的需要。

2. 值得注意的问题

（1）过度度量：过分进行度量是度量中最大的一个问题。技术上可以保证能够捕获几乎所有想要获得的信息，但搜集很多的度量数据需要人手，由于人的精力只能保证注意力集中在有限数量的数据上，因此，在选择度量元的数量时，应采用 80/20 法则，将精力集中于少数与最终输出和决策有关的数据上。

（2）过少度量：度量太少是度量过程中的另一个极端问题。没有足够的度量元，不足以真实反映项目、产品的属性。

（3）混淆度量与评价：将度量数据不加选择地用于评价个体的工作业绩，会引发雇员缺乏信任感，并会影响到度量数据的质量。对公司的产品与过程的质量实施持续的改进，是对度量数据进行收集与分析的唯一目的。

（4）缺乏度量数据的一致性解释和理解：仅仅满足于数据的收集而不使用，或者对于组织中不同的部门来说，各有各的度量重点，不严密的度量定义，口径无法统一，都将造成对度量数据的曲解和误解，导致不必要的麻烦。

（5）缺乏灵活性：在度量过程中，只是墨守成规地收集并分析数据，不能及时地面对新现象和变化。度量时需要对旧有的度量进行有效调整。

（6）缺乏明确的责任人：在组织和项目中，需要指定专人负责数据采集、分析与报告，明确规定每项活动相应的负责人，同时每个人都应该明白自己的责任：包括如何收集数据、谁负责收集、如何收集、多长时间收集或分析一次、分析数据报告给什么人等。

8.1.3　项目度量、规模度量与成本度量

我们知道，项目度量是针对软件开发项目的特定度量，目的在于度量项目规模、项目成本、项目进度、顾客满意度等，辅助项目管理进行项目控制。

那什么是软件规模度量呢？估算软件项目工作量、编制成本预算、策划合理项目进度的基础就是软件规模度量。规模度量做不好是软件项目失败的重要原因之一。

有效的软件规模度量是项目成功的核心要素：基于有效的软件规模度量可以策划合理的项目计划，合理的项目计划有助于有效地管理项目。

规模度量的要点在于：由开发现场的项目成员进行估算；灵活运用实际开发作业数据；杜绝盲目迎合顾客需求的"交期逆推法"。软件规模的估算方法有很多种，具体如表 8-3 所示。

表 8-3　软件规模的估算方法表

序号	软件规模的估算方法
1	功能点分析（FPA：Function Points Analysis）
2	代码行（LOC：Lines of Code）
3	德尔菲法（Delphi Technique）
4	COCOMO 模型
5	特征点（Feature Point）
6	对象点（Object Point）
7	3-D 功能点（3-D Function Points）
8	Bang 度量（DeMarco's Bang Metric）
9	模糊逻辑（Fuzzy Logic）
10	标准构件法（Standard Component）等

软件规模度量有助于软件开发团队准确把握开发时间、费用分布以及缺陷密度等。

下面介绍一下成本度量。软件开发成本度量主要指软件开发项目所需的财务性成本的估算，成本度量方法的具体内容，如表 8-4 所示。

表 8-4　软件开发成本度量主要方法表

序号	成本度量方法	成本度量方法内容	说明
1	类比估算法	类比估算法是通过比较已完成的类似项目系统来估算成本，适合评估一些与历史项目在应用领域、环境和复杂度方面相似的项目	其约束条件在于必须存在类似的具有可比性的软件开发系统，估算结果的精确度依赖于历史项目数据的完整性、准确度以及现行项目与历史项目的近似程度

续表

序号	成本度量方法	成本度量方法内容	说明
2	细分估算法	细分估算法是将整个项目系统分解成若干个小系统，逐个估算成本，然后合计起来作为整个项目的估算成本	细分估算法通过逐渐细化的方式对每个小系统进行详细地估算，可能获得贴近实际的估算成本。其难点在于，难以把握各小系统整合为大系统的整合成本。
3	周期估算法	周期估算法是按软件开发周期进行划分，估算各个阶段的成本，然后进行汇总合计	周期估算法基于软件工程理论对软件开发的各个阶段进行估算，很适合瀑布型软件开发方法，但是需要估算者对软件工程各个阶段的作业量和相互间的比例相当的了解

8.1.4　软件质量的评价

针对不同的公司在不同发展阶段，建议采取的软件质量的评价行动，如表 8-5 所示。

表 8-5　基于公司发展阶段的软件质量的评价建议表

序号	公司发展阶段	采取的行动	备注
1	拥有多个产品的公司	质量度量针对单个产品及产品之间横向的比较	同类产品质量的对比要考虑诸多因素，如项目的大小，项目经理的管理能力，开发人员的开发技能，测试人员的测试水准，项目的前期调研，项目的紧急程度，高层给予的重视程度、预算、人力资源等
2	涉足质量度量工作的公司	需要形成组织级度量数据库才能针对不同产品的不同阶段进行有效的度量	短期的工作是看不到效果的，并且也找不出适当的衡量标准
3	质量度量工作起步阶段的公司	首先需要做好质量度量的数据采集工作，形成组织级度量数据库	其目的是为后期的工作打下基础，初始阶段它实现不了对产品好坏的度量。如千行代码缺陷率，由于无历史数据积累，初始阶段无法给出成功度量标准，建议此指标只做统计，待有一定数据基础后再利用。在度量数据及指标成熟的基础上，千行代码缺陷率应作为缺陷度量的重要参考指标

笔者认为应该客观地看待质量度量报告中针对本次质量评估的综合评分，不能过于依赖此次评分做为衡量一个产品好坏的标准。

度量报告中的综合评分只是为了提取出各产品之间的质量共性，为产品的质量提供一种横向对比的基础。度量工作的重点应在找出产品质量低的根源，改进产品质量，改进整个软件开发过程。综合评分固然重要，但更重要的是体现这份报告本身的价值，如果不能找出问题，提出改进建议，再完美、合理的评分也只留于表面。

综上所述，质量度量的价值应体现在为各个不同的产品找到提高其质量的最佳途径。数据采集是度量工作的基础，综合评分是对产品质量的定性，更为重要的是要对产品质量的改进给予建设性的建议，质的提高是我们的最终目标。以度量为基础，以开发过程的改进为核心，以产品质量的提高为目标，软件质量度量工作成果需要得到公司领导、客户及同行的认同。

8.2 软件产品的质量度量

产品质量与项目管理的进度、成本相对立，产品质量要求的提高将对进度和成本造成压力，需要考虑三方面的平衡。

软件产品的度量主要针对作为软件开发活动成果的工作产品质量，独立于其开发过程。软件产品质量度量，主要集中在软件的缺陷度量上。

在软件质量度量活动中，需要建立一条性能基线，作为软件产品的质量、软件测试性能评估的起点，并作为对系统评估是否通过的标准。缺陷评测的基线是对某一类或某一组织的结果的一种度量，这种结果可能是常见的或典型的，如每一千行代码有 3 个错误是测试中错误发现率的基准。基准对期望值的管理有很大帮助，目标就是相对基准而存在，也就是定义可接受行为的基准，如表 8-6 所示。

表 8-6　某个软件项目质量的基准和目标

条目	目标	低水平
缺陷清除效率	>95%	<70%
缺陷密度	每个功能点<4	每个功能点>7
超出风险之外的成本	0%	≥10%
全部需求功能点	<1% 每个月平均值	≥50%
全部程序文档	每个功能点页数<3	每个功能点页数>6

软件产品度量用于对软件产品进行评价，并在此基础之上推进产品设计、产品制造和产品服务优化。软件产品的度量实质上是软件质量的度量，而软件的质量度量与其质量的周期密切相关。

软件质量度量方法比较多，如：

（1）Halstead 复杂性度量法，基本思路是根据程序中可执行代码行的操作符和操作数的数量来计算程序的复杂性。操作符和操作数的量越大，程序结构就越复杂。

（2）McCabe 复杂性度量法，其基本思想是程序的复杂性很大程度上取决于程序控制流的复杂性，单一的顺序程序结构最简单，循环和选择所构成的环路越多，程序就越复杂。

8.2.1　产品规模度量

由需求分析员、系统分析员、软件开发工程师或者测试工程师在项目的里程碑提供产品规模的度量结果。产品规模的度量方式，如表 8-7 所示。

表 8-7　产品规模的度量方式表

工作产品	规模记录方式	单位
需求规格说明书	记录页码数量 记录模块的数量 记录功能的数量	页 个 个
概要设计说明书	记录页码数量 记录类的数量 记录方法的数量	页 个 个

续表

工作产品	规模记录方式	单位
数据库设计说明书	记录页码数量	页
	记录表的数量	个
	记录字段的总数	个
测试用例	记录页码数量	页
	记录用例的数量	个
配置管理计划	记录配置项的数量	个
源代码	记录编码的行数	行

项目经理按照计划的频次采集规模数据，分析规模数据的计划值与实际度量值的偏差。

8.2.2　缺陷密度度量

缺陷度量就是对项目过程中产生的缺陷数据进行采集和量化，有序而清晰地统一管理分散的缺陷数据，然后对数据进行数学处理，分析缺陷密度和趋势等，从而提高产品质量和改进开发过程。

三种级别的缺陷度量，如下所述：

（1）组织级缺陷度量，目的是了解组织的整体缺陷情况，了解客户对组织的质量满意度，建立组织基线，确定改进活动。

（2）项目级缺陷度量，目的是了解项目实时质量情况（很多项目只在最后阶段开展度量，包括那些迭代式开发的项目，实际上为时已晚），预测缺陷造成的发布后维护工作量，了解客户对项目的质量满意度。

（3）个体缺陷度量，目的是了解个体缺陷产生的详细原因，并实施行动进行改进。

忽略第三种度量，将导致即使得到了质量评价，但如何去提高质量，将成为组织和项目组的困惑。

缺陷分析是将软件开发、运行过程中产生的缺陷进行必要的收集，对缺陷的信息进行分类和汇总统计，计算分析指标，编写分析报告的活动。对泄漏的缺陷作回归测试和回归分析，可以完善单元测试和集成测试的设计；根源分析对缺陷进行分类，按照其类型分布，找出关键的缺陷类型，分析其产生的根源，从而制定有针对性的改进措施；趋势分析关注测试过程中两个重要的变化趋势：一个是缺陷发现数量的趋势，另一个是缺陷修复数量的趋势；解析缺陷发现关闭趋势图的几种典型状况，有利于在质量管理过程中及时观察现象，通过对过程的监控来降低产品质量风险。

项目进入测试阶段后，分析缺陷分布的工作每周都要做，结果记录到项目监控报告中。在项目总结报告中要记录整体的缺陷分布分析结果，相关报告要求发送给部门经理、项目组成员及 QA。

度量和分析缺陷分布，有助于客观的了解产品本身的质量，以便合理地协调资源去保证产品的最终交付。项目进行到里程碑时，对已发现缺陷进行度量和分析，如缺陷状态分布、缺陷集中模块的分布、缺陷严重性分布、缺陷错误类型分布和引发缺陷原因的分布、每周缺陷趋势等。

8.2.3 顾客问题度量

对顾客问题度量有：缺陷性问题（缺陷率度量）和非缺陷性问题（使用性问题、不明确的文档或者信息、有据缺陷的重复出现）。

PUM（Problems per User Month）是一个重要的指标，其计算公式为：

PUM=一个时段内的顾客报告的问题总数/在此期间软件许可证月总数；

其中，许可证月总数=软件的安装许可证数*计算时段中的月数。

降低 PUM 的措施：

（1）改进开发过程，减少产品缺陷；

（2）通过改进产品的所有方面（实用性及文档）、顾客教育和支持减少非缺陷性问题；

（3）增加产品销量（安装许可证数）。

8.2.4 顾客满意度度量

顾客满意是软件开发项目的主要目的之一，而顾客满意目标要得以实现，需要建立顾客满意度度量体系和指标对顾客满意度进行度量。顾客满意度指标（Customer Satisfaction Index，CSI）以顾客满意研究为基础，对顾客满意度加以界定和描述。项目顾客满意度量的要点在于：确定各类信息、数据、资料来源的准确性、客观性、合理性、有效性，并以此建立产品、服务质量的衡量指标和标准。企业顾客满意度度量的标准会因为各企业的经营理念、经营战略、经营重点、价值取向、顾客满意度调查结果等因素而有所不同。

美国专家斯蒂芬（StephenH.Kan）在《软件质量工程的度量与模型》中认为，企业的顾客满意度要素如表 8-8 所示。

表 8-8 顾客满意度要素及其内容

顾客满意度要素	顾客满意度要素的内容
技术解决方案	质量、可靠性、有效性、易用性、价格、安装、新技术
支持与维护	灵活性、易达性、产品知识
市场营销	解决方案、接触点、信息
管理	购买流程、请求手续、保证期限、注意事项
交付	准时、准确、交付后过程
企业形象	技术领导、财务稳定性、执行印象

作为企业的顾客满意度的基本构成单位，项目的顾客满意度会受到项目要素的影响，主要包括：开发的软件产品、开发文档、项目进度以及交期、技术水平、沟通能力、运用维护等。具体而言，可以细分为如表 8-9 所示的度量要素。

表 8-9 顾客满意度项目度量要素

顾客满意度项目	顾客满意度度量要素
软件产品	功能性、可靠性、易用性、效率性、可维护性、可移植性
开发文档	文档的构成、质量、外观、图表以及索引、用语
项目进度以及交期	交期的根据、进度迟延情况下的应对、进展报告

续表

顾客满意度项目	顾客满意度度量要素
技术水平	项目组的技术水平、项目组的提案能力、项目组的问题解决能力
沟通能力	事件记录、式样确认、Q&A
运用维护	支持、问题发生时的应对速度、问题解决能力

顾客满意 5 级尺度具体内容，如表 8-10 所示。

表 8-10　顾客满意 5 级尺度及度量

序号	5 级尺度	顾客满意度量
1	非常满意	完全满意顾客百分数
2	满意	满意顾客百分数（满意和完全满意）
3	一般	不满意顾客百分数（不满意和完全不满意）
4	不满意	非满意顾客百分数（一般、不满意和完全不满意）
5	非常不满意	完全不满意顾客百分数

8.3　软件过程的质量度量

过程度量是对软件开发过程的各个方面进行度量，目的在于预测过程的未来性能，减少过程结果的偏差，对软件过程的行为进行目标管理，为过程控制、过程评价持续改善提供定量性基础。过程度量与软件开发流程密切相关，具有战略性意义。

软件过程质量的好坏会直接影响软件产品质量的好坏，度量并评估过程、提高过程成熟度可以改进产品质量。相反，度量并评估软件产品质量会为提高软件过程质量提供必要的反馈和依据。过程度量与软件过程的成熟度密切相关。

1. 软件过程质量的基本度量指标

软件过程质量的基本度量指标如表 8-11 所示。

表 8-11　软件过程质量的基本度量指标

序号	软件过程质量的基本度量指标
1	所编文档的页数
2	所编代码的行数
3	花费在各个开发阶段或花费在各个开发任务上的时间
4	在各个开发阶段中注入和改正的缺陷数目
5	在各个阶段对最终产品增加的价值
6	设计评审工作量至少应占一半以上的设计工作量
7	代码评审工作量应占一半以上的代码编制的工作量
8	每千行源程序在编译阶段发现的差错不应超过 10 个
9	每千行源程序在测试阶段发现的差错不应超过 5 个

看一个产品是否合格，需要度量产品和过程的属性。可以度量产品的一些特性，如 Beta 测试阶段少于 20 个错误或每个模块的代码行不超过 100 行，度量开发过程的一些属性，如单元测试必须覆盖 95%以上的用例等。

预测将来的产品，需要度量当前已存在的产品和过程的属性。例如，通过度量软件规格说明书的大小来预测目标的大小，通过度量设计文档的结构特性来预测将来维护的"盲点"，通过度量测试阶段的软件的可靠性来预测软件今后操作、运行的可靠性。

2．分析度量数据

当得到有效的度量数据并且项目的度量数据积累到一定规模时，就有必要进行度量数据的分析和预测。过程能力基线（Process Capability Baseline，PCB）的产生就尤为重要。

PCB 的用途有：

（1）为管理层提供整个组织的项目运行性能报告；

（2）为市场团队提供整个组织的项目开发总体性能，帮助售前的估计和竞标；

（3）为项目开发团队提供整个组织的项目开发总体性能，指导项目经理估计、管理和监管项目。

3．应用度量数据

度量的核心是应用组织的 PCB 来更好地估计、管理和监控项目。例如：

（1）整个组织的项目工作量偏差；

（2）工作量的分布；

（3）编码阶段的代码生产率。

通过上面列出的度量目标和软件开发活动可以发现：软件度量的目标可大致概括为两类，一是用来进行估计，从而同步地跟踪一个特定的软件项目；二是应用度量获得的数据预测项目的一些重要特性。

弗罗哈克（WilliamA.Florac）、帕克（RobertE.Park）和卡尔顿（AnitaD.Carleton）在《实用软件度量：过程管理和改善之度量》中描述了过程管理和项目管理的关系，并认为软件项目团队生产产品基于三大要素：产品需求、项目计划和已定义软件过程。度量数据在项目管理中将被用来识别和描述需求；准备能够实现目标的计划；执行计划；跟踪基于项目计划目标的工作执行状态和进展。而过程管理也能使用相同的数据和相关度量来控制和改善软件过程本身。这就意味着软件组织能使用建构和维持度量活动的共同框架来为过程管理和项目管理两大管理功能提供数据。

软件过程管理包括定义过程、计划度量、执行软件过程、应用度量、控制过程和改善过程，其中计划度量和应用度量是软件过程管理中的重要步骤，也是软件过程度量的核心内容。计划度量建立在对已定义软件过程的理解之上，产品、过程、资源的相关事项和属性已经被识别，收集和使用度量以进行过程性能跟踪的规定都被集成到软件过程之中。应用度量通过过程度量将执行软件过程所获得的数据，以及通过产品度量将产品相关数据用来控制和改善软件过程。

软件过程度量主要包括三大方面，具体内容如表 8-12 所示。

软件过程的度量，需要按照已经明确定义的度量流程加以实施，这样能使软件过程度量作业具有可控制性和可跟踪性，从而提高度量的有效性。

表 8-12　软件过程度量的内容

序号	软件过程度量内容	软件过程度量度量要素	备注
1	成熟度度量 （Maturity Metrics）	组织度量 资源度量 培训度量 文档标准化度量 数据管理与分析度量 过程质量度量	
2	管理度量 （Management Metrics）	项目管理度量 质量管理度量 配置管理度量	项目管理度量：里程碑管理度量、风险度量、作业流程度量、控制度量、管理数据库度量等 质量管理度量：质量审查度量、质量测试度量、质量保证度量等 配置管理度量：式样变更控制度量、版本管理控制度量等
3	生命周期度量 （Life Cycle Metrics）	问题定义度量 需求分析度量 设计度量 制造度量 维护度量	

软件过程度量的一般流程主要包括：

（1）确认过程问题；

（2）收集过程数据；

（3）分析过程数据；

（4）解释过程数据；

（5）汇报过程分析；

（6）提出过程建议；

（7）实施过程行动；

（8）实施监督和控制。

应用上述的度量流程，能保证软件过程度量获得有关软件过程的数据和问题，进而对软件过程实施改善。

8.3.1　过程性能基线的建立流程

过程性能基线（Process Performance Baseline，PPB）是 CMMI4 级或者说高成熟度（High Maturity，HM）过程改进的基础，它是建立过程性能模型的基础，也是量化项目管理的基础与核心。

1. 提出公司商业目标

根据公司发展规划、客户的要求，明确公司的商业目标，并通过量化管理使项目不断满足或超越公司的目标要求。

2. 目标分解

EPG 在获得公司高层管理者提出的商业目标信息后，要将公司商业目标进行结构化分解，明确哪些目标是与过程改进或是 EPG 相关的。如果公司有绩效指标法（Key Performance Indicator，KPI）体系的话，也可以作为目标分解的依据。目标分解示例，如表 8-13 所示。

表 8-13　目标分解示例

总体目标（Goal）	分解目标（Sub Goal）
提高软件产品和项目成本控制能力	1.1 提高项目估算能力 1.2 提高项目监控能力
降低开发成本	2.1 提高开发效率 2.2 提高缺陷识别能力 2.3 缺陷前移

将分解的商业目标与过程改进目标进行关联。回答哪些改进目标能够支持商业目标的实现，同时对过程改进目标进行优先级（优先级定义为紧急程度和重要性的乘积）排序，对紧急程度和重要性分别打分（取值为 1~5），评分方法建议采用 DELPHI 方法，参加人员为公司管理层及 EPG 核心成员。目标优先级示例，如表 8-14 所示。

表 8-14　目标优先级示例

总体目标（Goal）	分解目标（Sub Goal）	重要度	紧急度	优先级
提高软件产品和项目成本控制能力	1.1 提高项目估算能力	5	5	25
	1.2 提高项目监控能力	5	5	25
降低开发成本	2.1 提高开发效率	4	3	12
	2.2 提高缺陷识别能力	3	3	9
	2.3 缺陷前移	2	3	6
公司经验、知识的积累和应用	3.1 推广和应用	3	3	9
	3.2 构建复用库	3	3	9
提高产品决策准确性	4.1 提高产品决策能力	2	3	6
提高项目量化管理能力	5.1 提高数据统计和分析能力	4	3	12

3. 识别量化控制子过程

建立过程改进目标与过程关联矩阵，如表 8-15 所示。在表中可以看出过程活动行中 Y 越多的过程就是要重点关注的过程，因此，要进行量化控制的子过程也应该从 Y 多的过程集合中识别。

表 8-15　过程改进目标与过程关联矩阵

过程活动	1.1	1.2	2.1	2.2	2.3	3.1	3.2	4.1	5.1
项目策划过程	Y								
项目跟踪与监控过程		Y							
组织培训			Y						
设计编码与集成过程			Y						
测试过程				Y					

续表

评审过程				Y			
需求工程过程							
组织过程改进过程					Y	Y	
决策分析与决议过程						Y	
度量与分析过程							Y

4. 识别子过程相关度量

在 CMMI3 级过程中定义的度量大多是事后度量指标（Lagging Indicator），即对最终的过程输出进行度量和评价。

而在高层管理中，要增加事前度量指标（Leading Indicator），即对过程输入的工作产品及过程数据进行度量和分析，并通过对这些数据的分析来控制最终的过程输出的质量。

如果识别出来的度量在组织现有的度量体系中存在，那么 EPG 就可以从组织度量库中提取这些数据来建立基线；如果识别出来的度量没在组织现有的度量体系中存在，那么 EPG 就要考虑是否需要建立新的度量，并需要在新项目中应用，采集新的度量数据再建立基线。

5. 分析数据

质量人员对数据进行分析，将结果写在度量分析报告中，并把分析报告结果汇报给项目经理、部门经理；如果必要，也可汇报给高层经理。

6. 建立基线

完成数据分析工作后，便可使用绘制控制图，并标记出基线的适用范围（数据分析时得到的各种假设）以及控制限（Ctrl. Limit）。

7. 建立量化改进目标（USL，LSL）

USL 是上规格限（Up Spec.Limit）；LSL 是下规格限（Low Spec.Limit）。这两个指标是由公司管理层或客户提出的。它区别于 UCL 和 LCL。

控制限是标识过程性能的，即现在能做到多好。而规格限（Spec.Limit）是要求做到多好。那么，有了基线作基础，就可以设公司的量化管理目标了，也称之为规格限。

8. 计算过程能力（Cpk）

Cpk 是工业过程控制中标记过程能力的一个指标，即在过程稳定的前提下，当前过程能够满足（或达到）规格限要求的能力。

如果组织当前的过程能力在二级以上的话，可进行持续改进。即在下一个改进周期高层管理者可提出更高的商业目标，并使基线得到更新和维护。

如果低于二级，则说明的过程需要进行改进或革新（引入新工具或方法），使过程能力得到提高。

8.3.2 软件测试过程度量的分类

软件测试的质量需要有度量，其意义在于：有效实行测试质量分析和管理；可及时检查测试进度和质量；帮助发现测试漏洞；比较测试质量变化趋势，风险分析；帮助找出最佳实践。

对软件测试过程的度量是对软件测试过程特性的一种描述，不同的描述类型决定了不同的度量内容、度量的表达方式、度量数据的采集手段、度量数据的分析方法。

测试过程度量类型的详细内容，如表 8-16 所示。

表 8-16 测试过程度量类型

组号	测试过程度量类型	含义	说明
第一组	客观度量	客观度量是过程或产品的实际结果	客观度量在一定程度上减少了人为的主观影响，多表现为量化的数据，可清楚定义数据的来源和产生的背景信息,因此,数据较强的说明能力,为软件组织对过程进行量化管理和优化管理打下基础
	主观度量	主观度量是人的直接主观判断结果，也可以是在客观数据基础上的分析结果	有经验丰富的软件工程和软件过程人员是实施主观度量的一个前提
第二组	绝对度量	绝对度量是指其度量值的取得没有参照物或没有其他属性之间的依赖关系	如一个被测的程序模块具有绝对的代码行数，其他代码模块的变化不影响该模块的大小
	相对度量	相对度量是指其度量值的取得具有参照物或与其他属性之间有依赖关系	如生产效率依赖于过程时间和产品的规模
第三组	显式度量	显式度量是可直接得到数据的度量	如测试时间是显式度量
	隐式度量	隐式度量是对原始度量数据进行运算或结合多个度量分析得到的结果	如测试人员工作效率是隐式度量
第四组	动态度量	动态度量是二维以上的度量，用于动态监控过程信息随时间的更新情况	一般第一维表示数值或类别，第二维表示时间。时间可能是绝对的日期或时钟，也可能是测试项目进度或里程碑等表示过程的进程信息
	静态度量	静态度量是一维度量	如过程的计划信息
第五组	预测度量	预测度量是根据既有度量信息来预测过程的未来执行情况	从过程迭代的角度来看，上一次的解释度量可能是下一次的预测度量
	解释度量	解释度量是事后度量，对已经执行的活动进行度量	
第六组	内部度量	内部度量和外部度量的划分是从度量的信息源和结果应用的作用域而言的	如软件测试组织内部和外部，项目组内部和外部，项目内各小组之间
	外部度量		

1. 软件测试过程度量的关注点

软件测试过程度量有三个核心关注点：过程性能、过程稳定性、过程一致性。对测试过程的考察及相关度量数据的采集和分析通常从这三个方面入手，具体内容如下：

（1）过程性能。

软件测试过程性能从以下两个方面来度量软件测试过程满足预算的能力、满足项目时间表的能力、使用户满意的能力、满足特定需求的能力、满足测试过程中的生产率及资源占用率等。

一是测试过程产品的属性，表现在产品的功能、规模、执行速度、是否易于使用以及稳定性和健壮性等，如软件测试过程中创建测试用例的总个数、提交软件问题报告的总个数。

二是测试过程本身的属性，例如测试过程花费的人力物力、完成某个测试活动的时间、所使用资源的特性和数量等。例如，软件测试过程的预期开始和结束时间；某软件测试活动的实际开始和结束时间；测试项目各测试阶段中的人工消耗；测试过程的资金花费情况等。

（2）过程稳定性。

如果软件过程性能的度量值长时间无规律的变化，其值无法预测，则说明该过程是不稳定的。过程的稳定性是一个很重要的特性，只有一个过程是稳定的，才能根据过程现有的性能来预测其将来的可能发展趋势，或把它作为过程改进的基础。如果一个过程不稳定，说明有一些可归属的因素在影响过程的执行，消除了这些因素，不仅能保证过程稳定性，也能够提高过程的性能。

软件测试过程的稳定性决定了软件测试组织能否按计划生产产品，对于软件测试过程的改进也是非常重要的。没有稳定性，就没有可重复的过程作为过程改进的依据。改进的效果可能就无法与其他可归属的因素相区别。

由此可见，过程的稳定性是过程的一个非常重要的特性。在根据过程和产品的度量数据来预测未来的结果，以及把度量数据作为过程改进的依据时，过程的稳定性都是必须首先满足的条件。

（3）过程一致性。

当一个过程不稳定时，对可归属原因的调查通常由检查过程一致性开始。经验表明，过程一致性从三个方面影响过程性能：

1）执行过程的适宜性：对组织执行过程适宜性的了解有助于识别合适的行动，来纠正那种由于缺乏适合性而导致过程不稳定或不能满足客户需求的情况。

2）已定义过程的使用：过程稳定性依赖于对已定义过程一致的执行。通过度量已定义过程的利用程度，能够确定已定义过程何时没有得到切实的执行，以及可能的偏差原因，从而采取合适的行动。

3）过程的勘查、校准和评估：所有的过程都会受到熵作用影响。也就是说，如果放任不管，过程会偏离受控状态而进入混乱状态。可以通过定期的过程状态评审、正式的过程评估和项目校准来维护过程。

2.　软件测试的度量流程

度量人员在受到有关度量和分析的对象、规程和方法等专业知识的培训后，依照以下的软件测试的度量流程，来完成他们的度量活动。

（1）建立度量目标：分析组织的管理信息需求、技术信息需要、过程实施等需求，确定度量和分析目的，指出根据度量和分析结果可以采取的措施；

（2）确定度量项：确定度量项选择表，以实现度量目标；

（3）规定数据收集和存储规程：确定数据收集和存储的具体方法和步骤，明确数据采集的执行人、数据存储的地点、存储的工具；

（4）规定分析规程：确定分析数据采用的方法和步骤，明确数据分析的执行人、分析结果存储的地点、分析的工具，确定分析报告的提交时间、提交形式；

（5）选择度量项：根据组织项目的实际情况从度量数据选择表中选择度量项。度量项至少要包含：工作量、规模、进度、风险、发现缺陷数。

（6）确定度量进度：确定度量时机。数据采集时机可以有以下几种情况：①项目结束后；②项目实施过程中，里程碑处；

（7）收集度量数据；

（8）分析度量数据：度量数据的分析分为两个层次：项目结束后由项目经理进行初步分

析；收集一定的项目（5～10个）度量数据后，由组织的度量和分析人员对数据进行组织级的分析；

（9）存储数据和度量结果：存储已收集的数据，保证数据的完整性、准确性；

（10）发布《度量和分析报告》：定期或根据需要发布《度量和分析报告》，发布周期可以为：5～10个项目结束、三个月、半年等；

（11）更改度量目标，修订度量数据选择表：在组织的管理活动中，需要添加或删减度量项时，对现有的度量项进行分析，确定添加或删减的度量项，经过审批后，纳入度量和分析活动。

3. 软件测试的度量数据分析

软件测试的度量数据分析的流程如下：

（1）软件测试的度量数据的初步分析：项目结束后，项目经理对度量的数据进行初步分析，将分析结果填入项目度量数据分析表。

（2）将项目度量数据分析表纳入配置管理：将项目度量数据分析表存入配置管理库的组织级目录下。

（3）分析工作量度量数据：5～10个测试项目结束或定期，不同测试类型的实际工作量与估计工作量相比，偏差在30%以上的项目是否超过30%，如果超过30%，则需要重新分析《测试估计表模板》中对工作量的估计模型是否合理。需要查看"功能测试用例设计数/人日"的估计是否符合实际。

（4）分析规模度量数据：5～10个测试项目结束或定期，不同测试类型的实际规模与估计规模相比，偏差在30%以上的项目是否超过30%，如果超过30%，则需要重新分析《测试估计表模板》中对规模的估计模型是否合理。

（5）分析成本度量数据：5～10个测试项目结束或定期，不同测试类型的实际成本与估计成本相比，偏差在30%以上的项目是否超过30%，如果超过30%，则需要重新分析《测试估计表模板》中对成本的估计模型是否合理。

（6）分析风险度量数据：5～10个测试项目结束或定期，统计发生的不同典型风险的个数，识别发生概率高的风险，作为今后项目策划和项目监控中风险预计和发现概率估计的参考。

（7）分析缺陷数度量数据：5～10个测试项目结束后，将"项目的缺陷数/实际规模*100%"用 Excel 的散点图画出该百分数的分布，总结出缺陷的分布规律，为组织的测试工作效率、工作产品的质量作参考。

4. 软件测试成熟度模型

软件测试成熟度模型（TMM）是当前影响力最大的软件测试过程模型。作为一类等级递增模型，它体现了20世纪50年代到20世纪末的测试阶段划分和测试目标定义的发展历程。它来源于当前的工程实践总结，并充分利用了 Beizer 的测试人员思考模式的进化模型。它能够用于分析软件测试机构运作过程中最优秀或最混乱的区域,并辅助软件测试机构进行测试过程的评估与改进。

TMM 制定了五个成熟度等级：初始级，阶段定义级，集成级，管理和度量级，优化、缺陷预防和质量控制级。各级成熟度水平包含了一组成熟度目标和子目标,以及支持它们的任务、职责和活动。

8.3.3　工作效率度量

项目组成员和 QA 工程师的工作量都以小时为单位分类记录到自己的《工作日志》中，如果是 Project 计划中的工作，要通过 WBS 编号记录工作与计划的对应关系。工期的记录体现在日志的日期上。完成规模的记录采用百分比的形式记录对某 WBS 完成规模的估计值。

项目经理每周审核项目组内成员的《工作日志》，并纠正日志填写过程中的一些因为填写方法问题导致的粗大偏差。项目经理在项目成员《工作日志》的基础上，每周填写《项目周报》记录项目组成员的工作投入和阶段里程碑的完成情况。

工作效率的分析，主要是分析计划值和实际度量结果的偏差。在每周汇总的基础上，项目经理分析这些数据，了解当前项目组的工作效率，并将分析结果填写在《项目周报》、里程碑报告或者总结报告中。关于工作效率分析的派生指标主要是：计划和实际工作量偏差、计划和实际成本的偏差、计划和实际工期的进度偏差。

EPG 收集各项目的度量数据，更新在组织级的能力基线中。

8.3.4　软件维护的度量

软件维护的度量有以下指标，如表 8-17 所示。

表 8-17　软件维护的度量

编号	度量指标	计算公式	说明
1	修补积累和积累管理指数（BMI）	BMI=当月解决问题数/当月出现问题数	BMI>100，累积问题减少 BMI<100，累积问题增加
2	修补响应时间		按照缺陷可能引起的风险的严重程度分级，越严重越需要昼夜不停地修补问题
3	逾期修补百分数	逾期修补百分数=超过按严重性等级的修补时间标准的修补数/指定时间内交付的修补总数	对每个修补而言，如果修补所需时间超过了按严重性的响应时间标准，它就被分类到逾期修补； 若某一星期做了重大改进（减少了积累问题），则将产生一个高的逾期指数； 只针对于已经解决的问题
4	修补质量		当一个修补是有缺陷时，即没有修补报告的问题或者修补了原有问题同时又注入了新的缺陷； 将会严重影响顾客满意度； 维护过程的质量目标应当为无逾期的、零缺陷修补

8.3.5　软件过程的评价与主要度量指标

软件过程的评价分四个阶段进行，分别为：
（1）项目资料收集；
（2）指标体系及权重设计；
（3）调研执行；
（4）调研结果总结、系统评价。

对项目实施各阶段的实际效果与预期效果进行对比考核，分析变化原因，总结和反馈经验教训，提出可实施的合理化改进建议。

软件过程的主要度量指标和计算公式，如表 8-18 所示。

表 8-18   软件过程的主要度量指标和计算公式

编号	度量指标	计算公式	收集频度
1	开发缺陷率	开发缺陷率=缺陷数量/产品规模	单元测试开始 SIT 测试结束
2	发布缺陷率	发布缺陷率=缺陷数量/产品规模	UAT 测试结束
3	工作量分布	工作量分布=阶段工作量/项目总工作量*100%	项目结项
4	生产率	生产率=产品规模/人天	编码结束 项目结项
5	进度偏差	进度偏差=(计划完成时间－实际完成时间)/(计划完成时间－计划开始时间)	每个月
6	工作量偏差	工作量偏差=(计划工作量－实际工作量)/计划工作量	每个月
7	需求变更率	需求变更率=需求变更个数/第一次需求基线化时的需求个数*100%	需求基线化后 项目结项

8.4   有关软件质量度量的建议

笔者认为开展软件质量度量工作时，需要注意以下事项：

（1）跟踪度量的变化的一致性。

（2）提供基础数据以杜绝滥用数据。

（3）得到相关部门的认可。

（4）体现产品质量结果是否满足质量标准。

（5）明确谁是使用者。

为了避免度量带来的作假行为，建议使用以下辅助策略来减小副作用：

（1）将度量和考核分离。如果开发人员知道软件度量的结果会影响到自己的绩效评价、加薪升职，势必会导致开发人员有意无意的"作假"行为，失去度量工作的真正意义。例如，可能为了提高代码生产率，开发人员倾向于写冗余的代码，将本该写在一行中的语句分多行来写等。

（2）尽量减少度量对人的影响以及人员对度量的影响。软件工程包含了众多人力过程，度量活动会影响它，当人们得知自己被观察时，效率会发生很大的变化。

（3）利用专门的系统或者专人进行统计度量工作，可以在一定程度上避免统计度量部分当事人作假。

（4）增加评审、复查、抽查等环节，避免当事人在关键环节作假。

（5）增加新度量项的试运行环节，保证正确度量参数在正式度量时能够尽可能合理。

（6）加大作假惩罚力度，作假说明诚信有问题，一旦发现直接开除，当然制度制定后是要执行的。

思考题

1. 什么是软件度量？
2. 软件质量度量的实施步骤有哪些？
3. 度量过程的常见问题有哪些？
4. 软件规模的估算方法大致有多少种？请说出具体估算方法的名称。
5. 质量度量起步阶段的公司应如何开展工作？
6. 有哪三种级别的缺陷度量？请说出具体内容。
7. 顾客问题度量的重要指标是什么？请写出计算公式。
8. 软件过程质量的基本度量指标有哪些？
9. 请描述软件过程性能基线的建立流程。
10. 软件测试过程度量有哪些类别？
11. 请谈谈软件测试过程度量的关注点。
12. 软件测试的度量流程有哪些步骤？

第 9 章　软件外包评审

9.1　为什么需要评审

评审是指为确定主题事项达到规定目标的适宜性、充分性、有效性所进行的活动。在软件的开发过程中，会进行不同内容、不同形式的各种各样的评审活动。有时，管理人员、技术人员、客户都反对进行评审，他们认为是在浪费时间，影响了项目的进度。可实际上不然，是产品的缺陷造成了项目进度的缓慢。那么，评审的重要性体现在哪里呢？

1. 从成本上来衡量

缺陷发现得越晚纠正费用越高，而软件评审的重要目的就是通过软件评审尽早地发现产品中的缺陷，减少大量的后期返工。从而缩减了工作时间，还节约了大量的成本。从图 9-1 中可以看出，缺陷发现得越早，消除缺陷的相对成本就越低。

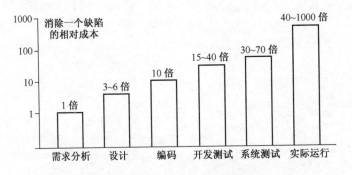

图 9-1　消除缺陷的相对成本与发现其早晚的关系

2. 从技术上来衡量

由于前一阶段的成果是后一阶段工作的基础，故前一阶段的错误自然会导致后一阶段的工作结果中有相应的错误，而且错误会逐渐累积，越来越多。如图 9-2 所示。

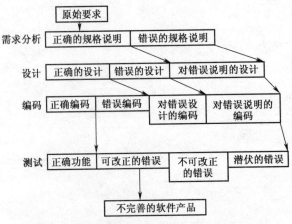

图 9-2　前一阶段的错误与后一阶段的工作结果的关系

最后，及时进行软件评审，不仅有利于提高软件的质量，还能进一步提高开发工程师、项目负责人、测试工程师、维护人员的工作效率。

9.2　软件外包评审的角色和职责

一般来说，软件评审小组由 3～6 人组成，包括以下几种角色：协调人、作者、评审员、用户代表、质量保证代表。

1. 协调人

协调人在整个软件评审会议当中起着缓和剂的作用，其主要职责是：

（1）和项目负责人、作者共同商讨决定具体的评审人员。

（2）安排正式的评审会议。

（3）向所有评审人员明确他们的角色和责任。

（4）确保会议输入文件符合要求。

（5）确保大家的关注点是评审内容的缺陷。

（6）确保记录所有在会上提出的缺陷。

（7）跟进问题的解决情况。

（8）和项目负责人沟通评审的结果。

2. 作者

作者的主要职责是：

（1）准备好即将评审的文档。

（2）与项目负责人、协调人一起定义评审小组成员。

3. 评审员

评审员一般应具备丰富的相关项目经验和良好的个人技能。其主要职责是：

（1）熟悉评审内容，为会议做好准备。

（2）在评审会议上应该关注的是问题，而不是个人。

（3）将问题按主次分开，可以分别讨论。

（4）就存在的问题提出建设性意见或建议。

（5）做好接受错误的准备。

需要注意的是，因为并不是人越多越能发现问题，所以也不是审查小组的人员越多越好。通常，代码审查有两个人就够了，而评审需求规格说明书则需要较多的评审人员。人数太多往往很难集中所有人的精力，在控制会议流程上也会花费太多的精力和时间，影响软件评审的质量。

9.3　评审的内容

在整个质量保证活动中，评审的内容主要涉及管理评审、技术评审、文档评审和过程评审四个方面。

9.3.1　管理评审

管理评审就是最高管理者为评价管理体系的适宜性、充分性和有效性所进行的活动。管理评审的主要内容是组织的最高管理者就管理体系的现状、适宜性、充分性和有效性以及方针和目标的贯彻落实及实现情况进行正式的评价,其目的就是通过这种评价活动来总结管理体系的业绩,并从当前业绩上考虑找出与预期目标的差距,同时还应考虑任何可能改进的机会,并在研究分析的基础上,对组织在市场中所处地位及竞争对手的业绩予以评价,从而找出自身的改进方向。

管理评审实际上就是质量管理体系的评审。ISO8402:1994 标准规定的定义是由最高管理者就质量方针和目标,对质量体系的现状和适应性进行正式评价。

管理评审的流程如图 9-3 所示。

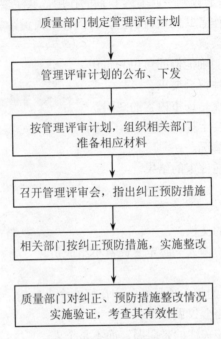

图 9-3　管理评审流程

管理评审的目的是:

(1)评审质量方针和质量目标是否正在实现。

(2)评估质量管理体系改进的需要。

(3)确保本公司建立的质量管理体系持续的适宜性、充分性和有效性。

如图 9-4 所示,管理评审的目的主要就是要对质量体系进行回顾和总结,并确保其适宜性、有效性和充分性。适宜性是指管理体系实施后,要符合组织的实际情况,要适宜于内外部环境变化的情况;有效性是指管理体系要满足市场、顾客、相关方、员工、社会当前和潜在的需求和期望,确保职责全面有效落实,过程的输入输出和转化活动得到有效控制;充分性是指管理体系目标的达到程度。

为了做好管理评审,要为其提供充分的、准确的信息,这是有效实施管理评审的前提条件。管理评审一般应输入 7 个方面的信息:

(1)审核结果(包括内审、第三方审核和顾客审核的结果)。

(2)顾客反馈(满意/不满意程度测量或调查结果,抱怨与投诉,与顾客沟通的结果)。

(3)过程业绩及产品符合性(包括与前期对比)。

- 质量管理体系运行状况
- 内、外部审核结果
- 改进、预防和纠正措施的状况
- 上次管理评审提出的改进措施实施情况及验证信息

输入　　　　　　　　输出

管理评审

- 质量体系的总体评价
- 质量管理体系及其过程的改进
- 产品是否符合要求的评价，有关产品的改进
- 新资源的需求的决定和措施

对质量体系进行回顾和总结并确保其适宜性、有效性和充分性

图 9-4　管理评审的目的与输入、输出

（4）预防和纠正措施状况（包括针对重大不合格事项、顾客意见采取的纠正措施和预防措施）及实施效果验证。

（5）由于各种原因引起的产品、过程或体系的改进的建议，这些原因可能是：法律法规的变化，新技术、新工艺、新设备的开发等。

（6）以往管理评审的跟踪措施。

（7）各种改进的建议。

如图 9-4 所示，管理评审的输入主要包括：质量管理体系运行状况；内、外部审核结果；改进、预防和纠正措施的状况；上次管理评审提出的改进措施实施情况及验证情况。

管理评审输出的内容一般包括：

（1）现有质量方针和质量目标的关连性及成果。

（2）必要时修改质量方针和质量目标。

（3）质量管理体系及其过程的改进。

（4）与顾客要求相关的产品改进。

（5）所需的资源。

管理评审的输出结果通常是《管理评审报告》，一般包括：评审时间；评审目的；参加评审部门（人员）；质量体系的总体评价；质量管理体系及其过程的改进；产品是否符合要求的评价，有关产品的改进；新资源的需求的决定和措施；改进项目实施计划。

综上所述，一套完整的管理评审文件一般包括以下材料：

（1）管理评审计划。

（2）管理评审通知单。

（3）管理评审输入资料。

（4）管理评审会议记录，包括会议签到。

（5）管理评审报告。

（6）管理评审综述。

（7）管理评审输出。

（8）管理评审输出实施计划。

（9）管理评审改进计划实施验证。

以上文件应保存归档，本次管理评审的输出将作为下次管理评审的输入。

9.3.2　技术评审

技术评审的主要特点是由一组评审者按照规范的步骤对软件需求、设计、代码或其他技术文档进行仔细地检查，以找出和消除其中的缺陷。

技术评审目的是：

（1）发现软件在功能、逻辑、实现上的错误。

（2）验证软件符合它的需求规格。

（3）确认软件符合预先定义的开发规范和标准。

（4）保证软件在统一的模式下进行开发。

（5）便于项目管理。

此外，技术评审为新手提供软件分析、设计和实现的培训途经，后备、后续开发人员也可以通过技术评审熟悉他人开发的软件。

简而言之，技术评审是对产品以及各个阶段的输出内容进行的评估与审核。目的是确保需求说明、设计说明与最初的说明书保持一致，并按照计划对软件进行了正确的开发。

如图 9-5 所示为技术评审的输入与输出。

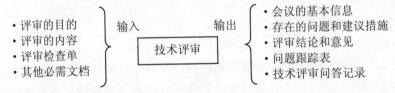

图 9-5　技术评审的输入与输出

从图 9-5 可以看出，技术评审的输入包括：评审的目的、评审的内容、评审检查单、其他必需文档。技术评审的输出通常为《技术评审报告》，一般包括：会议的基本信息、存在的问题和建议措施、评审结论和意见、问题跟踪表、技术评审问答记录。

技术评审有以下几点事项需要注意：

（1）评审应针对被审材料而不是被审材料的作者。评审会的气氛应该保存轻松、愉快，指出问题的语气应该温和。

（2）每次评审会的时间最好不要超过 2 小时。当被审材料较多时，应将被审材料分为若干部分分别进行评审。

（3）限制争论和辩驳。在评审会上，对于一时无法取得一致意见的问题，应先记录在案，另行安排时间进行深入讨论。

（4）阐明问题而不要试图解决问题。不要在评审会上解决发现的问题，可以在会后由作者自己或在个别人的帮助下解决这些问题。

9.3.3　文档评审

在软件开发过程中，需要对文档进行评审。一般分为格式评审和内容评审两个方面。格式评审是指检查文档格式是否符合标准。内容评审则主要从以下几个方面进行检查。

（1）正确性。

1）检查所有内容是否正确。

2）检查在任意条件下的情况。

（2）完整性。

1）是否有遗漏的功能。

2）是否有遗漏的输入、输出或条件。

3）是否考虑了所有可能情况。

4）通过增强创造力的方法避免思维的局限性。

（3）一致性。

1）使用的术语是否唯一。

2）同义词或缩略词在全文中使用是否一致。

3）是否对缩略词进行说明。

（4）有效性。

1）是否所有的功能都有明确的目的。

2）保证不会提供没有意义的功能。

（5）易测性。

1）是否容易测试。

2）如何测试所有的内部功能。

（6）模块化。

1）模块是否是高内聚低耦合的。

2）模块的大小不能超过一定的限制。

3）模块结构应该分层。

4）可能适当参考同一模块的重复使用。

（7）清晰性。

1）所有内容易于理解。

2）每项说明唯一。

3）每项说明清晰，不模糊。

（8）可行性。

对于高层次的文档需要对可执行性进行分析。

（9）可靠性。

1）系统崩溃时会出现的问题。

2）出现异常时，系统如何响应。

3）诊断方法如何。

4）对于关键软件，要有可靠性检查清单并召开专门的可靠性评审会。

（10）可追溯性。

文档中每一项都需要清楚地说明其来源。

9.3.4　过程评审

过程评审是对软件开发过程进行的评审，其作用是：

（1）评估主要的质量保证流程。

（2）考虑如何处理或解决评审过程中发现的不符合问题。

（3）总结和共享好的经验。

（4）指出需要进一步完善和改进的地方。

过程评审的整个流程，如图 9-6 所示。

评审结束后，评审小组需要提交一份《评审报告》，其中包括：

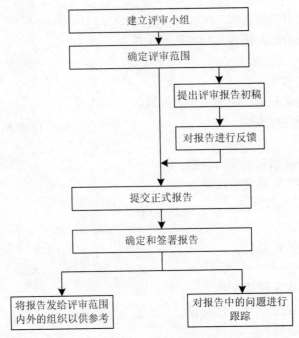

图 9-6　过程评审流程

（1）评审记录。

（2）评审后，对现有流程的说明和注释。

（3）评审小组的建议。

9.4　评审的方法和技术

9.4.1　评审的方法

评审的方法有很多，有正式的和非正式的。如图 9-7 所示，有从最不正式到最正式的各种评审方法。

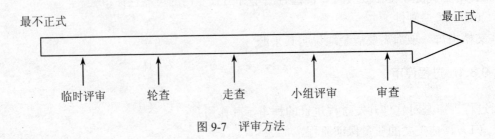

图 9-7　评审方法

1. 临时评审

临时评审（Ad hoc review）是最不正式的一种评审方法，通常用于平常的小组合作。

2. 轮查

轮查（Pass-round）又称分配审查方法。作者将需要评审的内容发给各位评审员，并收集他们的反馈意见，但轮查的反馈一般不太及时。

3. 走查

走查（Walkthrough）也是一种非正式的评审方法。走查中，作者占主导地位，由作者描述产品的功能和结构以及完成任务情况等。但由于作者的主导性，使得缺陷的发现效果不理想。

4. 小组评审

小组评审（Group Review）是有计划的和结构化的，参与者在会前提前拿到评审材料，并对其进行独立研究。然而，评审后期的问题跟踪和分析往往被简化或者忽略。

5. 审查

审查（Inspection）比评审更严格，是最正式的评审方法，具有其他评审方法所不具有的重要地位。

在软件企业中，广泛采用的评审方法有审查、小组评审和走查。它们之间的异同点如表9-1 所示。

表 9-1　审查、小组评审和走查异同点比较

角色/职责	审查	小组评审	走查
主持者	评审组长	评审组长或作者	作者
材料陈述者	评审者	评审组长	作者
记录员	是	是	可能
专门的评审角色	是	是	否
检查表	是	是	否
问题跟踪和分析	是	可能	否
产品评估	是	是	否

评审方法	计划	准备	会议	修正	确认
审查	有	有	有	有	有
小组评审	有	有	有	有	有
走查	有	无	有	有	无

通常，在软件开发的过程中，各种评审方法是交替使用的。在不同的开发阶段和不同场合要选择适宜的评审方法。寻找适宜的评审方法的有效途径是在每次评审结束时，对选择的评审方法的有效性进行分析，并最终形成适合组织的最优的评审方法。

那么，如何选择正确的评审方法？选择评审方法最有效的标准是对于最可能产生风险的工作成果，要采用最正式的评审方法。例如，核心代码的失效会带来很严重的后果，所以应该采用审查或小组评审的方法进行评审，而一般的代码，则可以采用临时评审等比较随意的评审方法。

9.4.2　评审的技术

在软件评审时，除了采用合适的评审方法以外，还需要选择合适的评审技术。

1. 缺陷检查表

它列出了容易出现的典型错误，是评审的一个重要组成部分。缺陷检查表有助于审查人员在准备期间将精力集中在可能的错误来源上，还有助于避免这些问题以开发更好的软件产品。

2. 规则集

类似于缺陷检查表，通常是业界通用的规范或者企业自定义的各种规则的集合。

3. 评审工具的使用

合理地利用工具，可以大大提高评审人员的工作效率。如 NASA 开发的 ARM（自动需求度量），就是一种评审工具。

4. 从不同角色理解

不同的角色对产品或文档的理解是不一样的。在评审时，可尝试不同角色对产品或文档进行审核，发现可测性、可用性等问题。

5. 场景

按照用户使用场景对产品或文档进行评审，很容易发现遗漏的或多余的需求。多用于需求评审。

9.5　准备评审会议

正式评审同非正式评审相比，其主要区别就是正式评审是有计划的。

由项目经理指定的主持人检查作者提交的被审材料是否齐全，是否满足评审条件。例如，代码应通过编译后才能参加评审。主持人确定评审小组成员及职责，确定评审会时间、地点。主持人向评审小组成员分发评审材料。评审材料应包括：被审材料、检查要点列表和相关技术文档。

如果评审小组不熟悉被审材料和有关背景，主持人可以决定是否召开预备会。在预备会上，作者介绍评审理由，被审材料的功能、用途及开发技术。

在评审会之前，每一位评审员应根据检查要点逐行检查被审材料，对发现的问题做好标记或记录。主持人应了解每一位评审员会前准备情况，掌握在会前准备中发现的普遍问题和需要在评审会上加以重视的问题。会前准备是保证评审会效率的关键。如果会前准备不充分，主持人应重新安排评审会日程。

1. 评审计划

各个阶段的《评审计划》的内容包括：各个阶段的评审时间、评审方式、评审组成员等。

SQA 在其提交的《质量保证计划》中，应根据各个阶段的《评审计划》，制定相应的评审检查点。

2. 组建评审组

项目组提出评审组长和评审组成员名单的建议，质量组根据项目组的建议，与相关部门或人员（如外项负责人）进行协商确定。选定评审组长对评审来说是非常重要的，评审组长需要和作者一起，策划和组织整个评审活动。

3. 准备评审材料

受时间所限，需要选择重要的内容进行评审。丹尼尔·佛里德曼（Daniel Freedman）提出了如下的筛选方法：

（1）基础性和早期的文档，如需求说明和原型等。

（2）与重大决策有关的文档，如体系结构模型。

（3）对如何做没有把握的部分，如一些挑战性模块，它们实现了不熟悉的或复杂的算法，或涉及复杂的商业规则等。

（4）将不断被重复使用的部分。

总而言之，应该选择最复杂、风险最大的内容进行审查。

4. 发送审查包

评审材料准备好后，由评审组长将其汇总成一个审查包。通常包括如下内容：

（1）将被审查的可交付产品或文档，其中指明了需要审查的部分。

（2）定义了可交付产品的前期文档。

（3）相关标准或其他参考文档。

（4）参与者需要的所有表格。

（5）有助于审查者发现缺陷的工具或文档。如缺陷检查表，相关规则等。

（6）用于验证可交付产品的测试文档。

5. 制定活动进程表

评审会议之前，评审组长还需要制定相应的活动进度表，安排会议房间，并将活动日期、次数和地点通知评审组成员。

9.6　召开评审会议

评审会由主持人主持，由全体评审员共同对被审材料进行检查。宣读员逐行朗读或逐段讲解被审材料。评审员随时提出在朗读或讲解过程中发现的问题或疑问，记录员将问题写入《软件评审问题记录表》中。必要时，可以就提出的问题进行简短的讨论。如果在一定时间内（由主持人控制）讨论无法取得结果，主持人应宣布该问题为"未决"问题，由记录员记录在案。在评审会结束时，由全体评审员作成评审结论。主持人在评审会结束后对《软件评审问题记录表》中问题进行分类。

评审会议开始后，评审的主要步骤有：

（1）由评审员或作者进行演示或说明。

（2）评审员就不清楚或疑惑的地方与作者进行沟通。

（3）协调人或记录员在会议过程中完成会议记录。

在会议最后，形成的评审结果一般有以下几种情况：

（1）接受。评审内容不存在大的缺陷，可以通过。

（2）有条件接受。评审内容不存在大的缺陷，修订其中的一些小缺陷后，可以通过。

（3）不能接受。评审内容中有较多的缺陷，作者需要对这些缺陷进行修改，并在修改之后重新进行评审。

（4）评审未完成。由于某种原因，评审未能完成，还需要后续会议。

软件评审会议的中心主题是发现缺陷，所有的评审人员应将注意力集中在这上面。评审中的注意事项如下：

（1）人身攻击。在评审过程中，所有的参与人都应该将矛盾集中于评审内容本身，而不能针对特定的参与人。

（2）无休止的争论。通常对于某些问题，评审组很难达成一致意见，这时可以把问题记录下来，而如何认定则留给作者自己决定。

（3）偏离会议中心。在实际会议中，会议常常会发生偏离，如转到政治话题的讨论。

（4）鼓励所有人发言。鼓励不擅言辞的参与者就评审内容发表自己的看法，如按照座位顺序轮流发表意见。

如果被审材料存在较多的问题或者较复杂的问题，主持人可以决定由全体评审员对修正后的被审材料再次举行评审会。

9.7 跟踪和分析评审结果

主持人或主持人委托他人对修正后的被审材料进行复核，检查评审会提出的并需要修正的问题是否得到解决。主持人完成《软件评审总结报告》。

对评审结果进行跟踪的目的是验证作者是否恰当地解决了评审会上所有列出的问题。

1. 评审结果的跟踪

对评审结果的跟踪主要是针对有条件接受和不接受的结果。

（1）评审结果为有条件接受。需要对产品进行修改，完成后提交给评审组成员；评审组给出反馈意见；评审组长确认问题是否最终被全部解决；发送评审报告给所有相关人员。

（2）评审结果为不接受。需要对产品进行全面修改，完成后提交给评审组成员；评审组长检查后重新组织和召开会议进行审查。

2. 评审结果的分析

对软件评审的结果进行分析，包括有效性、效率和成本这两个方面。

（1）有效性。有效性的分析要求对所有发现的缺陷进行统计，包括由客户发现的产品缺陷。从大量项目数据的统计上，可以分析和计算出通用的审查有效性。

（2）效率和成本。评审的效率越高，那么在相同情况的评审中发现的缺陷也越多，则发现一个缺陷的平均成本也就越低。

9.8 如何实施成功的评审

在实际工作中，受主观因素或客观因素的影响，以至于有的软件评审不能够成功完成。那么，如何避免这些情况发生呢？

1. 主观因素

虽然在同一个企业里，但各个部门以及人员之间也存在着文化、情感、管理等多个方面的冲突。这些问题的产生都可能导致软件评审的失败。

在主观因素方面，解决不成功评审的方法有以下几个：

（1）对所有的工程师进行评审的培训，使评审深入人心。

（2）预防个人冲突，尽量避免对作者有人身攻击的工程师加入评审小组。

（3）将评审活动加入到项目计划中，并为评审分配足够的资源。

（4）收集以前的评审数据，了解哪一种评审方法最为有效。

（5）将评审列入个人的时间表中，确保评审员有充分的时间为评审做准备和参加评审。

2. 客观因素

客观因素是指一些无法消除的因素。当出现这些问题时，该如何处理呢？

在客观因素方面，解决不成功评审的方法有：

（1）异步评审。适用于时间上无法统一的评审会议，允许评审人员在不同的时间对产品进行评论，如共享文档、邮件评审等。

（2）分布式评审。是指评审人员通过音频或视频会议系统在同一时间出席评审会议。

近年来，出现了很多不同的评审形式，如异步评审和分布式评审，如表 9-2 所示。

表 9-2　不同的评审方式

时间 地点	相同	不同
相同	传统的评审方式	异步评审
不同	分布式评审	异步评审

思考题

1. 什么是软件外包评审？
2. 软件外包评审的方法有哪些？
3. 如何召开评审会议？
4. 实施成功的评审需要注意哪些问题？

第 10 章　软件外包全面质量管理

10.1　概述

质量受企业生产经营管理活动中多种因素的影响，是企业各项工作的综合反映。要保证和提高产品质量，必须对影响质量的各种因素进行全面而系统地管理，即全面质量管理（Total Quality Management，TQM）。在 ISO9000《基础知识与术语》标准中给出了 TQM 的定义：全面质量管理是一个组织以质量为中心，以全员参与为基础，目的在于通过让顾客满意和本组织所有成员及社会受益而达到长期成功的管理途径。它是企业组织全体职工和有关部门参加，综合运用现代科学和管理技术成果，控制影响产品质量的全过程和各因素，经济地研制生产和提供用户满意的产品的系统管理活动。这个定义体现了全面质量管理是一种以质量为中心的、综合的、全面的经营管理方式和理念。TQM 就是全面的、全过程的、全员的和科学的质量管理的指导思想。

全面质量管理这个名称，最先是在 20 世纪 60 年代初由美国的著名专家，全面质量管理的创始人，菲根堡姆提出，它是在传统的质量管理基础上，随着科学技术的发展和经营管理上的需要发展起来的现代化的质量管理。

我们看一下世界各国的专家对于全面质量管理的见解。

费根堡姆提出质量是一个综合的概念，要把战略、质量、价格、成本、生产率、服务和人力资源、能源和环境学一起进行考虑，即要认识到现代经济中质量的广泛性，树立"大质量"概念。要求未来市场竞争的全面质量管理技术的支撑，它们是质量成为全面强调整个公司向顾客提供服务的竞争纪律的一种方式，所谓顾客是指最终使用者。他主张用系统或者全面的方法管理质量，在质量过程中要求所有职能部门参与，而不局限于生产部门。这一观点要求在产品形成的早期就建立质量管理，而不是在既成事实后再做质量的检验和控制。费根堡姆有句名言：质量并非意味着最佳，而是客户使用和售价的最佳。1961 年费根堡姆在《全面质量管理》一书中给出的全面质量管理概念是：全面质量管理是为了能够在最经济的水平上，并考虑到充分满足用户要求的条件下进行市场研究、设计、生产和服务，把企业内各部门研制质量、维持质量和提高质量的活动构成为一体的一种有效体系。其强调了三点：质量管理不仅需要应用统计质量控制方法，还需综合运用各种方法和手段，充分发挥组织中每个员工的作用，全面地解决质量问题；质量管理不仅是对制造过程进行管理，还应当对产品质量产生、形成和实现的全过程（质量环）进行管理；质量应当是"最经济的水平"与"充分满足用户要求"的统一，离开经济效益和质量成本来谈质量是没有意义的。

美国著名质量管理专家朱兰博士也指出：过去的 20 世纪是生产率的世纪，而 21 世纪是质量的世纪。质量是全民的事业，与人有关、人人有责。必须全民参与质量活动，全社会监督质量活动。必须在质量管理方面做出革命性变革，以追求世界级质量。全面质量管理就是为了达到世界级质量的领导地位所要做的一切事情。

日本著名质量管理专家石川馨博士指出：全面质量管理是经营的一种思想革命，是新的经营哲学。

Sarah Fister Gale 指出：全面质量管理是一切为用户着想、一切以预防为主、一切凭数据说话和一切按 PDCA 循环办事；发轫于质量运动，但非简单的质量管理；实质是文化变革，关键在建立实施框架。

国际质量科学院院士刘源张指出：世界上最好的东西莫过于全面质量管理了。他对全面质量管理有着十分精辟的见解：全面质量管理是改善职工素质和企业素质，以达到提高质量、降低消耗和增加效益的目的；全面质量管理关键是质量管理工作的协调和督促，而这件事最后只有领导者有权去做；管理的历史就是从管人到尊重人。

全面质量管理是企业管理现代化、科学化的一项重要内容。它应用数理统计方法进行质量控制，使质量管理实现定量化，变产品质量的事后检验为生产过程中的质量控制。好的质量是设计、制造出来的，不是检验出来的；质量管理的实施要求全员参与，并且要以数据为客观依据，要视顾客为上帝，以顾客需求为核心。全面质量管理是一种由顾客的需要和期望驱动的管理哲学。TQM 以质量为中心，建立在全员参与基础上的一种管理方法，其目的在于长期获得顾客满意、组织成员和社会的利益。它是一种管理模式，目标是通过连接质量和用户满意度来取得长期的成功，基本方法是营造一种组织文化，使得组织内部的每个成员都参与到过程、产品和服务的改善中。

全面质量管理就是全面的、全过程的、全员的和科学的质量管理的指导思想。它强烈地关注顾客，并且坚持不断地改进，改进组织中的每项工作的质量，并进行精确地度量，并充分向员工授权。因此实施全面质量管理可以为企业带来如下好处：

（1）缩短总运转周期；

（2）降低质量所需的成本；

（3）缩短库存周转时间；

（4）提高生产率；

（5）追求企业利益和成功；

（6）使顾客完全满意；

（7）最大限度获取利润。

全面质量管理主要包括以下三个方面的内容。

1. 系统的观点

产品质量的形成和发展过程包括了许多相互联系、相互制约的环节，不论是保证和提高产品质量还是解决产品质量问题，都应该把生产企业看成一个开放的系统，运用系统科学的原理和方法，对所有环节进行全面的组织管理。

2. 向用户服务的观点，用户满意是第一原则

要树立质量第一、用户第一的思想，满足广义用户（产品的使用者以及企业生产过程的下一阶段）对产品质量的要求。

3. 预防为主的观点，事前主动进行质量管理

这个观点要求生产企业的质量管理重点应从事后检验转移到事前预防，从管结果转变为管因素，找出影响产品质量的各种因素，抓住主要因素，使生产经营活动处于受控状态。

10.1.1   全面质量管理的基本要求、原理及特点

全面质量管理的核心理念是：顾客满意，创造附加价值，并实现持续改进。顾客满意，该顾客可以是组织内部的，也可以是组织外部的，如产品的接收方。附加价值，就是要用最小的投入获取最大的功能价值，追求组织最大的经营绩效和个人最大的工作绩效。持续改进，强调要建立持续改进的管理体系，以不断引领组织向正确的方向发展，持续改进是建立在 PDCA 模型上的，后面部分会详细讲解 PDCA 的过程。

全面质量管理要求"有效地利用人力、物力、财力等资源，以最经济的手段生产出顾客满意的产品"。这就对其管理过程提出了要求：全面质量管理应做到"三全一多"，具有全面性，控制产品质量的各个环节，各个阶段，如图 10-1 所示。所谓"三全"，指全过程的质量管理、全员的质量管理、全企业的质量管理，"一多"指多方法的质量管理。

图 10-1   全面质量管理"三全一多"的基本要求

全过程的质量管理：质量产生、形成和实现的整个过程是由多个环节组成的，每个环节的质量都会影响最终质量，因此要控制影响质量的所有环节和因素。这就体现了两个重要的思想，即预防为主，不断改进的思想和为客户服务的思想。全过程的质量管理意味着全面质量管理要"始于识别顾客的需求，终于满足顾客的需要"。

全员的质量管理：产品质量是企业各方面、各部门、各环节工作质量的综合反映。企业中任何一个环节，任何一个人的工作质量都会不同程度地、直接或间接地影响着产品质量。因此，产品质量人人有责，要人人关心产品质量，人人做好本职工作，全体参加质量管理，才能生产出顾客满意的产品，并且要实现全员参与的氛围，抓好质量教育和培训，制定质量责任制，明确任务和职权，各司其职，密切配合，以形成高效、协调、严密的质量管理系统，同时应开展群众性质量管理活动，充分发挥广大职工的聪明才智和当家作主的进取精神。

全组织的质量管理：从组织管理的角度看，企业分为上层、中层和基层，上层负责制定质量方针、目标、政策，组织协调质量管理活动；中层落实领导层决策，确定本部门目标和对策，指导基层业务管理；基层执行各项决定，按标准、规范生产。从质量职能角度看，不同部门承担不同的质量职能，要保证长期稳定生产顾客满意的产品，必须建立全企业的质量管理体系。全企业的质量管理就是要"以质量为中心，领导重视，组织落实，体系完善"。

多方法的质量管理：影响质量的因素有人、机、料、法、环、测，应区别不同的因素采取不同的管理方法，如图 10-2 所示。多方法的质量管理要求方法灵活，实事求是，讲求实效，程序科学。

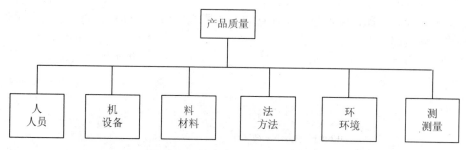

图 10-2　产品质量的主要影响因素

与传统的质量管理相比较，全面质量管理的特点是：

（1）把过去的以事后检验和把关为主转变为以预防为主，即从管结果转变为管因素。

（2）从过去的就事论事、分散管理，转变为以系统的观点为指导进行全面的综合治理。

（3）突出以质量为中心，围绕质量开展全员的工作。

（4）由单纯符合标准转变为满足顾客需要。

（5）强调不断改进过程质量，从而不断改进产品质量。

全面质量管理强调预防为主的观点，强调对产品质量进行事前控制，把事故消灭在发生之前，使每道工序都处于受控状态；它强调的另一个观点是用数据说话，必须依据正确的数据资料进行加工、分析和处理以找出规律，再结合专业的设计方案，保证技术文件的质量，做好标准化的审查工作，督促遵守设计试制的工作程式。

10.1.2　全面质量管理的工作程序

PDCA 管理循环是全面质量管理最基本的工作程序。它要求各项管理工作应该做到有计划、有执行、有检查和有总结。质量管理专家把这套方法加以概括，成为著名的 PDCA 管理循环，其方法适用于所有过程。PDCA 循环最早由统计质量控制的奠基人 W.A.休哈特提出，W.E.戴明介绍到日本，日本人进行了充实，所以有人也把它称为戴明循环。

PDCA 循环应用了科学的统计观念和处理方法。作为推动工作、发现问题和解决问题的有效工具，典型的模式被称为"四个阶段"、"八个步骤"和"七种工具"。由图 10-3 可以看出，PDCA 的四个阶段大体可分为八个步骤。

PDCA 循环的内容即包括 P、D、C、A 四个阶段：

P（Plan）阶段就是制定计划，包括方针和目标的确定以及活动计划的制定。该阶段主要是通过市场调查、用户访问、国家计划指示等，确定用户对产品质量的要求，根据顾客的要求和组织的方针，确定质量政策、质量目标和质量计划等，建立提供结果必要的目标和过程。拟定包括方针、目标、活动计划书、管理项目等。这个阶段又可划分为四个步骤：找出问题；分析原因；找出主要原因（主要矛盾）；研究措施，提出计划目标和执行计划。

D（Do）阶段是实施，就是具体运作，实现计划中的内容。该阶段是实施 P 阶段所规定的内容，如根据质量标准进行产品设计、试制、试验，其中包括计划执行前的人员培训。要进行扎实的工作，如根据产品质量的计划，制定质量标准、操作规程和作业标准等，并实地组织实施落实。

C（Check）阶段是检查，就是要总结执行计划的结果，分清哪些对了，哪些错了，明确效果，找出问题。这个阶段主要是在计划执行过程中或执行之后，检查执行情况，是否符合计划的预期结果，根据方针、目标和产品要求，对过程和产品进行监视和测量，并报告结果。把实际工作结果与计划对比，检查是否按计划规定的要求去做了。通过检查，了解效果如何，找出问题及其产生原因。

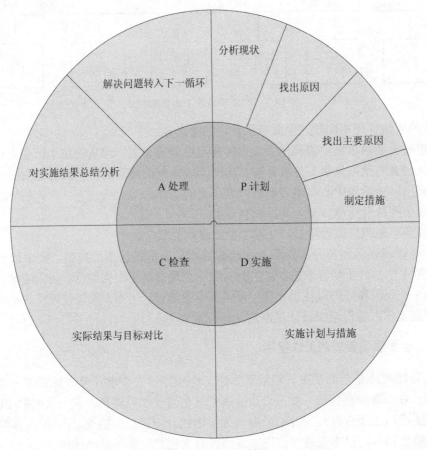

图 10-3 PDCA 循环

A（Action）阶段是总结处理。主要是根据检查结果，采取相应的措施，以持续改进过程业绩。即对总结检查的结果进行处理，把执行中取得的成功经验加以肯定，形成标准，纳入标准规程，制定作业指导书、管理标准等，便于以后工作时遵循；对于失败的教训也要总结，以免重现。对于没有解决的遗留问题，应交给下一个 PDCA 管理循环中去解决。

PDCA 循环的八个步骤分别是：

（1）分析现状，发现问题；

（2）分析质量问题中各种影响因素；

（3）分析影响质量问题的主要原因；

（4）针对主要原因，采取解决的措施；明确为什么要制定这个措施？达到什么目标？在何处执行？由谁负责完成？什么时间完成？怎样执行？

（5）执行，按措施计划的要求去做；

（6）检查，把执行结果与要求达到的目标进行对比；

（7）标准化，把成功的经验总结出来，制定相应的标准；

（8）把没有解决或新出现的问题转入下一个 PDCA 循环中去解决。

在质量管理中广泛应用的直方图、控制图、因果图、排列图、关系图、分层法和统计分析表等七种工具。

此外，PDCA 循环还有以下三个明显特点：

（1）周而复始。PDCA 循环的四个过程不是运行一次就完结，而是周而复始地进行。一个循环结束了，解决了一部分问题，可能还有问题没有解决，或者又出现了新的问题，再进行下一个 PDCA 循环，依此类推。

（2）大环带小环。类似行星轮系，一个公司或组织的整体运行体系与其内部各子体系的关系，是大环带动小环的有机逻辑组合体。

（3）阶梯式上升。如图 10-4 所示，PDCA 循环的过程，就是企业在认识问题和解决问题中使质量和质量管理水平不断呈梯状上升的过程。

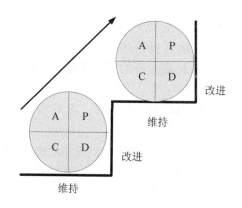

图 10-4　PDCA 梯状改进过程

PDCA 阶梯式上升，循环前进，循环不停的转动，循环每转动一周，水平就提高一步。在 PDCA 循环中，A 阶段是关键阶段。循环是完整的并且逐步上升的循环。每次循环都有新的目标和内容，公司的管理水平才能不断提高。

PDCA 成功的关键在于进行数据的收集以确定新的质量目标，并进行全面的检查活动。 PDCA 注重过程、资源以及产品的度量，以探明缺陷的原因，并发现进一步改善的机会。

戴明学说反映了全面质量管理的全面性，说明了质量管理与改善并不是个别部门的事，而是需要由最高管理层领导和推动才可奏效。

戴明学说的核心可以概括为：高层管理的决心及参与；群策群力的团队精神；通过教育来提高质量意识；质量改良的技术训练；制定衡量质量的尺度标准；对质量成本的分析及认识；不断改进活动；各级员工的参与。

戴明博士有一句名言："质量无须惊人之举。"他平实的见解和骄人的成就之所以受到企业界的重视和尊重，是因为若能有系统地、持久地将这些观念付诸行动，几乎可以肯定在全面质量管理上就能够取得突破。

10.1.3　全面质量管理与 ISO9000 及统计技术

1. TQM 与 ISO9000

ISO9000 与 TQM 的关系是基础与发展，静态与动态的关系。两者都是强调以顾客为中心，满足顾客需求；强调领导的重要性；强调持续改进，按 PDCA 科学程序进行。均要求实行全员、全过程和全组织的管理。两者的管理理论和统计理论基础一致。两者均认为产品质量形成于产品全过程,都要求质量体系贯穿于质量形成的全过程。在实现方法上,两者都使用了 PDCA 质量环运行模式。其次,两者都要求对质量实施系统化的管理,都强调"一把手"对质量的管理。再次,两者的最终目的一致,都是为了提高产品质量,满足顾客的需要,都强调任何一个过程都是可以不断改进、不断完善的。

然而两者也有一定的差异性。ISO9000 标准具有一致性,在一定的时间内保持稳定性的特点。TQM 不局限于"标准"的范围,不间断地寻求改进机会,研究和创新工作方法,以实现更高的目标。首先,两者的目标不一致,TQM 质量计划管理活动的目标是改变现状。其作业只限于一次,目标实现后,管理活动也就结束了,下一次计划管理活动,虽然是在上一次计划管理活动的结果的基础上进行的,但绝不是重复与上次相同的作业。而 ISO9000 质量管理活动的目标是维持标准现状。其目标值为定值。其管理活动是重复相同的方法和作业,使实际工作结果与标准值的偏差量尽量减少。其次,工作中心不同。TQM 是以人为中心,ISO9000 是以标准为中心。再次,两者执行标准及检查方式不同。实施 TQM 企业所制定的标准是企业结合其自身特点制定的自我约束的管理体制,其检查方主要是企业内部人员,检查方法是考核和评价。ISO9000 系列标准是国际公认的质量管理体系标准,它是供世界各国共同遵守的准则。贯彻该标准强调的是由公正的第三方对质量体系进行认证,并接受认证机构的监督和检查。

TQM 是一个企业达到长期成功的管理途径,但成功地推行 TQM 必须达到一定的条件。对大多数企业来说,直接引入 TQM 有一定的难度。而 ISO9000 则是质量管理的基本要求,它只要求企业稳定组织结构,确定质量体系的要素和模式就可以贯彻实施。贯彻 ISO9000 系列标准和推行 TQM 之间不存在截然不同的界限,把两者结合起来,才是现代企业质量管理深化发展的方向。

2. TQM 与统计技术

统计技术是 ISO9000 的要素之一。它在质量管理中的应用只有 60 多年历史,经历了两个阶段:统计质量控制和全面质量管理。统计质量控制起源于美国:1924 年,美国贝尔电话公司的休哈特博士运用数理统计方法提出了世界上第一张质量控制图,其主要的思想是在生产过程中预防不合格品的产生,变事后检验为事前预防,从而保证了产品质量,降低了生产成本,大大提高了生产率;1929 年,该公司的道奇与罗米格又提出了改变传统的全数检验的做法,目的在于解决当产品不能或不需要全数检查时,如何采用抽样检查的方法来保证产品的质量,并使检验费减少。全面质量管理的主要理论认为,企业要能够生产满足用户要求的产品,单纯依靠数理统计方法对生产工序进行控制是很不够的,提出质量控制应该从产品设计开始,直到产品到达用户手中,使用户满意为止,它包括市场调查、设计、研制、制造、检验、包装、销售、服务等各个环节。因此,统计技术是全面质量管理的核心,是实现全面质量管理与控制的有效工具。

质量管理发展到全面质量管理,是质量管理工作的又一个大的进步,统计质量管理着重于应用统计方法控制生产过程质量,发挥预防性管理作用,从而保证产品质量。然而,产品质量的形成过程不仅与生产过程有关,还与其他许多过程、许多环节和因素相关联,这不是单纯依靠统计质量管理所能解决的。全面质量管理相对更加适应现代化大生产对质量管理整体性、综合性的客观要求,从过去限于局部性的管理进一步走向全面性、系统性的管理。

10.2　软件外包全面质量管理

10.2.1　软件外包全面质量管理的概念

软件外包全面质量管理主要任务是使软件外包开发活动和开发过程规范化、程序化和标准化。其基本思想是：将复杂问题分解为若干可实现并且可管理的部分；对每个部分在软件生命周期的各个阶段，应用相应的、有效的技术和方法，展开软件开发活动并对其阶段性产品的质量进行验证；最终组合成整个软件产品，并验证其质量。

软件全面质量管理也依照 PDCA 的程序执行，并且应遵从组织的全面质量管理要求，在此基础上，对软件项目及软件开发提出更细化的管理规定。

10.2.2　基于 PDCA 的软件外包全面质量管理模型

全面质量管理的核心观点就是一切为了"顾客"，一切凭数据说话，一切以预防为主，一切按 PDCA 循环办事。软件质量管理在此基础上提出了软件全面质量管理模型。

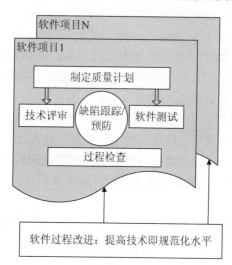

图 10-5　基于 PDCA 的软件外包全面质量管理模型

从图中可以看到，软件外包全面质量管理主要包括：制定质量计划、技术评审、软件测试、过程检查、缺陷跟踪和软件过程改进几个部分。当然这些过程还需要软件质量人员进行跟踪和管理，所以还有对软件质量人员的要求。

质量计划：软件质量人员根据项目要求编制该计划，该计划主要明确在软件项目过程中软件项目阶段的划分、项目的质量目标以及过程中需要进行的质量活动，该计划经过评审后将作为质量人员的工作依据。

技术评审：主要是明确在软件过程中需控制的关键点，并且明确这些关键点应该进行的评审的内容和时机。技术评审是保障软件质量的关键技术之一。

软件测试：主要是通过测试的手段保证软件的质量，属于事后的行为，也是软件质量保证的关键技术之一。

过程检查：质量人员在过程中，随时检查软件项目的开发是否符合既定的规范，从而在过程上保证软件的质量。它属于预防性行为。

缺陷跟踪：质量人员将跟踪过程检查、软件测试和技术评审中发现的问题，确保问题均能够得到妥善的解决，不会影响最终交付产品的质量。

软件过程改进：质量人员定期汇总在各项目中发现的问题，分析整理，并作为过程改进的依据。

10.2.3 软件外包全面质量管理过程

1. 软件质量人员职责

软件质量人员对于软件质量的保证是必需的而非充分的条件。软件质量人员的职责在第 6 章"软件质量保证"中已经进行了详细的定义，此处只做总结性描述。

软件质量人员在软件项目过程中的主要职责如下：

（1）负责编写质量计划。

（2）负责过程检查。

（3）参与技术评审。

（4）参与软件测试。

（5）参与软件过程改进（面向机构）。

2. 质量计划

软件项目在启动后，明确了项目组织和参加人员后，需要根据项目实际情况制定质量计划，质量计划是保证软件质量的必要手段，也是后续质量工作的依据。在第 6 章"软件质量保证"中，列明了软件项目质量计划编写的方法和必要的内容。

质量计划中，对于项目过程中应该进行的测试、检查、评审等的内容和时机均应该有明确的定义，在质量计划通过审核后，质量人员主要依据该计划参加各类评审、见证测试、进行过程检查，并且质量计划中应该定义质量问题的记录和跟踪流程，确保质量问题能够得到妥善解决，从而确保最终交付软件的质量能够满足客户的需求。

3. 技术评审

技术评审是强有力的软件质量保证活动之一。它主要通过借助他人对软件交付物进行检查以保证软件的质量，降低软件返工的成本。技术评审主要通过文件评审和会议评审的形式进行。

技术评审应注意以下几点：

（1）技术评审应该是事先计划好的评审，评审的时机和内容在质量计划中应该有定义。

（2）应该有评审委员会，并且该委员会对评审的最终结果负责。评审委员会应该由具备相应资质的人员组成。

（3）评审前应将评审资料提前一段时间发送给参加评审的人员，以预留充足的时间。

（4）评审前应该明确本次评审的主要内容和目的。

（5）评审过程应该符合既定的流程，并且由质量人员监督评审过程。

（6）评审应该保留相关的记录。

4. 软件测试

软件测试是为了发现错误而执行程序的过程。软件的测试活动也是在质量计划阶段就需要有明确的定义，然后在软件开发过程中依照计划执行相关的测试。

从用户的角度来看，软件测试是希望通过测试暴露软件中隐藏的错误和缺陷，以考虑是否可以接受该产品，从开发者的角度出发，则是希望证明软件已正确的实现了用户的要求，确立客户对于软件质量的信心。

软件测试秉承的原则是以最少的时间和人力，系统地找出软件中潜在的各种错误和缺陷，以最终证明软件的功能和性能与用户的需求相吻合。

软件测试的两种常用的方法是黑盒测试和白盒测试。对于黑盒测试，测试人员无需考虑程序内部的逻辑结构和内部特性，只依据程序的需求规格，检查程序的功能是否符合要求，所以黑盒测试又叫做功能测试。白盒测试则把测试对象看做透明的盒子，允许测试人员利用程序内部的逻辑结果和相关信息，设计或选择测试用例，对程序所有逻辑路径进行测试，通过在不同点检查程序的状态，确定实际的状态是否与预期的状态一致，因此白盒测试又称为结构测试。

5. 过程检查

主要是质量人员根据项目过程定义以及在质量计划中定义的质量活动进行项目过程的检查，随时发现项目过程中的不符合项，并予以纠正。这些过程检查包括但不限于：检查文档的编写、批准、交付和变更过程；检查项目的会议过程和评审过程；检查项目的日常行为规范；检查项目的配置管理过程等。

6. 缺陷跟踪

质量人员在各类检查中发现的问题应该予以记录，并且进行跟踪，确保各个问题能够落实到人，并且问题解决后有相关负责人进行验证和确认问题的关闭。质量人员对该过程进行全程跟踪。

10.3　运用 TQM 提高软件质量

下面以彦哲科技（上海）有限公司为例，具体说明运用 TQM 管理提高软件质量的过程。该公司在下文中简称为彦哲科技，该公司为软件公司，主要是进行软件产品的研发工作。

该公司为了保证交付给顾客的软件能够满足客户的要求，同时也为了自身持续稳定的发展，建立了公司软件全面质量管理体系。

首先根据 ISO9000 创建了公司级的质量管理体系，该体系中包括了软件开发必须遵从的程序和流程。同时公司通过了 ISO9000 认证，得到了第三方对于公司质量体系的认可。

ISO9000 的第 7.3 节设计与开发主要是规定软件项目的研发过程。主要规定了设计开发的策划、输入、输出、评审、验证、确认和变更控制几个环节的要求。公司依据该部分的相关要求编制了质量体系程序文件《设计开发流程控制》、《测试流程规范》、《软件开发过程定义》、《变更管理过程》和《问题跟踪管理》。这几个程序文件规定了公司为了满足 ISO9000 对于设计开发控制的要求所采用的技术、策略、方法和流程，作为公司项目的指导依据。

另外公司成立了独立的质量部门，负责公司软件质量的监控，该质量部门根据公司级的程序文件，在保证遵从的条件下进一步细化完善，成为一整套公司级的软件项目管理体系，该软件项目管理体系，将软件的过程划分为需求、设计、实现、测试等阶段，明确了各阶段应该进行的工作、应该实施的活动、完成的文档、进行的检查以及输出的记录文件。这些内容作为质量部门的质量人员监督检查项目的依据，同时质量部门出台了一整套模板文件，覆盖软件生命周期各阶段的交付物，公司软件项目统一使用该模板文件，并根据项目进行剪裁，但是剪裁必须经过项目质量人员的同意，以确保剪裁的合理性。公司软件项目启动时，质量部门派驻质量人员进入项目，并全程监督检查项目，质量人员会为项目制定质量计划，规定项目检查和监督的范围和活动内容，并以此作为工作依据对工作进行全面地跟踪。质量人员也会定期的对项目组成员进行流程和规范的培训，以加强项目组成员对于质量的关注度和理解。对于项目中的问题，质量人员会进行跟踪检查，确保问题能够得到妥善解决。

质量部门定期收集各项目质量人员反馈回来的信息，并检查公司的程序文件和项目管理体系文件是否能够满足实际项目需要，并进行修改和升级，确保这些内容对于质量工作的指导性。

在这一整套规划下，彦哲科技软件项目开发逐渐步入规范化、程序化的阶段，公司交付的软件产品得到了客户的高度认可，从公司成立至今，没有发生过因为软件质量问题造成的顾客损失。并且公司会定期收集顾客意见，也作为公司持续改进的依据。

再如，华为公司的 TQM 关键品质。华为公司在我国 IT 领域创造一个又一个的奇迹，有着许多成功的经验。其中，也包括他们的质量管理经验。华为公司在全面质量管理方面拥有以下四点关键品质：

（1）华为密切留意自己的薄弱环节，公司上下都热衷质量管理。

（2）华为的质量管理方法具有很高的技术性和哲理性。

（3）注重研发，坚持以顾客为导向，拥有精密的技术流程。

（4）令人赞叹的产品可靠性记录。

1994 年，为了迎接国际竞争，华为公司决定要通过 ISO9001 认证。创始人任正非营造了一种文化，就是做事要讲究方法，不能怕麻烦，不能走捷径。这种企业文化时至今日仍然是华为的强势所在。

华为的质量管理体系是 IT 企业 ISO 认证的典型代表，它十分详尽、技术性强，共涉及 40 多个流程，主要根据各部门的工作流程和 ISO9001 的要素设计而成。不仅如此，还把该体系域公司的其他管理系统联系起来，对几个关键流程进行了改造。

经过整合，业务流程精简到了 18 个，不仅减少了一些文件，还更容易看清公司各项工作是如何配合的。这再次证明，在业务流程重组和信息技术基础上进行的整合是完全可以与 ISO9001 相融合的。

思考题

1. 什么是全面质量管理？
2. 全面质量管理的基本要求是什么？
3. 全面质量管理的内容包括哪些？
4. 软件外包全面质量管理的主要任务和基本思想是什么？
5. 软件外包全面质量管理过程是什么？

附录一　《质量管理体系 要求》（ISO9001:2008）

1　范围

1.1　总则

本标准为有下列需求的组织规定了质量管理体系要求：

a）需要证实其有稳定地提供满足顾客和适用的法律法规要求的产品的能力；

b）通过体系的有效应用，包括体系持续改进过程的有效应用，以及保证符合顾客要求与适用的法律法规要求，旨在增强顾客满意度。

注1：在本标准中，术语"产品"仅适用于

a）预期提供给顾客或顾客所要求的产品；

b）产品实现过程所产生的任何预期输出。

注2：法律法规要求可称作法定要求。

1.2　应用

本标准规定的所有要求是通用的，旨在适用于各种类型、不同规模和提供不同产品的组织。

由于组织及其产品的性质导致本标准的任何要求不适用时，可以考虑对其进行删减。

如果进行了删减，应仅限于本标准第7章的要求，并且这样的删减不影响组织提供满足顾客要求和适用法律法规要求的产品的能力或责任，否则不能声称符合本标准。

2　规范性引用文件

下列文件中的条款通过本标准的引用而成为本标准的条款。凡是注日期的引用文件，其随后所有的修改单（不包括勘误的内容）或修订版均不适用于本标准，然而，鼓励根据本标准达成协议的各方研究是否可使用这些文件的最新版本。凡是不注日期的引用文件，其最新版本适用于本标准。

GB/T19000-2008 质量管理体系　基础和术语（idt ISO9000:2005，IDT）

3　术语和定义

本标准采用GB/T19000中所确立的术语和定义。

本标准中所出现的术语"产品"，也可指"服务"。

4　质量管理体系

4.1　总要求

组织应按本标准的要求建立质量管理体系，将其形成文件，加以实施和保持，并持续改进其有效性。

组织应：

a）确定质量管理体系所需的过程及其在整个组织中的应用（见1.2）；

b）确定这些过程的顺序和相互作用；

c）确定所需的准则和方法，以确保这些过程的运行和控制有效；

d）确保可以获得必要的资源和信息，以支持这些过程的运作和监视；

e）监视、测量（适用时）和分析这些过程；

f）实施必要的措施，以实现对这些过程所策划的结果和对这些过程的持续改进。

组织应按本标准的要求管理这些过程。

组织如果选择将影响产品符合要求的任何过程外包，应确保对这些过程的控制。对此类外包过程控制的类型和程度应在质量管理体系中加以规定。

注1：上述质量管理体系所需的过程包括与管理活动、资源提供、产品实现和测量、分析和改进有关的过程。

注2："外包过程"是为了质量管理体系的需要，由组织选择，并由外部方实施的过程。

注3：组织确保对外包过程的控制，并不免除组织满足顾客和法律法规要求的责任。对外包过程控制的类型和程度可受诸如下列因素影响：

a）外包过程对组织提供满足要求的产品的能力的潜在影响；

b）对外包过程控制的分担程度；

c）通过应用7.4条款实现所需控制的能力。

4.2 文件要求

4.2.1 总则

质量管理体系文件应包括：

a）形成文件的质量方针和质量目标；

b）质量手册；

c）本标准所要求的形成文件的程序和记录；

d）组织确定的为确保其过程有效策划、运作和控制所需的文件，包括记录。

注1：本标准出现"形成文件的程序"之处，即要求建立该程序，形成文件，并加以实施和保持。一个文件可包括一个或多个程序的要求。一个形成文件的程序的要求可以被包含在多个文件中。

注2：不同组织的质量管理体系文件的多少与详略程度可以不同，取决于：

a）组织的规模和活动的类型；

b）过程及其相互作用的复杂程度；

c）人员的能力。

注3：文件可采用任何形式或类型的媒介。

4.2.2 质量手册

组织应编制和保持质量手册，质量手册包括：

a）质量管理体系的范围，包括任何删减的细节和正当的理由（见1.2）；

b）为质量管理体系建立的形成文件的程序或对其引用；

c）质量管理体系过程之间的相互作用的表述。

4.2.3 文件控制

质量管理体系所要求的文件应予以控制。记录是一种特殊类型的文件，应依据4.2.4的要求进行控制。

应编制形成文件的程序，以规定以下方面所需的控制：

a）为使文件是充分与适宜的，文件发布前得到批准；

b）必要时对文件进行评审与更新，并再次批准；

c）确保文件的更改和现行修订状态得到识别；

d）确保在使用处可获得适用文件的有关版本；

e）确保文件保持清晰、易于识别；

f）确保组织所确定的策划和运行质量管理体系所需的外来文件得到识别，并控制其分发；

g）防止作废文件的非预期使用，如果出于某种目的而保留作废文件时，对这些文件进行适当的标识。

4.2.4 记录的控制

为提供符合要求及质量管理体系有效运行的证据而建立的记录，应得到控制。

组织应编制形成文件的程序，以规定记录的标识、贮存、保护、检索、保存和处置所需的控制。

记录应保持清晰、易于识别和检索。

5 管理职责

5.1 管理承诺

最高管理者应通过以下活动，对其建立、实施质量管理体系并持续改进其有效性的承诺提供证据：

a）向组织传达满足顾客要求和法律法规要求的重要性；

b）制定质量方针；

c）确保质量目标的制定；

d）进行管理评审；

e）确保资源的获得。

5.2 以顾客为关注焦点

最高管理者应以增强顾客满意为目的，确保顾客的要求得到确定并予以满足（见 7.2.1 和 8.2.1）。

5.3 质量方针

最高管理者应确保质量方针：

a）与组织的宗旨相适应；

b）包括对满足要求和持续改进质量管理体系有效性的承诺；

c）提供制定和评审质量目标的框架；

d）在组织内得到沟通和理解；

e）在持续适宜性方面得到评审。

5.4 策划

5.4.1 质量目标

最高管理者应确保在组织的相关职能和层次上建立质量目标，质量目标包括满足产品要求所需的内容（见 7.1 a）。质量目标应是可测量的，并与质量方针保持一致。

5.4.2 质量管理体系策划

最高管理者应确保：

a）对质量管理体系进行策划，以满足质量目标以及 4.1 的要求。

b）在对质量管理体系的变更进行策划和实施时，保持质量管理体系的完整性。

5.5 职责、权限和沟通

5.5.1 职责和权限

最高管理者应确保组织内的职责、权限得到规定和沟通。

5.5.2 管理者代表

最高管理者应在本组织管理层中指定一名成员，无论该成员在其他方面的职责如何，应使其具有以下方面的职责和权限：

a）确保质量管理体系所需的过程得到建立、实施和保持；

b）向最高管理者报告质量管理体系的业绩和任何改进的需求；

c）确保在整个组织内提高满足顾客要求的意识。

注：管理者代表的职责可包括就质量管理体系有关事宜与外部方进行联络。

5.5.3　内部沟通

最高管理者应确保在组织内建立适当的沟通过程，并确保对质量管理体系的有效性进行沟通。

5.6　管理评审

5.6.1　总则

最高管理者应按策划的时间间隔评审质量管理体系，以确保其持续的适宜性、充分性和有效性。评审应包括评价改进的机会和质量管理体系变更的需要，包括质量方针和质量目标变更的需求。

应保持管理评审的记录（见 4.2.4）。

5.6.2　评审输入

管理评审的输入应包括以下方面的信息：

a）审核结果；

b）顾客反馈；

c）过程的业绩和产品的符合性；

d）预防措施和纠正措施的状况；

e）以往管理评审的跟踪措施；

f）可能影响质量管理体系的变更；

g）改进的建议。

5.6.3　评审输出

管理评审的输出应包括与以下方面有关的任何决定和措施：

a）质量管理体系有效性及其过程有效性的改进；

b）与顾客要求有关的产品的改进；

c）资源需求。

6　资源管理

6.1　资源的提供

组织应确定并提供以下方面所需的资源：

a）实施、保持质量管理体系并持续改进其有效性；

b）通过满足顾客要求，增强顾客满意。

6.2　人力资源

6.2.1　总则

基于适当的教育、培训、技能和经验，从事影响产品要求符合性工作的人员应是能够胜任的。

注：在质量管理体系中承担任何任务的人员都可能直接或间接地影响产品与要求符合性。

6.2.2　能力、培训和意识

组织应：

a）确定从事影响产品要求符合性工作的人员所需的能力；

b）适用时，提供培训或采取其他措施以获得所需的能力；

c）评价所采取措施的有效性；

d）确保组织的人员认识到所从事活动的相关性和重要性，以及如何为实现质量目标作出贡献；

e）保持教育、培训、技能和经验的适当记录（见 4.2.4）。

6.3　基础设施

组织应确定、提供并维护为达到产品符合要求所需的基础设施。适用时，基础设施包括：

a）建筑物、工作场所和相关的设施；

b）过程设备（硬件和软件）；

c）支持性服务（如运输、通讯或信息系统）。

6.4　工作环境

组织应确定和管理为达到产品符合要求所需的工作环境。

注：术语"工作环境"是指工作时所处的条件，包括物理的、环境的和其他因素，如噪音、温度、湿度、照明或天气等。

7　产品实现

7.1　产品实现的策划

组织应策划和开发产品实现所需的过程。产品实现的策划应与质量管理体系其他过程的要求相一致（见 4.1）。

在对产品实现进行策划时，组织应确定以下方面的适当内容：

a）产品的质量目标和要求；

b）针对产品确定过程、文件和资源的需求；

c）产品所要求的验证、确认、监视、测量、检验和试验活动，以及产品接收准则；

d）为实现过程及其产品满足要求提供证据所需的记录（见 4.2.4）。

策划的输出形式应适于组织的运作方式。

注 1：对应用于特定产品、项目或合同的质量管理体系的过程（包括产品实现过程）和资源作出规定的文件可称之为质量计划。

注 2：组织也可将 7.3 的要求应用于产品实现过程的开发。

7.2　与顾客有关的过程

7.2.1　与产品有关的要求的确定

组织应确定：

a）顾客规定的要求，包括对交付及交付后活动的要求；

b）顾客虽然没有明示，但应规定用途或已知的预期用途所必需的要求；

c）适用于产品的法律法规要求；

d）组织认为必要的任何附加要求。

注：交付后活动包括诸如保证条款规定的措施、合同义务（如维护服务）、附加服务（例如，回收或最终处置）等。

7.2.2　与产品有关的要求的评审

组织应评审与产品有关的要求。评审应在组织向顾客作出提供产品的承诺（例如，提交标书、接受合同或订单及接受合同或订单的更改）之前进行，并应确保：

a）产品要求已得到规定；

b）与以前表述不一致的合同或订单的要求已得到解决；

c）组织有能力满足规定的要求。

评审结果及评审所引起的措施的记录应予保持（见 4.2.4）。

若顾客没有提供形成文件的要求，组织在接收顾客要求前应对顾客要求进行确认。

若产品要求发生变更，组织应确保相关文件得到修改，并确保相关人员知道已变更的要求。

注：在某些情况（如网上销售）中，对每一个订单进行正式的评审可能是不实际的。作为代替方法，可对有关的产品信息，如产品目录、产品广告内容等进行评审。

7.2.3　顾客沟通

组织应对以下有关方面确定并实施与顾客沟通的有效安排：

a）产品信息；

b）问询、合同或订单的处理，包括对其修改；

c）顾客反馈，包括顾客抱怨。

7.3　设计和开发

7.3.1　设计和开发策划

组织应对产品的设计和开发进行策划和控制。

在进行设计和开发策划时，组织应确定：

a）设计和开发阶段；

b）适于每个设计和开发阶段的评审、验证和确认活动；

c）设计和开发的职责和权限。

组织应对参与设计和开发的不同小组之间的接口实施管理，以确保有效的沟通，并明确职责分工。

随着设计和开发的进展，在适当时，策划的输出应予以更新。

注：设计和开发评审、验证和确认具有不同的目的。根据产品和组织的具体情况，可以单独或任意组合的方式进行并记录。

7.3.2　设计和开发输入

应确定与产品要求有关的输入，并保持记录（见 4.2.4）。这些输入应包括：

a）功能要求和性能要求；

b）适用的法律法规要求；

c）适用时，来源于以前类似设计的信息；

d）设计和开发所必需的其他要求。

应对这些输入的充分性和适宜性进行评审。要求应完整、清楚，并且不能自相矛盾。

7.3.3　设计和开发输出

设计和开发输出的方式应适合于对照设计和开发的输入进行验证，并应在放行前得到批准。

设计和开发输出应：

a）满足设计和开发输入的要求；

b）给出采购、生产和服务提供的适当信息；

c）包含或引用产品接收准则；

d）规定对产品的安全和正常使用所必需的产品特性。

注：生产和服务提供的信息可能包括产品防护的细节。

7.3.4 设计和开发评审

应依据所策划的安排（见 7.3.1），在适宜的阶段对设计和开发进行系统的评审，以便：

a）评价设计和开发的结果满足要求的能力；

b）识别任何问题并提出必要的措施。

评审的参加者应包括与所评审的设计和开发阶段有关的职能的代表。评审结果及任何必要措施的记录应予保持（见 4.2.4）。

7.3.5 设计和开发验证

为确保设计和开发输出满足输入的要求，应依据所策划的安排（见 7.3.1）对设计和开发进行验证。验证结果及任何必要措施的记录应予保持（见 4.2.4）。

7.3.6 设计和开发确认

为确保产品能够满足规定的使用要求或已知的预期用途的要求，应依据所策划的安排（见 7.3.1）对设计和开发进行确认。只要可行，确认应在产品交付或实施之前完成。确认结果及任何必要措施的记录应予保持（见 4.2.4）。

7.3.7 设计和开发更改的控制

应识别设计和开发的更改，并保持记录。应对设计和开发的更改进行适当的评审、验证和确认，并在实施前得到批准。设计和开发更改的评审应包括评价更改对产品组成部分和已交付产品的影响。更改评审结果及任何必要措施的记录应予保持（见 4.2.4）。

7.4 采购

7.4.1 采购过程

组织应确保采购的产品符合规定的采购要求。对供方及采购的产品控制的类型和程度应取决于采购产品对随后的产品实现或最终产品的影响。

组织应根据供方按组织的要求提供产品的能力评价和选择供方。应制定选择、评价和重新评价的准则。评价结果及评价所引起的任何必要措施的记录应予保持（见 4.2.4）。

7.4.2 采购信息

采购信息应表述拟采购的产品，适当时包括：

a）产品、程序、过程和设备的批准要求；

b）人员资格的要求；

c）质量管理体系的要求。

在与供方沟通前，组织应确保规定的采购要求是充分与适宜的。

7.4.3 采购产品的验证

组织应确定并实施检验或其他必要的活动，以确保采购的产品满足规定的采购要求。

当组织或其顾客拟在供方的现场实施验证时，组织应在采购信息中对拟采用的验证的安排和产品放行的方法作出规定。

7.5 生产和服务提供

7.5.1 生产和服务提供的控制

组织应策划并在受控条件下进行生产和服务提供。适用时，受控条件应包括：

a）获得表述产品特性的信息；

b）必要时，获得作业指导书；

c）使用适宜的设备；

d）获得和使用监视和测量设备；

e）实施监视和测量；

f）实施产品放行、交付和交付后的活动。

7.5.2　生产和服务提供的过程确认

当生产和服务提供的过程输出不能由后续的监视或测量加以验证，使问题在产品使用后或服务交付后才显现时，组织应对任何这样的过程实施确认。

确认应证实这些过程实现所策划的结果的能力。

组织应规定确认这些过程的安排，适用时包括：

a）为过程的评审和批准所规定的准则；

b）设备的认可和人员资格的鉴定；

c）特定的方法和程序的使用；

d）记录的要求（见4.2.4）；

e）再确认。

7.5.3　标识和可追溯性

适当时，组织应在产品实现的全过程中使用适宜的方法识别产品。

组织应在产品实现的全过程中，针对监视和测量要求识别产品的状态。

在有可追溯性要求的场合，组织应控制产品的唯一性标识，并保持记录（见4.2.4）。

注：在某些行业，技术状态管理是保持标识和可追溯性的一种方法。

7.5.4　顾客财产

组织应爱护在组织控制下或组织使用的顾客财产。组织应识别、验证、保护和维护供其使用或构成产品一部分的顾客财产。如果顾客财产发生丢失、损坏或发现不适用的情况时，组织应向顾客报告，并保持记录（见4.2.4）。

注：顾客财产可包括知识产权和个人信息。

7.5.5　产品防护

组织应在内部处理和交付到预定的地点期间对产品提供防护，以保持符合要求。适用时，这种防护应包括标识、搬运、包装、贮存和保护。防护也应适用于产品的组成部分。

7.6　监视和测量设备的控制

组织应确定需实施的监视和测量以及所需的监视和测量设备，为产品符合确定的要求提供证据。

组织应建立过程，以确保监视和测量活动可行并以与监视和测量的要求相一致的方式实施。

为确保结果有效，必要时，测量设备应：

a）对照能溯源到国际或国家标准的测量标准，按照规定的时间间隔或在使用前进行校准和（或）检定（验证）。当不存在上述标准时，应记录校准或检定（验证）的依据；（见4.2.4）

b）必要时进行调整或再调整；

c）具有标识，以确定其校准状态；

d）防止可能使测量结果失效的调整；

e）在搬运、维护和贮存期间防止损坏或失效；

此外，当发现设备不符合要求时，组织应对以往测量结果的有效性进行评价和记录。组织应对该设备和任何受影响的产品采取适当的措施。

校准和检定（验证）结果的记录应予保持（见4.2.4）。

当计算机软件用于规定要求的监视和测量时，应确认其满足预期用途的能力。确认应在初次使用前进行，并在必要时予以重新确认。

注：确认计算机软件满足预期用途能力的典型方法包括验证和保持其适用性的配置管理。

8 测量、分析和改进

8.1 总则

组织应策划并实施以下方面所需的监视、测量、分析和改进过程：

a）证实与产品要求的符合性；

b）确保质量管理体系的符合性；

c）持续改进质量管理体系的有效性。

这应包括对统计技术在内的适用方法及其应用程度的确定。

8.2 监视和测量

8.2.1 顾客满意

作为对质量管理体系业绩的一种测量，组织应监视顾客关于组织是否满足其要求的感受的相关信息，并确定获取和利用这种信息的方法。

注：监视顾客感受可以包括从诸如顾客满意调查、来自顾客的关于交付产品质量方面数据、用户意见调查、流失业务分析、顾客赞扬、索赔和经销商报告之类的来源获得输入。

8.2.2 内部审核

组织应按策划的时间间隔进行内部审核，以确定质量管理体系是否：

a）符合策划的安排（见7.1）、本标准的要求以及组织所确定的质量管理体系的要求；

b）得到有效实施与保持。

组织应策划审核方案，策划时应考虑拟审核的过程和区域的状况和重要性以及以往审核的结果。应规定审核的准则、范围、频次和方法。审核员的选择和审核的实施应确保审核过程的客观性和公正性。审核员不应审核自己的工作。

应编制形成文件的程序，以规定审核的策划、实施、形成记录以及报告结果的职责和要求。

应保持审核及其结果的记录（见4.2.4）。

负责受审核区域的管理者应确保及时采取必要的纠正和纠正措施，以消除所发现的不合格及其原因。后续活动应包括对所采取措施的验证和验证结果的报告（见8.5.2）。

注：作为指南，**参见**GB/T19011。

8.2.3 过程的监视和测量

组织应采用适宜的方法对质量管理体系过程进行监视，并在适用时进行测量。这些方法应证实过程实现所策划的结果的能力。当未能达到所策划的结果时，应采取适当的纠正和纠正措施。

注：当确定适宜的方法时，建议组织根据每个过程对产品要求的符合性和质量管理体系有效性的影响，考虑监视和测量的类型与程度。

8.2.4 产品的监视和测量

组织应对产品的特性进行监视和测量，以验证产品要求已得到满足。这种监视和测量应依据所策划的安排（见 7.1）在产品实现过程的适当阶段进行。应保持符合接收准则的证据。

记录应指明有权放行产品以交付给顾客的人员（见 4.2.4）。

除非得到有关授权人员的批准，适用时得到顾客的批准，否则在策划的安排（见 7.1）已圆满完成之前，不应向顾客放行产品和交付服务。

8.3   不合格品控制

组织应确保不符合产品要求的产品得到识别和控制，以防止其非预期的使用或交付。应编制形成文件的程序，以规定不合格品控制以及不合格品处置的有关职责和权限。

适用时，组织应通过下列一种或几种途径，处置不合格品：

a）采取措施，消除发现的不合格；

b）经有关授权人员批准，适用时经顾客批准，让步使用、放行或接收不合格品；

c）采取措施，防止其原预期的使用或应用；

d）当在交付或开始使用后发现产品不合格时，组织应采取与不合格的影响或潜在影响的程度相适应的措施。

在不合格品得到纠正之后应对其再次进行验证，以证实符合要求。

应保持不合格的性质的记录以及随后所采取的任何措施的记录，包括所批准的让步的记录（见 4.2.4）。

8.4   数据分析

组织应确定、收集和分析适当的数据，以证实质量管理体系的适宜性和有效性，并评价在何处可以持续改进质量管理体系的有效性。这应包括来自监视和测量的结果以及其他有关来源的数据。

数据分析应提供有关以下方面的信息：

a）顾客满意（见 8.2.1）；

b）与产品要求的符合性（见 8.2.4）；

c）过程和产品的特性及趋势，包括采取预防措施的机会（见 8.2.3 和 8.2.4）；

d）供方（见 7.4）。

8.5   改进

8.5.1   持续改进

组织应利用质量方针、质量目标、审核结果、数据分析、纠正措施和预防措施以及管理评审，持续改进质量管理体系的有效性。

8.5.2   纠正措施

组织应采取措施，以消除不合格的原因，防止不合格的再发生。纠正措施应与所遇到不合格的影响程度相适应。

应编制形成文件的程序，以规定以下方面的要求：

a）评审不合格（包括顾客抱怨）；

b）确定不合格的原因；

c）评价确保不合格不再发生的措施的需求；

d）确定和实施所需的措施；

e）记录所采取措施的结果（见 4.2.4）；

f）评审所采取的纠正措施的有效性。

8.5.3   预防措施

组织应确定措施，以消除潜在不合格的原因，防止不合格的发生。预防措施应与潜在问题的影响程度相适应。

应编制形成文件的程序，以规定以下方面的要求：

a）确定潜在不合格及其原因；

b）评价防止不合格发生的措施的需求；

c）确定并实施所需的措施；

d）记录所采取措施的结果（见 4.2.4）；

e）评审所采取的预防措施的有效性。

附录二　《软件外包质量管理师》考试大纲

一、考试岗位说明

岗位名称： 软件外包质量管理师

岗位方向： ITO/BPO 方向

岗位介绍： 本岗位是组织制定软件外包项目的各项质量管理制度、内部控制管理和考核办法；制定检验程序制度和检验规范；监督不合格品的处理过程；组织软件外包项目质量管理体系，对质量进行监督、审核和质量责任的裁定；组织产品标准化审核，编制技术标准，负责技术标准资料的管理。

适合行业： 金融、电信、政府、电力、运输、电子商务、能源、军工、制造业、医疗、移动互联、科研机构等涉及 IT 系统的行业。

发展方向： 软件外包质量管理师可以向上发展为公司的质量总监或者管理者代表。

二、考试科目

职业素养

服务外包行业知识

法律法规和标准规范

软件质量管理基础知识

项目质量管理

软件质量保证

软件配置管理

软件质量度量

软件外包评审

软件外包全面质量管理

三、考试等级

考试等级：分为初级、中级、高级。

考试等级说明：

初级：理论性知识与案例分析成绩达到 60 分以上。具备基本的质量保证和质量控制能力。

中级：理论性知识与案例分析成绩达到 70 分以上。具备一定的质量管理能力。

高级：理论性知识与案例分析成绩达到 80 分以上。具备较强的质量管理能力。

四、职业技能要求

软件外包质量管理师岗位考试的主要职业技能要求包括：

（1）掌握服务外包知识；

（2）掌握质量与质量管理的基本概念；

（3）了解质量管理的发展简史；

（4）熟悉软件外包与质量管理有关的法律法规、技术标准与规范；

（5）熟悉软件外包质量管理师职业道德要求；

（6）熟悉质量管理体系基础知识和八项质量管理原则；

（7）掌握项目质量管理的基本内容；

（8）熟悉软件质量特性和软件质量模型；

（9）掌握软件质量保证知识；

（10）熟悉软件配置管理活动；

（11）了解软件质量度量。

五、考核对象

计算机科学与技术、软件工程、计算机应用、信息与通信工程、电子信息工程等计算机类相关专业与企业管理、工商管理、经济管理等管理类专业的本科、专科、高职毕业生。

六、试卷满分及考试时间

试卷满分：100 分

考试时间：120 分钟

七、试卷内容结构与能力测评指标体系

序号	一级内容	百分比	二级内容	百分比
1	职业素质	10%	外语能力	5%
			职业道德	2%
			沟通能力、团队合作能力	2%
			学习和创新素质	1%
2	服务外包行业知识	5%	服务外包基础理论知识	2%
			服务外包实务	3%
3	法律法规和标准规范	14%	标准与标准化	1%
			质量标准体系	1%
			中国软件工程标准	2%
			ISO9000 族标准	5%
			CMMI	5%
4	软件质量管理基础知识	18%	质量与质量管理的基本概念	2%
			质量发展简史	2%
			质量管理体系	3%
			质量管理原则	4%
			软件质量特性	4%
			软件质量模型	3%

序号	一级内容	百分比	二级内容	百分比
5	项目质量管理	9%	项目质量计划	3%
			项目质量保证	3%
			项目质量控制	3%
6	软件质量保证	10%	软件质量保证体系	5%
			软件质量保证活动	5%
7	软件配置管理	7%	软件配置管理的基本概念	2%
			软件配置管理的任务	2%
			软件配置管理的过程与关键活动	3%
8	软件质量度量	7%	软件质量的度量和评价	3%
			软件产品的质量度量	2%
			软件过程的质量度量	2%
9	软件外包评审	10%	软件外包评审的角色和职责	1%
			评审的内容	1%
			评审的方法和技术	1%
			评审会议	3%
			跟踪和分析评审结果	2%
			如何实施成功的评审	2%
10	软件外包全面质量管理	10%	全面质量管理	5%
			运用 TQM 提高软件外包质量	5%

八、试卷题型结构

选择题：50 小题，每题 1 分，共 50 分。

案例分析题：2 小题，每题 25 分，共 50 分。

关于软件外包质量管理师岗位专业技能的测试试题，说明如下：

1．题型包含单选题、多选题、案例分析题等。

2．试题难度：分三级描述，分别为简单、中等、较难。试题简单、中等、较难三种题目所占比例，由命题人根据每岗位各级别判定。

3．客观题有确定的正确答案。对于主观题，有参考答案和评分标准，会列明考查的知识点：以关键词的形式填写，关键词个数不限，但至少包括三个关键词，分别描述题目所属科目关键词、题目对应二级指标关键词，考察知识点（知识点要与二级指标体系下的知识点对应，可以多个）。

4．任意两套试卷间，试题重复率不超过 30%。

九、考察目标

1．职业素质

（1）掌握外语词汇、词组和语法结构。

（2）掌握基本的外语阅读以及听说交流能力。

（3）掌握正确的语言沟通和非语言沟通技巧的能力。

（4）理解职业道德修养的内涵和意义。

（5）了解职业道德修养的基本途径。

2．服务外包行业知识

（1）掌握服务外包概念、特征及分类。

（2）熟悉中国服务外包产业现状和发展趋势。

（3）了解国家多服务外包的扶持政策。

（4）熟悉外包行业标准、流程、风险控制和管理。

（5）了解服务外包领域相关法律法规，了解版权、著作权等相关知识产权权益的常规保护办法。

（6）熟悉软件外包流程。

（7）了解接包项目的运作周期。

3．基础学科知识

（1）掌握质量与质量管理的基本概念。

（2）了解质量管理的发展简史。

（3）熟悉质量管理有关的法律法规、技术标准与规范。

（4）熟悉质量管理体系基础知识和八项质量管理原则。

4．岗位专业知识

（1）掌握项目质量管理的基本内容。

（2）熟悉软件质量特性和软件质量模型。

（3）掌握软件质量保证知识。

（4）熟悉软件配置管理活动。

（5）了解软件质量度量。

十、考核内容

1．职业素养

（1）一定的英语阅读能力。

（2）职业道德。

（3）沟通能力、团队合作能力。

（4）学习和创新素质。

2．服务外包行业知识

（1）软件外包的基本概念。

（2）全球软件外包的发展状况分析。

（3）中国软件接包情况。

（4）中印软件外包比较。

（5）中国发展软件外包的对策。

3．法律法规和标准规范

（1）标准。

（2）标准化。

（3）标准体系分类。

（4）标准体系层次。

（5）软件产品质量标准体系。

（6）软件过程质量标准体系。

（7）软件工程标准分类。

（8）软件的生存周期。

（9）ISO9000 族标准的概念。

（10）ISO9001 标准。

（11）ISO9000 族标准及其文件结构。

（12）ISO9000 的内容概括。

（13）ISO9000 标准的特点。

（14）CMMI 的发展历史。

（15）CMMI 的等级。

（16）CMMI 与 CMM 二者的差别。

4．软件质量管理基础知识

（1）质量的概念。

（2）质量的重要性。

（3）质量管理的概念。

（4）质量管理大师。

（5）质量管理发展的三大阶段。

（6）统计质量管理向全面质量管理过渡的原因。

（7）质量方针和质量目标。

（8）质量管理体系的文件类型。

（9）质量管理体系评审。

（10）质量管理体系认证。

（11）八大质量管理原则的内容。

（12）软件质量定义。

（13）需求的质量属性及其测量。

（14）软件的质量属性。

5．项目质量管理

（1）项目质量管理概述。

（2）质量计划的依据。

（3）质量计划制定的方法和技术。

（4）质量计划的结果。

（5）质量保证的目的。

（6）质量保证的依据。

（7）质量保证的工具和方法。

（8）质量保证的结果。

（9）质量控制的基本概念。

（10）质量控制的依据。

（11）质量控制的方法和技术。

（12）质量控制的结果。

6．软件质量保证

（1）软件质量保证的基本概念。

（2）软件质量保证的主要任务及活动。

（3）软件质量保证体系建设的主要内容。

（4）SQA 活动的通用框架。

（5）SQA 组织建设。

7．软件配置管理

（1）软件配置管理的基本目标。

（2）基线。

（3）项目数据库。

（4）软件配置项。

（5）配置对象。

（6）软件配置管理的主要任务。

（7）软件配置管理的过程。

（8）软件配置管理的关键活动。

（9）软件配置管理的注意事项。

（10）实施配置管理的收益。

8．软件质量度量

（1）软件质量度量的实施过程。

（2）度量过程的常见问题。

（3）项目度量、规模度量与成本度量。

（4）软件质量的评价。

（5）产品规模度量。

（6）缺陷密度度量。

（7）顾客问题度量。

（8）顾客满意度度量。

（9）过程性能基线的建立流程。

（10）软件测试过程度量的分类。

（11）工作效率度量。

（12）软件维护的度量。

（13）软件过程的评价与主要度量指标。

9．软件外包评审

（1）评审的重要性。

（2）软件评审的角色。

（3）软件评审的职责。

（4）管理评审。

（5）技术评审。

（6）文档评审。

（7）过程评审。

（8）评审的方法。

（9）评审的技术。

（10）准备评审会议。

（11）召开评审会议。

（12）评审结果的跟踪。

（13）评审结果的分析。

（14）主观因素。

（15）客观因素。

10．软件外包全面质量管理

（1）全面质量管理的基本要求、原理及特点。

（2）PDCA 管理循环。

（3）全面质量管理与 ISO9000 及统计技术。

（4）软件全面质量管理的概念。

（5）运用 TQM 提高软件外包质量的实践。

十一、参考书目

考试涉及科目：职业素养、服务外包行业知识。

参考教材：《服务外包概论》，焦杨、杨冬主编，中国商务出版社，2011 年出版。

考试涉及科目：项目质量管理

参考教材：《ITO 接包操作实务》，李炳森编著，中国商务出版社，2011 年出版。

考试涉及科目：法律法规和标准规范、软件质量管理基础知识、软件质量保证、软件配置管理、软件质量度量、软件外包评审、软件外包全面质量管理。

参考教材：《软件外包质量管理》，李炳森主编，中国水利水电出版社，2014 年出版。

十二、考题来源

1．具有多年一线教学经验的专家讲师。

2．具有多年人事招聘经验的各大名企人力资源部门。

3．具有多年此岗位工作经验的在职人员。

4．彦哲信息化管理研究院研究员、服务外包委员会委员。

注：全国服务外包岗位专业考试报考条件

一、初级

具有中高职以上学历，且有志于从事服务外包岗位工作的在校生和社会求职人员，不受专业、资历、年龄、培训经历的限制，均可根据自己的情况报考。

二、中级

符合下列条件之一：

● 有志于从事服务外包岗位工作的大专以上学历在校生和社会求职人员，在考试中心或其授权培训点进行过专业系统地培训达到 40 个学时或串讲培训达到 12 个学时以上。

● 已经取得服务外包领域相关岗位初级证书者。

三、高级

符合下列条件之一：

- 有志于从事服务外包岗位工作的大专以上学历在校生和社会求职人员，在考试中心或其授权培训点进行过专业系统地培训达到 40 个学时或串讲培训达到 12 个学时以上。
- 已经取得服务外包领域相关岗位中级证书者。
- 已经取得服务外包领域相关岗位初级证书的大专以上学历的社会求职人员，有 1 年以上相关工作经验。

注：每个岗位只允许报考初级、中级、高级中的一个级别。

附录三 《软件外包质量管理师》教学大纲

一、课程基本情况

课程编码：（不用填写）　　　　　　修课方式：（必修）
理论课学时数：40 个学时　　　　　案例分析课学时数：12 个学时
先修课程：服务外包概论　　　　　　后续课程：IT 外包项目管理
学　　分：3 个学分
适用岗位：软件外包质量管理师

二、课程性质和教学目的

课程性质： 本课程是从事软件外包质量管理师的必备课程，具有较强的指导意义。
教学目的： 学生学完本课程后，所要达到的知识和能力水平如下：
（1）掌握服务外包知识；
（2）掌握质量与质量管理的基本概念；
（3）了解质量管理的发展简史；
（4）熟悉软件外包与质量管理有关的法律法规、技术标准与规范；
（5）熟悉软件外包质量管理师职业道德要求；
（6）熟悉质量管理体系基础知识和八项质量管理原则；
（7）掌握项目质量管理的基本内容；
（8）熟悉软件质量特性和软件质量模型；
（9）掌握软件质量保证知识；
（10）熟悉软件配置管理活动；
（11）了解软件质量度量。

三、教学目标

教学目标要求：
1. 职业素质
（1）掌握外语词汇、词组和语法结构。
（2）掌握基本的外语阅读以及听说交流能力。
（3）掌握正确的语言沟通和非语言沟通技巧的能力。
（4）理解职业道德修养的内涵和意义。
（5）了解职业道德修养的基本途径。
2. 服务外包行业知识
（1）掌握服务外包概念、特征及分类。
（2）熟悉中国服务外包产业现状和发展趋势。
（3）了解国家多服务外包的扶持政策。

（4）熟悉外包行业标准、流程、风险控制和管理。

（5）了解服务外包领域相关法律法规，了解版权、著作权等相关知识产权权益的常规保护办法。

（6）熟悉软件外包流程。

（7）了解接包项目的运作周期。

3. 基础学科知识

（1）掌握质量与质量管理的基本概念。

（2）了解质量管理的发展简史。

（3）熟悉质量管理有关的法律法规、技术标准与规范。

（4）熟悉质量管理体系基础知识和八项质量管理原则。

4. 岗位专业知识

（1）掌握项目质量管理的基本内容。

（2）熟悉软件质量特性和软件质量模型。

（3）掌握软件质量保证知识。

（4）熟悉软件配置管理活动。

（5）了解软件质量度量。

知识掌握程度： 达到信息技术行业企业的软件外包质量管理师岗位的要求标准。

四、课程教学内容、教学目标和课时分配

序号	课程	教学内容	基本要求和知识重点	理论课	案例分析课	共计
1	服务外包概论	1. 职业素养 2. 服务外包行业知识	基本要求： 一定的英语阅读能力；职业道德；沟通能力、团队合作能力；学习和创新素质 知识重点： 软件外包的基本概念；全球软件外包的发展状况分析；中国软件接包情况；中印软件外包比较 知识难点： 中国发展软件外包的对策	4	0	4
2	ITO接包操作实务	项目质量管理	基本要求： 项目质量管理概述 知识重点： 质量计划的依据 质量计划制定的方法和技术 质量计划的结果 质量保证的目的 质量保证的依据 质量保证的工具和方法 质量保证的结果	6	2	8

（课时分配包括"理论课"和"案例分析课"两列）

序号	课程	教学内容	基本要求和知识重点	课时分配		共计
				理论课	案例分析课	
2	ITO 接包操作实务	项目质量管理	质量控制的基本概念 质量控制的依据 质量控制的结果 知识难点： 质量控制的方法和技术	6	2	8
3	软件外包质量管理	1．法律法规和标准规范 2．软件质量管理基础知识 3．软件质量保证 4．软件配置管理 5．软件质量度量 6．软件外包评审 7．软件外包全面质量管理	基本要求： 1．法律法规和标准规范 （1）标准、标准化 （2）标准体系分类 （3）标准体系层次 （4）软件产品质量标准体系 （5）软件过程质量标准体系 （6）软件工程标准分类 （7）软件的生存周期 （8）ISO9000 族标准的概念 （9）ISO9001 标准 （10）ISO9000 族标准及其文件结构 （11）ISO9000 的内容概括 （12）ISO9000 标准的特点 （13）CMMI 的发展历史 （14）CMMI 的等级 （15）CMMI 与 CMM 二者的差别 2．软件质量管理基础知识 （1）质量的概念 （2）质量的重要性 （3）质量管理的概念 （4）质量管理大师 （5）质量管理发展的三大阶段 （6）统计质量管理向全面质量管理过渡的原因 （7）质量方针和质量目标 （8）质量管理体系的文件类型 （9）质量管理体系评审 （10）质量管理体系认证 （11）八大质量管理原则的内容 （12）软件质量定义 （13）需求的质量属性及其测量	30	10	40

序号	课程	教学内容	基本要求和知识重点	课时分配		共计
				理论课	案例分析课	
3	软件外包质量管理	1．法律法规和标准规范 2．软件质量管理基础知识 3．软件质量保证 4．软件配置管理 5．软件质量度量 6．软件外包评审 7．软件外包全面质量管理	（14）软件的质量属性 知识重点： 3．软件质量保证 （1）软件质量保证的基本概念 （2）软件质量保证的主要任务及活动 （3）软件质量保证体系建设的主要内容 （4）SQA 活动的通用框架 （5）SQA 组织建设 4．软件配置管理 （1）软件配置管理的基本目标 （2）基线 （3）项目数据库 （4）软件配置项 （5）配置对象 （6）软件配置管理的主要任务 （7）软件配置管理的过程 （8）软件配置管理的关键活动 （9）软件配置管理的注意事项 （10）实施配置管理的收益 5．软件质量度量 （1）软件质量度量的实施过程 （2）度量过程的常见问题 （3）项目度量、规模度量与成本度量 （4）产品规模度量 （5）缺陷密度度量 （6）顾客问题度量 （7）顾客满意度度量 （8）过程性能基线的建立流程 （9）软件测试过程度量的分类 （10）工作效率度量 （11）软件维护的度量 （12）软件过程的评价与主要度量指标 6．软件外包评审 （1）评审的重要性 （2）软件评审的角色	30	10	40

续表

序号	课程	教学内容	基本要求和知识重点	课时分配		共计
				理论课	案例分析课	
3	软件外包质量管理	1. 法律法规和标准规范 2. 软件质量管理基础知识 3. 软件质量保证 4. 软件配置管理 5. 软件质量度量 6. 软件外包评审 7. 软件外包全面质量管理	（3）软件评审的职责 （4）管理评审 （5）技术评审 （6）文档评审 （7）过程评审 （8）评审的方法 （9）评审的技术 （10）准备评审会议 （11）召开评审会议 （12）评审结果的跟踪 （13）评审结果的分析 （14）主观因素 （15）客观因素 7. 软件外包全面质量管理 （1）全面质量管理的基本要求、原理及特点 （2）PDCA 管理循环 （3）全面质量管理与 ISO9000 及统计技术 （4）软件全面质量管理的概念 知识难点： （1）软件质量的评价 （2）运用 TQM 提高软件外包质量的实践	30	10	40

六、课件要求

课件应包括：视频、对应 PPT、课堂代码、Word、教学工具等。

视频规格：视频录制使用录屏工具 Camtasia_Studio 进行录制，录制源文件格式：Camrec、AVI、RMVB、FLV，视频时长应以课时时长为标准，视频中应包含上节课重点回顾、本节重点和课后作业。生成源视频文件分辨率：1024*768，源文件需和最终交付文件一起提交。

七、考核方式

统一参加全国服务外包岗位专业考试

必须达到 52 个学时的学习，其中，理论课 40 学时，案例分析课 12 学时。

八、教学推荐教材

《服务外包概论》，焦杨、杨冬主编，中国商务出版社，2011 年出版。

《软件外包质量管理》，李炳森主编，中国水利水电出版社，2014 年出版。

九、教学参考资料

《ITO 接包操作实务》，李炳森编著，中国商务出版社，2011 年出版。

附录四 《软件外包质量管理师》模拟试题及解答与评分标准

软件外包质量管理师岗位专业技能测试模拟试题（一）

一、选择题（每题 1 分，共 50 分）

1. The display screen is the most common（　　）device used to show you what the computer is doing.

    A．input   B．printing   C．output   D．electronic

2. 个人要取得事业成功，实现自我价值，关键是（　　）。

    A．运气好   B．人际关系好

    C．掌握一门实用技术   D．德才兼备

3. 以下不属于沟通协调一般原则的是（　　）。

    A．公平、公正、独立原则   B．守法原则

    C．对等原则   D．诚信原则

4. 创新能力的培养主要是掌握（　　）。

    A．创新的思想和意识   B．创新的思维和方法

    C．创新思想和方法   D．创新的思维和意识

5. 软件外包是（　　）的主要形式。

    A．ITO   B．BPO   C．KPO   D．都不是

6. 服务外包的风险管理是一个周而复始的循环过程，主要过程包括（　　）。

    A．风险分析   B．风险评估

    C．风险控制   D．风险跟踪与监控

7. 按性质，标准可以分成（　　）三类。

    A．管理标准   B．国家标准   C．作业标准   D．技术标准

8. 我国的标准分为（　　）。

    A．国家标准   B．行业标准   C．地方标准   D．企业标准

9. 从范围看，标准体系可以分为（　　）。

    A．国际标准和国内标准

    B．通用标准和各个行业的质量标准

    C．产品质量管理标准和过程质量管理标准

    D．都不是

10. 我国的软件工程标准可以分为（　　）。

    A．基础标准   B．开发标准   C．文档标准   D．管理标准

11. （　　）标准是质量管理体系的认证标准。

    A．ISO9000   B．ISO9001   C．ISO9002   D．ISO9004

12. ISO9000 簇标准的基本思想是（   ）。
    A. 共赢的思想　　　　　　　　　B. 控制的思想
    C. 预防的思想　　　　　　　　　D. 全局的思想
13. CMMI 中文全称为（   ）。
    A. 软件能力成熟度模型　　　　　B. 软件能力成熟度模型集成
    C. 质量管理体系　　　　　　　　D. 软件工程研究所
14. CMMI 中，已定义级是（   ）。
    A. 等级二　　　B. 等级三　　　C. 等级四　　　D. 等级五
15. 质量是（   ）。
    A. 零缺陷
    B. 满足需求
    C. 产品或服务满足明确和隐含需求的能力
    D. B 和 C
16. 结束大规模审查和结果关注的价值观是基于如下（   ）的倡导？
    A. 戴明　　　B. 克劳斯比　　　C. 朱兰　　　D. 帕累托
17. （   ）阶段质量管理的重点主要是确保产品质量符合规范和标准。
    A. 早期质量管理
    B. 统计质量控制
    C. 全面质量管理
    D. 质量检验
18. 某企业准备申请质量体系认证，建立 QMS 应采用标准是（   ）。
    A. ISO9001　　B. ISO9004　　C. ISO9002　　D. ISO19001
19. 某企业及时按标准要求建立文件化 QMS，必须形成的文件是（   ）。
    A. 质量方针和目标　　　　　　　B. 质量手册
    C. 要求的形成文件的程序　　　　D. 质量计划
    E. 企业自己决定其他的控制文件　F. 记录
20. 集团实施和保持质量管理体系所需的资源，包括（   ）。
    A. 人力资源　　B. 基础设施　　C. 工作环境　　D. A+B+C
21. ISO9000 簇标准提出的几项质量管理原则包括（   ）。
    A. 以顾客为关注焦点　　　　　　B. 领导作用
    C. 全员参与　　　　　　　　　　D. 方针目标管理
22. 不属于 ISO9001 的八大原则是（   ）。
    A. 单元化管理　　　　　　　　　B. 互利的供应商关系
    C. 以顾客为中心　　　　　　　　D. 全员参与
23. 软件质量的含义是（   ）。
    A. 能满足给定需要的特性之全体
    B. 具有所希望的各种属性的组合的程度
    C. 顾客或用户认为能满足其综合期望的程度
    D. 软件的组合特性，它确定软件在使用中将满足顾客预期要求的程度
24. 软件质量模型分为（   ）两类。

A. 层次模型   B. 关系模型   C. McCall 模型   D. 缺陷度分布模型

25. CMM 描述了（   ）个级别的软件过程成熟度。

A. 三   B. 四   C. 五   D. 六

26. 质量计划过程包括的工具和方法有（   ）。

A. 收益/成本分析   B. 标杆

C. 质量审计   D. 以上所有的

27. 开发过程的调整和优化发生在质量管理的（   ）阶段。

A. 质量计划   B. 质量保证

C. 质量控制   D. 质量保证和质量控制

28. 监测特定的项目结果，以便确定它们是否遵从特定的质量标准的过程被称为（   ）。

A. 质量保证   B. 质量控制   C. 质量计划   D. 质量评审

29. 控制图中的上下控制界线说明了（   ）。

A. 客户要求   B. 规范限度

C. 过程偏差的可接受的范围   D. 产品偏差的可接受的范围

30. 在软件开发过程中，下面（   ）阶段需要进行软件质量保证？

A. 需求分析   B. 设计阶段   C. 实现阶段   D. 测试阶段

E. 维护阶段

31. 对提高软件测试质量的说法错误的是（   ）。

A. 仅需要一个强大的软件测试工具

B. 壮大软件测试队伍

C. 完善测试机制

D. 重视第三方的测试力量

32. Software quality assurance is now an （   ） of software engineering.

A. emerging subdiscipline of software engineering

B. checking the finished product and its associated documentation to be conformed with exist standards

C. most software characteristics

D. validating the system

33. Quality assurance must ensure that（   ）.

A. most software characteristics

B. validating the system

C. verification and validation activities

D. a product meets or exceeds prespecified standards

34. 软件配置管理作为（   ）级的一个关键域。

A. CMM2   B. CMM3   C. CMM4   D. CMM5

35. 软件配置管理的主要任务有（   ）。

A. 制定项目的配置计划   B. 对配置项进行标识

C. 对配置项进行版本控制   D. 对配置项进行变更控制

E. 定期进行配置审计   F. 向相关人员报告配置的状态

36. 配置管理活动最主要的内容是（   ）。

A．设计代码 B．软件产品 C．产品版本 D．项目文档

37．软件配置管理的三个应用层次由高到低是（ ）。

A．版本控制 以开发者为中心 过程驱动

B．以开发者为中心 过程驱动 版本控制

C．过程驱动 以开发者为中心 版本控制

D．过程驱动 版本控制 以开发者为中心

38．软件质量度量过程的典型问题有（ ）。

A．数据收集不上来

B．无充分数据做分析

C．收集的数据及分析结果不能满足项目管理的需要

D．以上都不是

39．缺陷度量的三种级别是（ ）。

A．集团级缺陷度量 B．组织级缺陷度量

C．项目级缺陷度量 D．个体缺陷度量

40．软件过程度量主要包括的三大方面是（ ）。

A．成熟度量 B．管理度量

C．生命周期度量 D．满意度度量

41．软件评审小组包括的角色有（ ）。

A．协调人 B．作者 C．评审员 D．用户代表

E．质量保证代表

42．你的管理层规定在项目每个阶段末进行质量审计。这种审计是组织的（ ）流程的
一部分。

A．质量保证流程 B．质量控制流程

C．质量改进计划 D．流程调整计划

43．评审的方法有（ ）。

A．临时评审 B．轮查 C．走查 D．小组评审

E．审查

44．形成的评审结果一般有下面的几种情况（ ）。

A．接受 B．有条件接受

C．不能接受 D．评审未完成

45．对软件评审的结果进行分析包括（ ）方面。

A．有效性 B．效率 C．成本 D．领导的意见

46．在主观因素方面，各个部门以及人员之间在（ ）方面的冲突，可能导致软件评审
的失败。

A．文化 B．情感 C．管理 D．以上都不是

47．费根堡姆在（ ）年首次提出全面质量管理的概念。

A．1945 B．1956 C．1961 D．1967

48．PDCA循环的方法适用于（ ）。

A．产品实现过程 B．产品实现的生产和服务提供过程

C．质量改进过程 D．构成组织质量管理体系的所有过程

49. （　　）是企业进行生产技术活动的基本依据，是企业标准化体系的核心。

    A. 管理标准　　　　B. 国家标准　　　　C. 强制标准　　　　D. 技术标准

50. 我国企业在实践中将全面质量管理概括为"三全一多样"，其中"三全"包括（　　）。

    A. 全过程的质量管理　　　　　　　　B. 全员的质量管理

    C. 全组织的质量管理　　　　　　　　D. 全方位的质量管理

二、案例分析题（每题 25 分，共 50 分）

（一）分析下面的案例，回答后面的问题，将解答填入答题框的对应栏内。（25 分）

爱提科技(上海)有限公司承接了一个信息系统开发项目,按照能力成熟度模型集成CMMI制定了软件开发的流程与规范,并委任李小龙为这个项目的质量经理。李小龙具有 5 年以上的软件项目质量管理经验。公司认为这个项目的技术难度比较低,把三个月前刚招聘来的 7 个计算机科学与技术专业的应届毕业生分配到这个项目组,组建了项目开发团队。

项目的开发按照所制定的流程规范进行。在需求分析、概要设计、详细设计等阶段都按照要求进行了评审,编写了需求规格说明书、概要设计说明书、详细设计说明书等文档。但在项目即将交付时,发现了很多没有预计到的缺陷与 BUG。这说明许多质量问题并没有像原来预计的那样在检查与评审中发现并予以改正。由于项目的交付期已经临近,为了节省时间,李小龙让程序员将每个模块编码完成后仅由程序员自己测试一下,就进行集成测试和系统测试。在集成测试和系统测试的过程中,由于模块的 BUG 太多,集成测试越来越难进行下去,该项目没有能够按照客户的质量要求如期完成。为了查找原因,公司的质量总监调查了这一项目的进展情况,绘制了下面的图形(如下图所示):

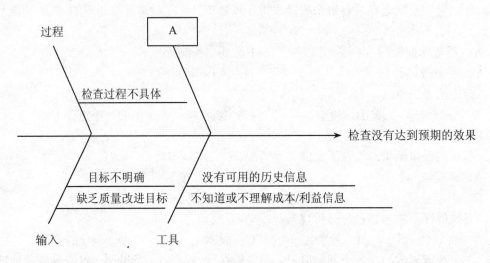

1. 上图是一种常见的质量控制工具,叫做 (1) 图。根据上图描述,图中的 A 应该是 (2) 。（6 分）

2. 质量控制中所依据的一个重要模型是 PDCA 循环模型。请根据这一模型,给出质量控制的基本步骤。（7 分）

3. 请分析并列出在本案例中产生质量问题的原因。（7 分）

4. 针对案例中项目的情况,假设项目没有重大的设计缺陷,为完成该项目,从质量管理的角度,请给出具体的改进措施。（5 分）

（二）分析下面的案例，回答后面的问题，将解答填入答题框的对应栏内。（25分）

爱提科技（上海）有限公司有员工 50 多名，其中技术部开发人员有 30 多人，公司采用矩阵式的组织结构。公司的主营业务是开发企业信息化建设方面的项目，业务极其繁忙，一般有 10 多个项目在同时进行，由于技术人员有限，为保证各个项目的进展，人员在项目间的兼职与交叉很严重。一个技术开发人员在 A 项目上工作 2 天后，很可能转入 B 项目工作，过了 3 天，再转回 A 项目工作。项目的文档一般采用各自的命名方式进行管理，客户提出的修改也各自负责，在技术开发人员的本人电脑上进行了开发。当技术人员重新回到原项目时，他不得不花大量时间去熟悉原来的工作，找出原来的文档与程序等，还要了解项目组其他人的工作进展，向相关人员索求需要的开发成果。当一个项目到了交付期限时，不得不花费大量的时间找出相匹配版本的相应成果，集成为符合客户要求的可交付的系统。

1. 请针对本题案例中的情况，从软件配置管理的角度，分析并列出出现这种问题的原因。（8分）

2. 请指出配置管理包含哪几方面的活动。（6分）

3. 针对文档管理与软件配置管理的要求，在（1）～（5）中填写恰当内容。（11分）

● 软件项目文档从项目周期角度可分为：开发文档、（1）、管理文档。

（1）选项：

    A．非正式文档   B．产品文档   C．正式文档   D．设计文档

● 在软件开发流程中，把所有需要加以控制的配置项分为基线配置项和非基线配置项，基线配置项可能包括所有的（2）等。

（2）选项：

    A．设计文档和源程序   B．各类计划

    C．各类计划与报告   D．设计文档、源程序、各类计划

● 所有配置项的操作权限应由（3）严格管理；作为配置项的操作权限管理的基本原则。基线配置项向（4）开放读取的权限，非基线配置项向（5）开放。

（3）选项：

    A．CMO（配置管理员）   B．PM（项目经理）

    C．技术总监   D．软件开发人员

    E．项目干系人   F．CCB 及相关人员

    G．PM、CCB 及相关人员

软件外包质量管理师岗位专业技能测试模拟试题（一）
参考答案与评分标准

一、选择题

题号	题型	答案	选项个数	分值	考核知识点	难度
1	单选题	C	1	1	英语；计算机基础知识	简单
2	单选题	D	1	1	职业道德	简单
3	单选题	C	1	1	沟通能力、团队合作能力	简单

题号	题型	答案	选项个数	分值	考核知识点	难度
4	单选题	D	1	1	学习和创新素质	简单
5	单选题	A	1	1	软件外包的基本概念	简单
6	多选题	A;B;C;D	4	1	服务外包；服务外包实务；风险管理	简单
7	多选题	A;C;D	3	1	标准	中等
8	多选题	A;B;C;D	4	1	标准	简单
9	单选题	A	1	1	标准体系分类	简单
10	多选题	A;B;C;D	4	1	软件工程标准分类	中等
11	单选题	B	1	1	ISO9001 标准	简单
12	多选题	B;C	2	1	ISO9000 簇标准的概念	中等
13	单选题	B	1	1	CMMI 的发展简史	简单
14	单选题	B	1	1	CMMI 的等级	简单
15	单选题	D	1	1	质量的概念	简单
16	单选题	A	1	1	质量管理大师	简单
17	单选题	B	1	1	质量管理发展的三大阶段	简单
18	单选题	A	1	1	质量管理体系认证	简单
19	多选题	A;B;C;E;F	5	1	质量管理体系的文件类型	难
20	单选题	D	1	1	质量管理体系评审	简单
21	多选题	A;B;C	3	1	八项质量管理原则的内容	简单
22	单选题	A	1	1	八项质量管理原则的内容；ISO9001 标准	简单
23	多选题	A;B;C;D	4	1	软件质量的定义	难
24	多选题	A;B	2	1	需求的质量属性及其测量	难
25	单选题	C	1	1	需求的质量属性及其测量；CMM	简单
26	单选题	D	1	1	质量计划制定的方法和技术	简单
27	单选题	D	1	1	质量保证的目的；质量控制的基本概念	简单
28	单选题	B	1	1	质量控制的基本概念	简单
29	单选题	C	1	1	质量控制的方法和技术	简单
30	多选题	A;B;C;D;E	5	1	软件质量保证的基本概念	中等
31	单选题	A	1	1	软件质量保证体系建设的主要内容	简单
32	单选题	A	1	1	英语；SQA 组织建设	难
33	单选题	D	1	1	英语；SQA 组织建设	中等
34	单选题	A	1	1	软件配置管理的基本概念	中等
35	多选题	A;B;C;D;E;F	6	1	软件配置管理的任务	难
36	单选题	C	1	1	软件配置管理的关键活动	简单
37	单选题	C	1	1	软件配置管理的过程	简单

续表

题号	题型	答案	选项个数	分值	考核知识点	难度
38	多选题	A;B;C	3	1	度量过程的常见问题	简单
39	多选题	B;C;D	3	1	缺陷密度度量	简单
40	多选题	A;B;C	3	1	软件过程的质量度量	难
41	多选题	A;B;C;D;E	5	1	软件评审的角色	中等
42	单选题	A	1	1	过程评审;管理评审;技术评审;文档评审	简单
43	多选题	A;B;C;D;E	5	1	评审的方法	简单
44	多选题	A;B;C;D	4	1	评审会议	简单
45	多选题	A;B;C	3	1	跟踪和分析评审结果	简单
46	多选题	A;B;C	3	1	主观因素	简单
47	单选题	C	1	1	软件全面质量管理的概念;质量管理大师	简单
48	单选题	D	1	1	PDCA 循环	简单
49	单选题	D	1	1	运用 TQM 提高软件外包质量的实践	简单
50	多选题	A;B;C	3	1	运用 TQM 提高软件外包质量的实践	中等

二、案例分析题

（一）（25 分）

涉及的知识领域：CMMI、质量控制的方法和技术。

1. （6 分，每项 3 分）

（1）因果（或鱼骨或石川）

（2）人员

2. （7 分，每项 1 分）

（1）确定控制对象，如：工序、设计过程、制造过程。

（2）规定控制标准，即详细说明控制对象应达到的质量要求。

（3）制定具体的控制方法，如工艺流程。

（4）明确所采用的检验方法，包括检验手段。

（5）实际进行检验。

（6）说明实际与标准之间有差异的原因。

（7）为解决差异而采取的行动。

3. （7 分，每项 1 分）

（1）项目团队成员能力不足。

（2）设计质量不高。

（3）测试不充分。

（4）审查过程没有按照规定进行。

（5）项目评审环节未达到预期效果。

（6）没有组织过程资产。

（7）没有制定好的质量管理计划。

4．（5 分，每项 1.5 分，最多 5 分）

（1）聘请经验丰富的技术人员（测试人员）。

（2）重新对每个模块进行测试，修改缺陷和 BUG，直至满足质量要求。

（3）按照规范进行充分的集成测试和系统测试。

（4）加强项目评审工作。

（二）（25 分）

涉及的知识领域：软件配置管理

1．（8 分，每项 1 分）

不能同时兼任配置管理员，导致精力不够，无法完成配置管理工作；

没有做好版本管理；

没有建立基线，导致需求、设计、编码无法应对；

没有做好变更管理；

没有做好范围管理；

项目计划安排不合理；

沟通管理没有做好；

风险管理没有做好，导致风险加大造成了不必要的损失。

2．（6 分，每项 1 分）

制定配置管理计划；

识别配置项；

报告配置状态；

配置项审核；

版本管理和发行管理；

实施变更控制。

3．（11 分）

（1）B（2 分）

（2）A（3 分）

（3）A、D、G（6 分，每项 2 分）

软件外包质量管理师岗位专业技能测试模拟试题（二）

一、选择题（每题 1 分，共计 50 分）

1．Quality assurance of software is（   ）。

    A．an emerging subdiscipline of software engineering

    B．a management function

    C．as a verification function

    D．as a validation function

2．下列关于职业道德的说法中，正确的是（   ）。

    A．职业道德与人格高低无关

    B．职业道德的养成只能靠社会强制规定

C. 职业道德从一个侧面反映人的道德素质

D. 职业道德素质的提高与从业人员的个人利益无关

3. 在团队沟通气氛中，（　　）成为人们坦率沟通的基础因素。

    A. 理解   B. 信任   C. 平等   D. 公平

4. 创新素质是（　　）和（　　）的统一。

    A. 创新意识、创新能力   B. 创新意识、创新知识

    C. 创新知识、创新能力   D. 创新管理、创新技术

5. 软件外包是（　　）的主要形式。

    A. ITO   B. BPO   C. KPO   D. 都不是

6. 服务外包的风险管理是一个周而复始的循环过程，主要过程包括（　　）。

    A. 风险分析   B. 风险评估

    C. 风险控制   D. 风险跟踪与监控

7. 按性质，标准可以分成（　　）三类。

    A. 管理标准   B. 国家标准   C. 作业标准   D. 技术标准

8. 我国的标准分为（　　）几级？

    A. 国家标准   B. 行业标准   C. 地方标准   D. 企业标准

9. 从范围看，标准体系可以分为（　　）。

    A. 国际标准和国内标准

    B. 通用标准和各个行业的质量标准

    C. 产品质量管理标准和过程质量管理标准

    D. 都不是

10. 我国的软件工程标准可以分为（　　）。

    A. 基础标准   B. 开发标准   C. 文档标准   D. 管理标准

11. （　　）标准是质量管理体系的认证标准。

    A. ISO9000   B. ISO9001   C. ISO9002   D. ISO9004

12. 我国（　　）ISO9000 系列标准。

    A. 等同采用   B. 等效采用   C. 参照采用   D. 禁止采用

13. CMMI 中文全称为（　　）。

    A. 软件能力成熟度模型   B. 软件能力成熟度模型集成

    C. 质量管理体系   D. 软件工程研究所

14. CMMI 中，已定义级是（　　）。

    A. 等级二   B. 等级三   C. 等级四   D. 等级五

15. 质量概念涵盖的对象是（　　）。

    A. 产品   B. 服务

    C. 过程   D. 一切可单独描述和研究的事物

16. "适用性"的观点是由（　　）提出来的。

    A. 戴明   B. 费根堡姆   C. 朱兰   D. 休哈特

17. 现代质量管理发展经历了（　　）三个阶段。

    A. 质量检验阶段   B. 统计质量控制阶段

    C. 质量改进   D. 全面质量管理阶段

18. ISO9000 簇的核心标准是（　　）。

    A. ISO9000
               B. ISO9001 和 ISO9004

    C. ISO19011
               D. 以上全部

19. 质量方针是一个组织总的质量宗旨和方向，应由组织的（　　）批准发布。

    A. 上级机关
               B. 最高管理者

    C. 质量管理办公室主任
        D. 总工程师

20. 质量管理体系可以（　　）。

    A. 帮助组织实现顾客满意
      B. 为组织提供实现持续改进的框架

    C. 向顾客提供信任
           D. 使管理过程标准化

21. ISO9000 族标准提出的几项质量管理原则包括（　　）

    A. 以顾客为关注焦点
        B. 领导作用

    C. 全员参与
              D. 方针目标管理

22. 质量管理的八项原则之一"领导作用"，即最高管理者具有（　　）和领导一个组织的关键作用。

    A. 决定
         B. 决策
         C. 计划
         D. 规定

23. 软件质量的含义是（　　）。

    A. 能满足给定需要的特性之全体

    B. 具有所希望的各种属性的组合的程度

    C. 顾客或用户认为能满足其综合期望的程度

    D. 软件的组合特性，它确定软件在使用中将满足顾客预期要求的程度

24. CMM 描述了（　　）个级别的软件过程成熟度。

    A. 三
         B. 四
         C. 五
         D. 六

25. 软件质量模型分为（　　）两类。

    A. 层次模型
    B. 关系模型
    C. McCall 模型
    D. 缺陷度分布模型

26. 质量计划过程包括的工具和方法有（　　）。

    A. 收益/成本分析
        B. 标杆

    C. 质量审计
           D. 以上所有的

27. 开发过程的调整和优化发生在质量管理的（　　）阶段。

    A. 质量计划
        B. 质量保证

    C. 质量控制
        D. 质量保证和质量控制

28. 监测特定的项目结果，以便确定它们是否遵从特定的质量标准的过程被称为（　　）。

    A. 质量保证
        B. 质量控制

    C. 质量计划
        D. 质量评审

29. 用于过程控制活动的质量工具有（　　）。

    A. 关联图
        B. 直方图

    C. 因果图
        D. 过程能力分析

30. 在软件开发过程中，下面（　　）阶段需要进行软件质量保证。

    A. 需求分析
    B. 设计阶段
    C. 实现阶段
    D. 测试阶段

    E. 维护阶段

31. 对提高软件测试质量的说法错误的是（　　）。

A. 仅需要一个强大的软件测试工具

B. 壮大软件测试队伍

C. 完善测试机制

D. 重视第三方的测试力量

32. Quality assurance must ensure that （　　）.

A. most software characteristics

B. validating the system

C. verification and validation activities

D. a product meets or exceeds prespecified standards

33. Software quality assurance is now an （　　） of software engineering.

A. emerging subdiscipline of software engineering

B. checking the finished product and its associated documentation to be conformed with exist standards

C. most software characteristics

D. validating the system

34. 软件配置管理作为（　　）级的一个关键域。

A. CMM2　　　　　B. CMM3　　　　　C. CMM4　　　　　D. CMM5

35. 软件配置管理的主要任务有（　　）。

A. 制定项目的配置计划　　　　　B. 对配置项进行标识

C. 对配置项进行版本控制　　　　D. 对配置项进行变更控制

E. 定期进行配置审计　　　　　　F. 向相关人员报告配置的状态

36. 配置管理活动最主要的内容是（　　）。

A. 设计代码　　　B. 软件产品　　　C. 产品版本　　　　D. 项目文档

37. 软件配置管理的三个应用层次由高到低是（　　）。

A. 版本控制 以开发者为中心 过程驱动

B. 以开发者为中心 过程驱动 版本控制

C. 过程驱动 以开发者为中心 版本控制

D. 过程驱动 版本控制 以开发者为中心

38. 软件开发成本度量主要方法有（　　）。

A. 类比估算法　　　　　　　　　B. 细分估算法

C. 周期估算法　　　　　　　　　D. ABC 估算法

39. 软件质量度量方法主要有（　　）。

A. 专家经验　　　　　　　　　　B. Halstead 复杂性度量法

C. McCabe 复杂性度量法　　　　　D. 领导意见

40. 软件过程度量主要包括的三大方面是（　　）。

A. 成熟度度量　　　　　　　　　B. 管理度量

C. 生命周期度量　　　　　　　　D. 满意度度量

41. 软件评审小组包括以下（　　）几种角色。

A. 协调人　　　B. 作者　　　C. 评审员　　　　D. 用户代表

E. 质量保证代表

42. 你的管理层规定在项目每个阶段末进行质量审计。这种审计是组织的（　　）流程的一部分。

　　A. 质量保证流程　　　　　　　　B. 质量控制流程

　　C. 质量改进计划　　　　　　　　D. 流程调整计划

43. 评审的技术有（　　）。

　　A. 缺陷检查表　　　　　　　　　B. 规则集

　　C. 评审工具的使用　　　　　　　D. 从不同角色理解

　　E. 场景

44. 形成的评审结果一般有下面的（　　）几种情况。

　　A. 接受　　　　　　　　　　　　B. 有条件接受

　　C. 不能接受　　　　　　　　　　D. 评审未完成

45. 对软件评审的结果进行分析包括（　　）几个方面？

　　A. 有效性　　　　B. 效率　　　　C. 成本　　　　D. 领导的意见

46. 在客观因素方面，解决不成功评审的方法有（　　）。

　　A. 异步评审　　　　　　　　　　B. 分布式评审

　　C. 同步评审　　　　　　　　　　D. 以上都不是

47. PDCA 循环的方法适用于（　　）。

　　A. 产品实现过程

　　B. 产品实现的生产和服务提供过程

　　C. 质量改进过程

　　D. 构成组织质量管理体系的所有过程

48. 实现全面质量管理全过程的管理必须体现（　　）的思想。

　　A. 预防为主　不断改进　　　　　B. 严格质量检验

　　C. 加强生产控制　　　　　　　　D. 为顾客服务

49. （　　）是企业进行生产技术活动的基本依据，是企业标准化体系的核心。

　　A. 管理标准　　　B. 国家标准　　　C. 强制标准　　　D. 技术标准

50. 我国企业在实践中将全面质量管理概括为"三全一多样"，其中"三全"包括（　　）。

　　A. 全过程的质量管理　　　　　　B. 全员的质量管理

　　C. 全组织的质量管理　　　　　　D. 全方位的质量管理

二、案例分析题

（一）分析下面的案例，回答后面的问题，将解答填入答题框的对应栏内。（25分）

爱提科技（上海）有限公司承担了某企业的业务管理系统的开发建设工作，爱提科技公司任命张三为项目经理。张三在担任此项目的项目经理同时，所负责的原项目仍处在收尾阶段。张三在进行了认真分析后，认为新项目刚刚开始，尚处于需求分析阶段，而原项目还有某些重要工作需要完成，因此张三将新项目需求分析阶段的质量控制工作全权委托给了软件质量保证（SQA）人员李四。李四制定了本项目的质量计划，包括收集资料、编制分质量计划、并通过相应的工具和技术，形成了项目质量计划书，并按照质量计划书开展相关需求调研和分析阶段的质量控制工作。在需求评审时，由于需求规格说明书不能完全覆盖该企业的业务需求，且部分需求理解与实际存在较大偏差，导致需求评审没有通过。

1. 请指出爱提科技公司在项目管理过程中的不妥之处。（10分）

2. 请简述项目质量控制过程的基本步骤。（8分）

3. 请简述制定项目质量计划可采用的方法、技术和工具。（7分）

（二）分析下面的案例，回答后面的问题，将解答填入答题框的对应栏内。（25分）

爱提科技（上海）有限公司近期成功中标上海市政府某机构信息中心的信息安全系统开发项目，公司任命李四为项目经理，配备了信息安全专家张三，负责项目的质量保证和关键技术。

李四为项目制定了整体进度计划，将项目分为需求，设计、实施和上线试运行四个阶段。项目开始后，张三凭借其丰富的经验使开发过程得到了很好的质量保证，通过张三的把关使得需求和设计工作顺利进行。李四认为后续阶段不会有太大问题。开发阶段过半时，公司领导通知李四发生了两件事。第一是公司承揽新项目，需要张三调离；第二是信息中心进行人事调整，更换了负责人，李四向公司领导承诺，一定做好配合工作，保证保量完成项目。

张三调离后，李四亲自进行质量保证和技术把关，项目实施阶段完成后，信息中心新领导对该系统相当重视，委派信息中心技术专家到现场调研和考察。为此李四专门组织技术人员与信息中心专家讨论软件开发技术，检查部分软件开发代码，并考了部分程序的运行结果。现场考察后，信息中心专家认为爱提科技公司编写的代码不规范，安全性存在隐患，关键部分执行效率无法满足设备要求，不具备上线试运行条件。信息中心领导获悉上述情况后，决定邀请上级领导、业界有关专家并会同爱提科技公司主要负责人组织召开项目正式评审会。

1. 请结合案例，分析小李在质量管理方面存在的问题。（12分）

2.（1）简要分析信息中心组织的正式评审会可能产生的几种结论。（3分）

（2）如经评审和协商后爱提科技公司统一实施返工，简要叙述李四在质量管理方面应采取的后续措施。（5分）

3. 项目经理组织技术人员与信息中心专家讨论软件开发技术，查看部门关键代码，这种质量控制方法称为（1）；信息中心专家实施运行程序，考察其执行效果和效率，这种质量控制方法是（2）。（5分）

软件外包质量管理师岗位专业技能测试模拟试题（二）
参考答案与评分标准

一、选择题

题号	题型	答案	选项个数	分值	考核知识点	难度
1	多选题	A;B	2	1	英语；计算机基础知识	简单
2	单选题	C	1	1	职业道德	简单
3	单选题	A	1	1	团队合作	简单
4	单选题	A	1	1	学习和创新素质	简单
5	单选题	A	1	1	软件外包的基本概念	简单
6	多选题	A;B;C;D	4	1	服务外包；服务外包实务；风险管理	简单

题号	题型	答案	选项个数	分值	考核知识点	难度
7	多选题	A;C;D	3	1	标准	中等
8	多选题	A;B;C;D	4	1	标准	简单
9	单选题	A	1	1	标准体系分类	简单
10	多选题	A;B;C;D	4	1	软件工程标准分类	中等
11	单选题	B	1	1	ISO9001 标准	简单
12	单选题	A	1	1	ISO9000 族标准的概念	简单
13	单选题	B	1	1	CMMI 的发展简史	简单
14	单选题	B	1	1	CMMI 的等级	简单
15	单选题	D	1	1	质量的概念	简单
16	单选题	C	1	1	质量管理大师	简单
17	多选题	A;B;D	3	1	质量管理发展的三大阶段	中等
18	单选题	D	1	1	质量管理体系认证；质量管理体系的文件类型	简单
19	单选题	B	1	1	质量方针与质量目标	中等
20	多选题	A;B;C	3	1	质量管理体系评审	简单
21	多选题	A;B;C	3	1	八项质量管理原则的内容	简单
22	单选题	B	1	1	八项质量管理原则的内容	简单
23	多选题	A;B;C;D	4	1	软件质量的定义	简单
24	单选题	C	1	1	需求的质量属性及其测量；CMM	简单
25	多选题	A;B	2	1	需求的质量属性及其测量	难
26	单选题	D	1	1	质量计划制定的方法和技术	简单
27	单选题	D	1	1	质量保证的目的；质量控制的基本概念	简单
28	单选题	B	1	1	质量控制的基本概念	简单
29	多选题	B;D	2	1	质量控制的方法和技术	难
30	多选题	A;B;C;D;E	5	1	软件质量保证的基本概念	中等
31	单选题	A	1	1	软件质量保证体系建设的主要内容	简单
32	单选题	D	1	1	英语；SQA 组织建设	中等
33	单选题	A	1	1	英语；SQA 组织建设	难
34	单选题	A	1	1	软件配置管理的基本概念	中等
35	多选题	A;B;C;D;E;F	6	1	软件配置管理的任务	难
36	单选题	C	1	1	软件配置管理的关键活动	简单
37	单选题	C	1	1	软件配置管理的过程	简单
38	多选题	A;B;C	1	1	项目度量、规模度量与成本度量	简单
39	多选题	B;C	2	1	软件产品的质量度量	简单
40	多选题	A;B;C	3	1	软件过程的质量度量	难
41	多选题	A;B;C;D;E	5	1	软件评审的角色	中等

题号	题型	答案	选项个数	分值	考核知识点	难度
42	单选题	A	1	1	过程评审；管理评审；技术评审；文档评审	简单
43	多选题	A;B;C;D;E	5	1	评审的技术	简单
44	多选题	A;B;C;D	4	1	评审会议	简单
45	多选题	A;B;C	3	1	跟踪和分析评审结果	简单
46	多选题	A;B	2	1	客观因素	简单
47	单选题	D	1	1	PDCA 循环	简单
48	多选题	A;D	2	1	全面质量管理的基本要求、原理及特点	中等
49	单选题	D	1	1	运用 TQM 提高软件外包质量的实践	简单
50	多选题	A;B;C	3	1	运用 TQM 提高软件外包质量的实践	中等

二、案例分析题

（一）（25 分）

涉及的知识领域：软件质量控制、软件质量计划。

1．（10 分，每项 2 分）

爱提科技公司在项目管理过程中的不妥之处如下：

使用 SQA 李四做质量控制工作，不妥。应该由系统分析师做需求分析，测试工程师依据测试计划进行测试进行质量控制，质量保证人员从事质量保证工作。

SQA 李四制定的项目质量计划不完整、有漏项。最好由项目经理来负责制定项目管理计划。

SQA 李四制定的质量管理计划有漏项。例如，没有明确质量度量指标、没有制定质量检查单或过程改进计划。项目的质量管理计划应该包含质量方针、质量目标、人员分工、项目应遵守的标准以及如何满足这些标准。

"按照质量计划书开展相关需求调研和分析阶段的质量控制工作"，不妥。正确的做法是测试工程师设计需求测试用例、制定需求测试计划。

爱提科技公司没有规范的项目质量管理制度。

2．（8 分，每项 2 分）

项目质量控制涉及的活动包括：

通过度量来获得项目质量的实际状态；

将项目质量的实际值与质量标准进行比较；

识别项目的质量偏差并确认问题；

对项目质量原因进行分析，采取纠正措施来消除偏差。

3．（7 分，每项 1.5 分，最多 7 分）

在制定项目质量计划时，采用的主要技术、方法如下：

成本/效益分析

基准分析

流程图

实验设计

其他工具，如质量成本曲线

（二）（25分）

涉及的知识领域：软件质量控制、软件质量计划

1．（12分，每项2分）

没有制定详细的质量管理计划，只是制定了整体进度计划等。

质量职责分配不合理——"张三调离后，李四亲自负责质量保证和技术把关"，说明人员不够，经验不够。

"李四为此专门组织技术人员与信息中心专家讨论软件开发计划"，说明职责分配也不及时。

需求和设计没有进行评审就开始实施。

"现场考察后才报了问题"说明进度计划中缺少了阶段测试等质量控制的环节。

"李四认为后续阶段不会有什么太大的问题"说明缺少风险评估及应急处理。

2．（1）（3分，每项1分）

组织上线试运行，加强后续的质量控制。

对前一阶段发现的问题进行修复。

严格按照变更管理流程调整项目的进度、成本和范围等基准。

（2）（5分，每项1分）

制定科学的项目的后续质量管理计划。

合理分配质量职责。

实施和加强测试、评审等质量控制的环节。

提前准备和启动返工后的上线试运行工作。

加强与客户的沟通交流。

3．（5分，每项2.5分）

（1）走查。

（2）测试。

参考文献

[1] 李炳森. 软件质量管理. 北京：清华大学出版社，2013.

[2] 李炳森. ITO 接包操作实务. 北京：中国商务出版社，2011.

[3] 李炳森. 项目管理成功利器 Project 2007 全程解析：计划、管理和交流. 北京：电子工业出版社，2008.

[4] 李炳森. Project 2007 专案管理达人. 台北：电脑人文化，2008.

[5] （美）项目管理协会著. 项目管理知识体系指南（PMBOK®）（第 4 版）. 王勇，张斌译. 北京：电子工业出版社，2009.

[6] 柳纯录，刘明亮. 信息系统项目管理师教程. 北京：清华大学出版社，2005.

[7] 覃征，徐文华，韩毅. 软件项目管理（第 2 版）. 北京：清华大学出版社，2009.

[8] （美）杰克.吉多 詹姆斯 P.克莱门斯著. 成功的项目管理（原书第 2 版）. 张金成译. 北京：机械工业出版社，2004.

[9] 左美云. 信息系统项目管理. 北京：清华大学出版社，2008.

[10] （美）凯西·施瓦尔贝（Schwalbe，K.）著，信息系统项目管理（原书第 2 版）. 邓世忠等译. 北京：机械工业出版社，2004.

[11] 郑大春. 软件外包原理. 北京：北京航空航天大学软件学院讲义，2009.

[12] 朱少民. 软件质量保证和管理. 北京：清华大学出版社，2007.

[13] 彦哲研究院. 信息化管理专家网：http://www.yima.org.cn.